탈리반
TALIBAN

탈리반TALIBAN

아 프 가 니 스 탄 의 종 교 와 전 쟁

피터 마스던 | 아시아평화인권연대 옮김

박종철출판사

연표

서기 전

522~330년　아프가니스탄, 다리우스 대제 이래로 아케메네스 제국에 속함.
330~327년　알렉산드로스 대제가 아프가니스탄을 정복함.

서기 후

64~220년　아프가니스탄, 쿠샨 조에 속함. 실크로드가 발달함.
224~651년　아프가니스탄, 사산 조와 에프탈 제국에 속함.
699~700년　이슬람, 아프가니스탄 정복함. 인도의 샤 조가 다마스쿠스에
　　　　　　근거를 둔 움마야드 칼리프의 제후가 됨.
977~1186년　가즈니에 근거를 둔 가즈나 조가 이스파한에서부터 북서부 인
　　　　　　도까지 걸치는 제국을 형성함.
1155~1227년　칭기스 칸이 중앙아시아와 좀 더 넓은 지역을 굴복시킴.
1307~1506년　아프가니스탄, 티무르 제국에 속함.
1506~1747년　아프가니스탄, 무굴 제국과 사파비 제국으로 분열됨.
1747~1772년　아흐메드 샤 두라니가 칸다하르에서 아프가니스탄을 정복함.
　　　　1809년　영국이 아프가니스탄의 아미르와 러시아, 프랑스에 대한 상호
　　　　　　방위 조약을 체결함.
1839~1842년　제1차 영국-아프가니스탄 전쟁.
1878~1880년　제2차 영국-아프가니스탄 전쟁. 1879년의 간다마크 조약에 의
　　　　　　해 영국이 아프가니스탄의 외교권을 행사하게 됨.

1880~1901년 압두르-라흐만, 아프가니스탄 완전 정복을 선포하고 북부에
            파슈툰 족을 정착시킴. 몇 차례의 국제 협정을 거쳐 현재의 아
            프가니스탄 국경이 정해짐.

1901~1919년 하비불라, 아프가니스탄 통치함.

1919~1929년 아마눌라, 아프가니스탄 통치함. 1919년의 라왈핀디 조약에
            의해 아프가니스탄이 외교권을 회복함. 개혁 운동이 시도되었
            으나 종교 지도자와 전통 지도자들에게 큰 반발을 삼.

    1929년 1~10월 타지크 족 바차-이-삭카오, 카불을 통치함.

1929~1933년 파슈툰 족 나디르 샤, 바차-이-삭카오를 대체하여 권좌에 오
            르고, 종교 지도자와 부족 지도자들의 명을 받들어 통치함.

1933~1973년 자히르 샤 왕, 숙부들과 자신의 사촌이자 총리인 다우드의 지
            도 아래에서 통치함. 1963년에 다우드가 사임하면서 직접 통
            치에 나섬. 1964년 헌법이 남성과 여성의 법적 평등을 천명함.
            정치적 소요가 시작되고 급진주의가 급성장함.

    1973년 7월 자히르 샤, 다우드의 군사 쿠데타로 실각함.

    1978년 4월 아프가니스탄인민민주당, 군사 쿠데타로 집권함.

    1979년 12월 소련군, 아프가니스탄을 침공함.

    1989년 2월 소련군, 아프가니스탄에서 철수함.

    1992년 4월 무자히딘, 카불에서 집권함.

    1994년 11월 탈리반, 칸다하르 장악함.

1995년 9월 탈리반, 헤라트 장악함.

1996년 9월 탈리반, 잘랄라바드와 카불 장악함.

1997년 5월 탈리반, 북부의 마자르-이-샤리프 점령 시도가 실패함.

1998년 8월 탈리반, 마자르-이-샤리프 장악함. 미국이 나이로비와 다르에스살람의 미국 대사관 테러에 책임을 물어 아프가니스탄을 공습함.

1999년 10월 유엔안전보장이사회, 탈리반에 대한 제재 조치를 취함.

2000년 9월 탈리반, 북동부의 탈로칸 장악함.

　　　　12월 유엔안전보장이사회, 탈리반에 대한 제재 조치를 취함.

2001년 9월 세계 무역 센터와 미국 국방부 건물이 테러 공격을 받음. 미국은 오사마 빈 라덴을 용의자로 지목함.

　　　　10월 미국, 영국의 지원을 받아 아프가니스탄을 공습함. 전쟁이 시작됨.

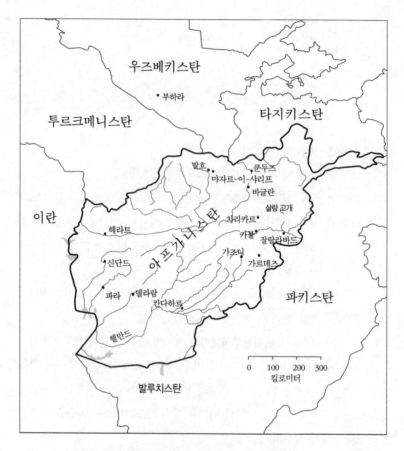

지도 1 아프가니스탄과 주변 국가들

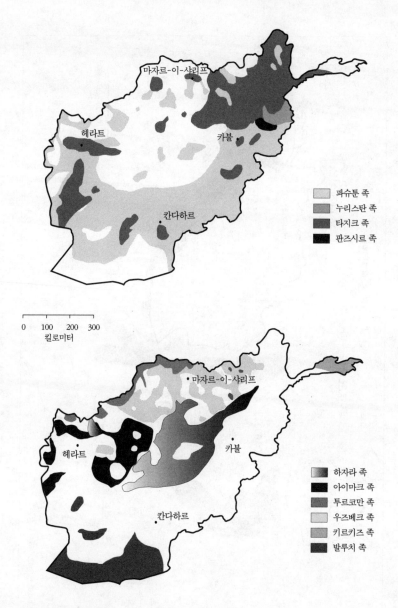

첫 번째 지도 범례:
- 파슈툰 족
- 누리스탄 족
- 타지크 족
- 판즈시르 족

지명: 마자르-이-샤리프, 헤라트, 카불, 칸다하르

0 100 200 300
킬로미터

두 번째 지도 범례:
- 하자라 족
- 아이마크 족
- 투르코만 족
- 우즈베크 족
- 키르키즈 족
- 발루치 족

지명: 마자르-이-샤리프, 헤라트, 카불, 칸다하르

'노르웨이 난민회의' 에서 인용

지도 2   아프가니스탄의 주요 부족 집단

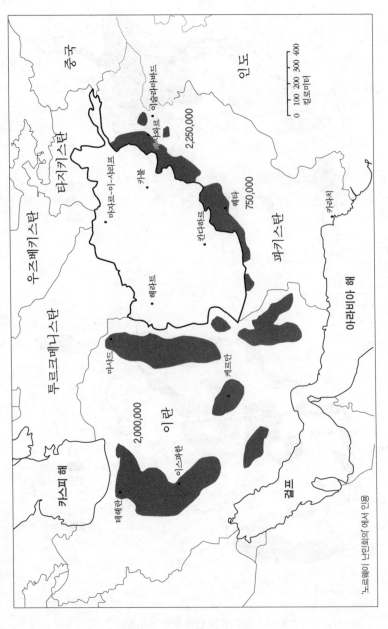

지도 3 아프가니스탄 난민 정착지(1992년 1월)

노르웨이 난민회의 에서 인용

목차

옮긴이의 말

이광수__부산외국어대학교 교수

아프가니스탄은 지정학적으로 유라시아 대륙의 십자로에 있으며, 이란-사우디아라비아의 중동, 인도-파키스탄의 남아시아 그리고 소련 해체 이후 등장한 중앙아시아 여러 국가들 사이에 절묘하게 끼어 있다. 이 나라에 처음으로 군침을 흘린 나라는 러시아와 영국이었다. 그들은 몇 차례의 내정 간섭과 전쟁을 치른 후 이 나라를 완충국으로 '독립'시키는 것을 '허락'했다. 그것은 완충국이야말로 두 당사자를 떨어뜨려 놓기에 충분하고 동시에 자신들과 적대적 관계에 놓일 수 있는 각 부족들의 세력을 약화시키는 데 매우 적합한 체제였기 때문이다. 완충국으로서의 아프가니스탄은 필연적으로 외세의 화폐와 무기에 종속되어 있기에 '독립국'으로서 존재할 수 없는 모순을 배태하게 된다. 이것이 바로 남의 손에 아프가니스탄의 운명이 결정되는 서막이었다.

각각 영국과 러시아 제국의 뒤를 잇는 미국과 소련은 아프가니스탄이 완충국으로서 역할을 하는 것에 만족하면서 상호 협력을 모색하는 관계를 유지한다. 냉전기에 완충국으로서의 아프가니스탄은 남아시아와 중앙아시아 그리고 중동의 국제 정치 속에서 일정한 역할을 하고 있었다. 하지만 외세에 의해 결정된 그 정치 체제는 국가와 사회를 이루는

1

여러 관계들을 더욱 불안하게 하였다. 특히 부족 관계에서 그러하여 주요 부족들이 외세와 결탁하여 갈등을 일으키는 전통이 생겼다. 그것은 아프가니스탄이 비록 국민 국가라는 체계 아래 묶여 있지만, 본질적으로 국민 국가라는 외투를 쓰기에는 너무 다양한 민족과 문화로 구성되어 있기 때문이다. 그나마 불안한 다민족 다문화 공동체들의 국민 국가 외투는 1978년 공산주의 쿠데타와 1979년 소련의 군사 침략에 의해 그 균형이 깨져 버렸다.

공산주의의 확산을 위해 저지른 소련의 침공은 곧바로 미국의 개입을 가져왔다. 소련은 아프가니스탄인민민주당의 꼭두각시 정부를 후원하기 위해 침략하였고, 미국은 그 꼭두각시 공산 정부 대신 친미 정권을 세우기 위해 개입하였다. 어찌되었든, 이는 모두 자국의 이익을 위한 침략이다. 그 두 거인은 대리전을 치르면서 아프가니스탄 개발에 소용되는 비용의 50배에 달하는 돈을 파괴 목적으로 퍼부었다. 아프가니스탄에 남은 것은 전쟁, 난민, 마약, 갈등, 테러 수출의 끝없는 연속뿐이다. 이를 총체적으로 칭하면 좌절된 국가다. 아프가니스탄이 제국주의에 의해 완충 국가에서 출발하여 좌절된 국가로 끝나고 있는 것이다. 그 좌절

2

된 국가의 끝자락에 서 있는 것이 탈리반이다.

미국은 소련이 몰락하고 난 다음 세계를 마음대로 휘저을 수 있는 유일 초강대국의 지위를 구가하고 있다. 세계의 평화는 오로지 그들의 이익에 결부되어야 하고, 문명과 문화는 그들의 시각과 기호에 맞아야만 한다. 그렇지 않으면 '불량 국가'로 낙인찍히고, 이는 결국에는 '전쟁 억지' 전략 아래 통제의 대상이 된다. 그러한 오만과 독선은 항상 그 자체로 끝나는 것이 아니고 대외 정책으로 실천되었다. 그런데 대외 정책의 실천은 일정한 전형을 이루고 있다. 미국이 우선 경제 제제를 통해 압박하기 시작한다. 그러면 압박을 받은 정부는 내핍 경제로 버텨 보다가 끝내 몰락하는 운명을 맞게 되고 그 결과 인민들의 삶은 피폐해진다. 테러와 보복 침략이 일어나는 것은 그런 상황의 연속선상에서이다. 현재로서는 중동과 중앙아시아의 이슬람주의자들에 국한되어 있는 것으로 보이지만 가까이 보면 북한도 이 전형 안에 들어가는 타깃이 되어 있다. 그리고 이것은 말뿐이 아니라 현실로 옮겨져 1994년 한반도에서 전쟁 직전까지 가는 위기 상황이 연출되었다. 미국은 유일 초강대국으로서 세계 평화를 위해 세계 곳곳에서 끊임없이 전쟁을 일으킨다. 이른바

'전쟁 억지를 위한 전쟁'이다. 그런데도 정작 단 한 번도 그들이 원한다는 평화를 가져오지 못한 것은 바로 그 전쟁이 미국만이 갖는 '전쟁 억지를 위한 전쟁'의 전형이기 때문이다. 그들의 이러한 세계 전략은 결코 평화를 가져올 수 없다. 다만, 더 큰 보복을 다짐하는 정치 상황의 과격화만 이루어질 뿐이다.

이 책의 주제인 탈리반은 유일한 초강대국인 미국의 독선적 세계 전략에서 가장 최근의 타깃이다. 물론 탈리반 또한 테러 수출에서 자유롭지 못할 뿐더러 결코 용서받을 수 없는 인권 유린과 양민 학살의 범죄를 저지른 당사자임은 분명하다. 그런데 이 자리에서 우리가 문제 삼는 것은 탈리반에게 주어진 많은 이미지와 평가가 너무 일방적이고 독선적이라는 데에 있다. 특히 그들이 저지른 인권에 관해서는 더욱 그렇다.

탈리반이 저지른 인권 유린에 대해 문화 상대주의를 들이대면서 변호할 생각은 추호도 없다. 그들은 부르카를 입지 않은 여성이나 턱수염을 기르지 않은 남성에게 채찍질을 하고, 간통을 저지른 사람은 돌로 쳐죽였으며, 여성들에게는 일체의 교육의 기회와 일자리를 박탈하기까지 하였다. 재고의 여지가 없는 잔악한 범죄 행위이다. 그런데 우리가 이

4

대목에서 생각해야 할 것이 있다. 하나는 과연 그들이 행한 인권 유린이 다른 경우와 동일하게 이해되고 있는가이다. 미국의 뉴욕이나 시카고와 같은 대도시의 뒷골목에서 날마다 벌어지고 있는 여성에 대한 강간과 매춘 그리고 빈곤층 이하로 살아가고 있는 흑인의 삶 등에 대한 문제 제기는 어쩌면 지엽적인 말대꾸일 수도 있다. 이보다 더 중요하고 심한 것은 전쟁을 일으키고 학살을 지원하는 것이야말로 인권 유린 가운데 가장 극악한 인권 유린이라는 사실이다. 전쟁이 최악의 인권 유린의 범죄이고, 최악의 인권 유린을 조장하는 사람은 전쟁을 일으키고 무기를 전 세계로 판매하는 자이다. 미국은 전 세계 무기 수출량의 절반을 제3세계의 사악한 독재자들에게 판매하고 있다. 그들은 인도네시아 수하르토 정권에게, 이라크의 후세인에게, 니카라과의 소모사에게, 그리고 이 책의 주인공인 아프가니스탄의 탈리반에게 무기를 공급하였다. 그리고 그 무기로 동티모르인들이 인종 청소를 당했고, 많은 사람들이 후세인의 잔학 행위에 의해 죽음을 당했고, 니카라과에서는 4만 명이 죽었으며, 탈리반에 의해 죽은 사람의 수는 헤아릴 수가 없다. 이것이 어찌 미국이 저지른 양민 학살이 아니란 말인가? 그들이 어찌 인권과 평화를 말할 수 있는가?

탈리반이 미국 중앙정보국(CIA)의 작품이라는 것은 모두가 다 아는 사실이다. 이슬람 세력에 대한 지지는 냉전기 미국의 세계 전략의 일환이었다. 미국은 제3세계에서 반공산주의적인 이슬람교가 정치화할 경우 소련에 대항할 수 있는 강력한 또 하나의 세력이 형성될 수 있을 것이라는 기대에 그들을 암묵적으로 그러면서도 노골적으로 지원하였다. 그러한 미국의 전략은 1989년 소련이 아프가니스탄에서 철수하면서 맞아떨어진 것으로 판명 났다. 하지만 승리 후에 남은 것은 지금까지 끊이지 않는 내전뿐이다. 그 와중에 전 인구의 약 3분의 1에 해당하는 약 400만 명이 파키스탄, 이란 등지로 피난을 떠났다. 그들이 떠난 자리에는 폐허밖에 없었다.

탈리반을 보는 눈은 아시아를 보는 눈이다. 탈리반의 일부 정책이 분명 과도한 것임에는 의심의 여지가 없다. 하지만 그러한 정책이 어떠한 상황에서 만들어졌는지, 왜 그렇게까지 될 수밖에 없었는지를 이해하려 들지 않는다면 그것은 분명 또 다른 근본주의에 물들어 있는 자세이다.

6

한국 사회에서 진보적이라는 지식인들과 활동가들마저도 탈리반의 그러한 극단적인 모습에 실망하고 혐오스러워 할 뿐, 그들이 제국주의 틈새에서 겪은 비극의 역사에 대해서는 관심을 두려 하지 않는다. 탈리반이야말로 바로 그 역사의 산물인데도 말이다.

그것은 그들이 오로지 미국과 서방이 흘리는 일방적이면서 교묘한 언론 플레이와 절묘하게 포장한 미국과 서방 정치인들의 정치 예술만 접하기 때문이다. 사실, 이것은 단지 미국과 서방의 언론인이나 정치인에게만 해당하는 문제는 아니다. 그 구조 안에서 아프가니스탄 여성들은 여권 사진을 찍을 때도 부르카를 입고 찍을 거라면서 킬킬대고 조롱하며, 한 발짝 더 나아가 하루 속히 그들을 구해 줘야 하지 않느냐는 낡은 십자군 정신을 금과옥조로 삼고 있는 상당수의 미국 국민들의 문제이기도 하다. 한국의 지성인들이 오리엔탈리즘과 식민주의에 찌들어 있는 미국과 서방의 아시아관(觀)에서 벗어나지 못한 채 아시아를 이해하고 있는 것은 정말 안타깝다. 그 속에는 진보도 보수도 없으며, 하나같은 편견만 있을 뿐이다.

이 책을 번역하고 소개하고자 한 것은, 미국과 서방에서 만든 아프가니스탄과 탈리반의 이미지에서 탈피하고 그 본래의 모습과 그들의 의미를 객관적으로 살피고자 함이다. 탈리반은 누구이고, 어디에서 왔으며, 무슨 일을 하였는지에 대해 최대한 객관적이고 냉철한 시각에서 보고자 한 것이다. 이 책이 비정부 기구(NGO) 활동가가 현장에서 취재하고 조사한 자료를 인권의 시각으로 정리한 글이라 더욱 신뢰가 간다.

이 책은 지난 3년 동안 파키스탄과 아프가니스탄을 카이바르 고개를 통해 넘나들면서 고민했던 흔적이다. 그 길고 긴 사색의 여정 속에서 나는 편견에서 자유로운 아프가니스탄을 그리고 있었다. 이 책은 아시아평화인권연대의 아프가니스탄 난민 캠프 후원 사업에서 활동하고 있는 활동가들이 함께 공부하며 번역한 것이다. 정귀순(아시아평화인권연대 공동 대표, 외국인노동자인권을 위한 모임 대표), 정정수(아시아평화인권연대 사무국장, 동아대학교 강사), 전진성(아시아평화인권연대 운영 위원, 부산교육대학교 교수), 이인경(외국인노동자인권을 위한 모임 상담실장), 이혜진(아시아평화인권연대 자원 활동가), 강호중(아시아평화인권연대 자원 활동가) 그리고 이광수(아시아평화인권연대 공동 대표, 부산외국어대학교 교수)가 몇 개의 장을 분담하여 번역하였고, 이광수가 일차 번

역물들을 모아 하나로 조정하고 정리하였다. 한국 사회에 의미 있는 책을 남기고 싶은 작은 소망을 흔쾌히 들어 준 박종철출판사에 감사한다. 아프가니스탄에 하루 빨리 평화가 깃들기를 바랄 뿐이다.

2004년 12월 6일

9.11 자취 속에서

2001년 9월 11일 화요일에 있었던 세계 무역 센터와 국방부 건물에 대한 테러리스트의 공격으로 서방 세계와 이슬람 세계의 관계가 어떤 성격을 가지고 있는지가 초점이 되었다. 그 공격은 많은 중요한 문제를 제기했다. 그 공격이 미국이 이슬람 세계에 취한 특정 정책들에 대한 결과로 나왔고, 또 만약 그렇다면, 미국이 그러한 정책을 포기하는 것이 앞으로 있을지 모를 테러리스트들의 공격에서 서방 세계를 보호하는 가장 효과적인 방안이 될 것인가? 미국이 취한 일련의 부정적인 정책 가운데 주목할 만한 것으로는 팔레스타인에 대한 이스라엘의 탄압 정치에 대한 지원, 이라크에 대한 끊임없는 폭격, 사우디아라비아와 걸프 지역에서의 계속된 미군 주둔, 1998년 8월 아프가니스탄과 수단에 대한 공습, 1999년 10월과 2000년 12월에 감행된 아프가니스탄에 대한 유엔의 제재 조치 등을 들 수 있다. 미국은 9.11 테러에 대한 응답으로 즉각 오사마 빈 라덴을 핵심 용의자로 지목하고 탈리반(Taliban)을 희생양으로 삼았는데, 이로써 미국 정부가 미국 국민들에게 적의 실체를 보여 줄 수 있었는지에 대해서는 의문이 제기되었다.

그러나 이 책이 내리는 여러 결론 가운데 분명한 것 하나는 오사마 빈 라덴이 가지고 있는 반미 감정을 공유하고 복잡한 테러 공격을 조정할 수 있는 사람들은 이슬람 세계에 얼마든지 있다는 사실이다. 그러므로 만일 오사마 빈 라덴이 그러한 공격을 계획할 수 있는 여럿 중에 하나라는 사실을 전제로 인정한다면, 앞으로 전개해야 할 적절한 방책은 무엇일까? 어떤 선택들이 있을까? 서양의 많은 사람들이 두려워하듯 미국이 2001년 10월 아프가니스탄에 있는 탈리반과 그 연계 세력들의 테러 훈련 캠프에 대해 군사 행동을 감행한 것은, 목적을 위해서라면 순교도 마다하지 않을 또 다른 세대의 테러리스트들을 양산해 내는 것은 아닐까? 만약 그런 경우라면 많은 탈리반 지지자들과 오사마 빈 라덴 지지자들이 미국과의 싸움에서 죽어 나갈지라도 그보다 더 많은 수천의 아니 그 이상의 사람들이 그 자리에 자원하지 않겠는가? 서양을 목표로 한 테러리스트들의 공격이 증가하지 않겠는가? 혹은 그러한 공격이, 예를 들어 미군이 사우디아라비아에 주둔하고 있는 한 아주 오랫동안 계속해서 일어난다고 보아야 하지 않겠는가? 미국과 그 동맹국들이 아프가니스탄에 대한 전면 공격을 감행하기 위해 파키스탄 땅을 이용한다면, 일부 이슬람 급진주의 세력이 파키스탄이 보유하고 있는 핵무기를 장악하여 쿠데타를 일으키고 그를 통해 현 정권인 페르베즈 무샤라프를 갈아 치우도록 파키스탄 주민들을 과격하게 만들지는 않을까? 미국은 이러한 결과를 정말 미리 막을 수 있을까? 미국이 파키스탄에 미군을 주둔시킨다면 그들은 그러한 쿠데타 시도를 사전에 분쇄하고 현 정권을 보호할 수 있을지? 미국은 파키스탄 정부가 자국의 영토 내에서 급진 세력들의 힘을 약화시킬 수 있도록 그 역량을 강화시켜 주는 수단을 가지고 있기나 한 것일까? 그런데 파키스탄의 군부와 정보부라는 양대 세력이 탈리반과 오사마 빈 라덴에 대해 동정적 입장을 취하는 것 같을 때 미국이 그렇게 한다는 것이 얼마나 어렵겠는가? 미국이 알-카이다(Al-Quida: 기지라는 문자 그대로의 뜻을 가진 무슬림 무장 조직. 현재의 무슬림 정권은 모두 타락한 것으로 간주하고 이를 무력으로 전복하여 칼리프의 통치를 따르는 무슬림 정부를 세우고 그 안에서 서양의 모든 영향을 뿌리 뽑을 것을 촉구하고 있다. 1980년대 소련의 아프가니스탄 침공기에 오사마 빈 라덴이 조직하여 현재 아프가니스탄, 보스니아, 체체니아, 타지키스탄, 소말리아, 예멘, 코소보, 필리핀, 알제리 등의 무슬림 항전을 후원하고 전사들을 육성하고 있다—옮긴이)라고 알려진 오사마 빈 라덴의 조직망에 침투한다는 것이 과연 그렇게 쉬운 일일까? 오사마 빈 라덴은 영적 지도자로서가 아닌 탁월한 조직가로서 미국의 외교 정책에 반대하는 상징으로 어느 정도의 위치를 차지하고 있을까? 많은 사람들이 진술하듯, 만일 알-카이다가 비전을 공유하고 있을 뿐 비교적 각기 독립적으로 행동하는 사람들로 이루어진 아주 느슨한 조직망이라면, 미국은 과연 그 조직망 가운데에서 향후 테러 공격을 기획하고 있는 곳이 어디인지 그 소재를 파악할 수 있을까? 만약 미국이 그 소재를 파악하고 그래서 그들이 테러 공격을 수행할 수 없게 된다면, 또 다른 조직들이 그와 동일하거나 유사한 공격을 수행하겠다고 나서지는 않을 것인가?

몇 가지 더 전략적인 문제들도 있다. 만일 국제 사회가 전 세계의 장기적 안전을 확약하기 위해서 취해야 할 유일한 길로서 '성전'의 사고방식을 폐기 처분하고 이슬람 세계와 좀 더 건설적인 관계를 설정하는 것으로 결정한다면 그 관계 설정의 목적은 어디에 둘 것인가? 이슬람 세계에서 온건파를 다독거리고 급진파를 격려하는 것인가? 국제 사회는 각 국경 내에서 급진 세력을 나름대로 처리해야 하는 책임을 개별 정부에게 맡기고 있는 것은 아닌가? 어찌되었건 급진 세력은 이슬람 세계에만 있는 것이 아니고 유럽에도 있다. 유럽과 북아메리카에 있는 무슬림 급진 세력들은 서양이라는 타깃에 테러 공격을 감행할 수 있는 능력에 관한 한 아프가니스탄에 있다고 추정되고 있는 테러리스트 훈련 캠프에서 훈련된 자들보다 더 큰 잠재력을 보유하고 있다. 만일 미국이 아프가니스탄으로 침투하기 위한 전진 기지로 파키스탄을 이용하는 대신에 파키스탄이 국내에 있는 급진 세력들의 소재를 파악하고 법을 통해 그들을 압박하는 방식을 택한다면 파키스탄 국민들은 이를 수용할 수는 있을까? 마찬가지로 만일 미국이 탈리반에게 오사마 빈 라덴을 인도할 것을 요구하는 데에 그들이 다른 곳에서의 범인 인도 절차에서 갖추었을 증거와 동일한 기준을 적용한다면, 파키스탄과 아프가니스탄 국민들은 정의가 지켜지는 것으로 인정하고 미국이 취한 일련의 행동을 선선히 인정할 수 있을까? 만약 이와 동시에 미국이 이스라엘에게 자신들의 정착자 정책과 팔레스타인 사람들에 대한 강압 정책을 포기하도록 한다면 이슬람 세계 내에서 온건파가 득세할 수 있을까? 만약 미국이 이슬람 세계에 대해 취한 침략적인 군사 행동을 중지한다면 미국에 대한 그들의 강경한 태도는 누그러질 것인가? 만일 미국이 유럽의 한 국가에 군사 개입을 하고자 할 때 고려하는 어떠한 기준을 다른 이슬람 국가에 대한 군사 개입에도 마찬가지로 동일하게 적용하겠다고 한다면 이로 인해 이슬람 세계는 지금까지와는 달리 미국을 새롭게 이해할 것인가? 아니면 미국은 아프가니스탄에서 벌인 군사 행동과 무슬림들의 정서를 짓밟는 것과 같이 무슬림들의 의견에 전혀 귀를 기울이지 않아 결국 앞으로도 계속해서 그들에게 증오의 대상으로 남을 것인가? 과연 미국이 아프가니스탄에 취한 군사 행동은 테러리즘을 막을 수 있는 가장 효과적인 수단으로 나타날 것인가? 또 다른 예를 들어 생각해 보자. 만약 세계 무역 센터 건물과 미 국방부 건물에 대한 공격이 영국에서 조직된 것으로 의심이 간다고 하면, 미국은 영국 침공을 심각하게 고려하였을까 아니면 영국 정부가 그 용의자들을 법정에 세울 수 있는 법적 장치를 사용하는 어떤 행동을 취하도록 영국 정부를 믿고 의지할 것인가? 미국은 탈리반과 관련해서 이러한 원칙에서 벗어났음을 어떻게 정당화할 수 있나? 그들의 판단 기준은 무엇인가? 미국이 하나의 정부와 또 다른 정부 사이에 존재하는 교전에 관한 정상적인 국제 원칙을 폐기할 수 있는 권리를 가지고 있다고 생각하게 만드는, 탈리반에 대한 기준은 무엇인가?

이 책은 바로 이러한 많은 문제와 피할 수 없는 딜레마에 관해 깊이 생각해 보고자 한다. 그렇지만 생각의 단초는 아프가니스탄 자체에 있어야 한다. 이 나라는 세계 무역 센터 건물과 미 국방부 건물에 대한 바로 그 테러에 대해 이 나라의 어느 누구도 용의자로 지목되지도 않았음에도 불구하고 미국이 2001년 10월을 기해 군사 공격을 감행한 바로 그 나라다. 더군다나 미국이 처참할 정도로 가난하고 전쟁으로 찢긴 이 나라를 폭격한 것은 이번이 처음이 아니었다. 미국의 전대통령 빌 클린턴은 지난 1998년 아프리카의 나이로비와 다르에스살람에 있는 미 대사관 파괴에 오사마 빈 라덴이 연루되어 있다는 혐의를 두어 그해 8월 크루즈 미사일을 이 땅에 퍼부었다. 우리가 위에서 제기하였던 여러 가지 중요하고 어려운 문제들을 심각하게 탐구하는 작업을 반드시 아프가니스탄에서 시작하여야만 하는 이유가 바로 여기에 있다. 우리는 지금까지 일어났던 일련의 사건들의 과정을 바로 이 비극적인 나라 안에서 이해하려고 노력해야 한다. 급진적 이슬람 세력은 어떻게 하여 힘을 얻게 되었는지, 왜 탈리반이라고 불리는 특정 정파가 권력을 잡게 되었는지, 그들은 무엇을 믿고 있고 그 믿음은 어떻게 현재의 전쟁으로 귀결되는 일련의 사건들을 일으키게 되었는지를. 이 책은 결국 탈리반 혹은 좀 더 포괄적으로 말하면 아프가니스탄을 이해하는 것에 관한 책이다.

1장 서론

이 책은 관계에 대한 책이다. 서양과 이슬람 세계의 관계, 이슬람 세계 내의 다양한 운동들과 그리고 아프가니스탄 내부의 다양한 운동들 사이의 관계, 1978년 쿠데타와 연이은 소련의 침공을 통해 그들을 억누른 경험들에 대해 반응을 나타낸 아프가니스탄 사람들 사이의 관계. 이는 이제까지 다양한 가닥을 추구할수록 더 복잡해지는 상황을 이해하기 위한 시도이다. 탈리반은 아프가니스탄 내의 갈등이 가져다 준 결과의 한 표현일 뿐이지만, 이슬람과 기독교의 접촉, 그리고 종교이자 정치 이념, 국제 권력 정치, 국제 경제의 토대로서의 이슬람 안에서의 발전을 포괄하는 여러 요소들의 연계망에 초점을 부여하는 것 또한 사실이다. 상황을 명확하게 하려고 하면 할수록 의문은 더욱 많이 생기게 마련이고 이런 점에서 탈리반을 정의하는, 쉬운 표찰은 존재할 수 없다.

어찌 되었든 1996년 9월 말 그들이 카불을 차지했을 때—— 계획적인 것이었든 아니면 우발적인 것이었든 아니면 탈리반과 관계없이 벌어진 복수극이었든 간에 —— 전대통령 나지불라와 그의 형제가 광장에서 교수형에 처해졌고, 그로 인해 그들은 경직되고 단순하다는 이미지를 얻게 되었다. 그 다음 이어진 교육과 고용에서 여성의 접근을 금하는 선언들과 남녀 모두에게 부과한 엄격한 복장 규정, 그리고 극적인 군사 정복 등으로 인해 유럽 안에서 국제 관계와 인종 관계 모두에서 문제를 일으키는 이슬람에 대한 판에 박힌 부정적인 인식이 본격적으로 부상했다.

탈리반이 카불 주민들에게 과도한 징벌을 적용하고 그로 인해 세계 언론의 주목을 집중적으로 받은 사실 때문에 국제 사회는 어쨌든 어떤 태도를 취하지 않을 수 없게 되었다. 어쨌든 탈리반과 국제 기구 양자는 탈리반이 카불에서는 전혀 대중성을 확보하지 못했다 할지라도 그 외의 많은 점령지에서는 대중성을 확보하였음을 분명하게 인식하였다. 그러므로 노골적인 비난과 관계의 단절은 불가능하였다. 방법은 대화를 통해 국제 규범과 더욱 일치하는 정책들을 얻을 수 있다는 희망을 가지고 협상을 진전시키는 가운데 찾아내야만 했다.

이 책은 이러한 과정을 이루어 내는 여러 가지 노력 가운데 하나로서, 현재의 상황에 대한 객관적인 이해와 이 책의 지면의 한도 내에서 얻을 수 있는 최대한을 추구하고자 한다. 그러하기에 이 책은 탈리반이 무엇을 믿고 있는지 그리고 그들이 가진 일련의 믿음을 아프가니스탄의 여러 다른 지역과 주민들 사이의 다른 요소들과의 관계에서 어떻게 분명하게 했는지를 보고자 한다. 매우 불확실하지만, 탈리반의 정책이 형성되고 그것이 구체적으로 실현되는 데 미친 여러 가지 문화적이고 종교적인 많은 가능한 영향들을 고찰해 보고자 한다. 이를 위해서는 더 넓은 지정학적인 정세와 세계 경제에서의 아프가니스탄의 역할을 살펴봐야 하고 나아가 아프가니스탄이 가지고 있는 민족적, 종교적, 인종적 혼합성과 그 지형상의 성격을 고찰해야 한다. 이러한 모든 것들이 탈리반의 행동에 영향을 미쳤다.

마찬가지로 그들의 행동은 아프가니스탄의 이웃 국가들과 서양의
여러 나라들에서 일련의 반응을 유발했는데, 특히 이웃해 있는 나라에
서 갈등을 일으키는 문제로 작용하였다. 이러한 문제들에는 아프가니스
탄이 아편 생산에서 주요한 역할을 하고 있고 헤로인 생산 과정에 직접
적으로 연루되어 있으며 중앙아시아 산(産) 가스와 석유의 수송관으로
서의 잠재력을 가지고 있고 밀수에 매우 깊이 개입되어 있다는 사실들
이 포함되어 있다.

탈리반 운동이 야기한 주요 문제를 고려하는 것 또한 중요하다. 예
를 들어서, 국제적 인식 수준의 문제를 고려하여, 여성이 교육을 받고
취업을 할 수 없도록 하는 것과 같은 인권 침해에 대해서 국제 사회가
어떻게 반응해야 하는가? 이러한 인권 침해를 국제적으로 많은 정부들
이 저지른 극단적 형태의 신체적 침해와 어떻게 비교할 수 있는가? 신
체적 침해와 관련해서 세계적으로 저질러지고 있는 것보다 더 엄격한
잣대를 들이대야 하는가? 인권 침해에 대해 인도주의 기구들은 어떻게
반응해야만 하는가?

탈리반 같은 운동과 싸우고 협상하는 과정에서 우리는 어떤 것을
기준점으로 삼아야 하는가? 유엔 인권 조약은 그들에게 적당한가 아니
면 탈리반이 주장하는 바와 같이 그것은 서양의 가치 체계에 기초하고
있는 것에 지나지 않는가? 급진적 운동은 한 사회의 상태를 나타내는
징후임에 틀림없으며 그들의 철학을 대중의 믿음을 표현한 것으로 존중
해야 한다는 견해를 취해야 하는가? 아니면 협상에서 주민들 내부의 온
건파와 자유주의자들의 견해에 주의를 기울여야 하는가? 아니면 쿠란
(Qur'an: 코란 — 옮긴이)과 선지자 무함마드(Muhammad: 마호메트 —

옮긴이)가 했다고 하는 말씀들 그리고 하디스(Hadith: 예언자 무함마드의 언행을 전승한 것―옮긴이)와 일치하는지 하지 않는지에 대해 이슬람 학자들이 말하는 것에서 영향을 받아야 하는가? 여성에게 합리적인 규범을 제시하기 위해 이슬람 학자들과 지식인들이 말하는 것에 귀를 기울여야 하는 것인가 아니면 남성과 여성 모두에 관해 촌락에 사는 사람들이 가지고 있는 관점과 가치를 적용해야 하는가? 촌락민의 관점을 적용하고자 한다면, 촌락마다 주마다 민족 집단마다 서로 다른 관점과 가치는 어떻게 수용할 것인가?

누군가 적절한 기준점을 제시한다 할지라도, 그 일은 여전히 다양한 관점과 태도를 가진 사람들을 포함한 운동을 다루는 일임을 명심해야 한다. 탈리반 운동 안에 있는 사람들 가운데 어떤 사람들은 특정한 민감한 사안에 대해 받아들일 수 있는 수준의 협상에 긍정적인 반응을 보일 수 있겠지만, 다른 사람들은 그에 대해 전혀 받아들일 수 없다는 입장을 취할 수도 있다. 국제 사회는 이러한 필연적인 운동 내부의 차이에 직면하면서, 탈리반이 과연 인권 문제에 대한 협상에 긍정적으로 반응할 수 있을지의 여부를 평가하는 데 종종 난처함을 겪는다. 협상이라는 것이 분명히 진전을 하고 있음에도 국제 사회의 분위기를 심각하게 훼손시키는 부정적 결과를 낳는 우연한 사건들이 종종 있어 온 것이 사실인 것 같다. 물론 그 문제는 아프가니스탄에서만 유일한 것은 아니지만 그렇다고 언급을 회피해서 될 문제 또한 아닐 것이다.

갈등이 벌어지고 있는 상황에서 발생하는 인권 침해에 국제 사회가 어떻게 반응해야 하는가 하는 문제는 사실 복잡한 문제다. 1979년부터 1989년까지의 소련 점령기 동안, 점령군이 저지른 인권 침해에 대해서는 비판하는 경향이 있었지만 무자히딘(Mujahidin: 투쟁하는 사람들이라는 뜻으로 이슬람에서 육욕과의 싸움을 나타내는 무자하다Mujahada에서 나온 말이지만 지금은 이교도와의 싸움에 참가하는 이슬람교도를 이르는 말로 쓰인다 — 옮긴이)이 저지른 인권 침해에 대해서는 애써 못 본 척한 것이 사실이다. 그것은 소련군은 정당치 못한 침략자로 해석된 반면 당시의 무자히딘은 영웅적인 독립 투사로 언론에 투사되었기 때문이다. 그렇지만 소련군이 철수하고 난 후 무자히딘의 인권 침해가 계속되었을 때(한둘의 예외적 사건을 제외하고는 대부분 작은 규모이긴 하지만), 그것은 파쟁이 심화되어 발생한 내전으로 인해 어쩔 수 없이 발생한 것이라서 충분히 종식될 수 있다고 여겨져 특별히 문제시되지 않았다. 인권 침해에 대해 국제 규범을 준수해야 하는 것이 주요 논쟁점으로 부상하게 된 것은 바로 탈리반이 카불을 장악하면서 국토의 3분의 2를 통제하고 자신들을 아프가니스탄의 유일 정부로 주장할 때부터였다. 그들이 그렇게 성장하기 전에 또 하나의 자유롭고 세련된 도시인 헤라트를 점령한 것에 대해 국제 사회는 거의 관심을 기울이지 않았다.

수도 없이 많은 영역에서 탈리반과 부닥치는 것은 피할 수 없다. 서로 만나는 빈도에서 볼 때, 가장 우선적인 것은 인도주의 기구의 필요성이다. 인도주의 기구들은 탈리반이 통제하고 있는 지역에서 당국과의 협상에도 필요하고, 탈리반 반대 세력이 장악하고 있는 지역을 포함한 그 외의 모든 지역에 접근하고자 할 때도 필요하다. 1998년 8월 미국이 아프가니스탄을 공습한 이래 탈리반이 오사마 빈 라덴을 환대한 것 때문에 탈리반은 국제 무대에서 더 큰 유명세를 치렀고 이후 국제 사회는 그들을 강경하게 압박할 것이냐 아니면 건설적으로 접근할 것이냐를 두고 그 사이에서 균형을 맞추는 문제에 대해 격렬한 논쟁을 하였다. 탈리반은 오사마 빈 라덴이 나이로비와 다르에스살람 주재 미 대사관에 대한 폭탄 공격에 연루된 혐의가 있기 때문에 그를 양도하라는 미국의 요구에 대해서 이슬람의 틀 내에서 반응해 왔다. 이는 공습 후 오사마 빈 라덴에게 주어졌던 영웅적 지위와 합쳐지면서 이 문제에 대해 국제 사회, 특히 미국이 이슬람 세계와 대립각을 세워 행동했음을 의미하였다. 아프가니스탄에 대한 공습과 그 후의 유엔 제재로 인해 탈리반에게 오사마 빈 라덴을 양도하라는 압력은 탈리반 내 강경파의 입지를 더욱 강화하였고, 아프가니스탄과 인접한 파키스탄의 이슬람주의 정당들의 입지를 강화시켜 전반적인 정치 환경이 급진적으로 변하는 데 일조하였다는 것은 명백한 사실이다. 반면에 이러한 상호 대치적이고 위협적인 접근 방식은 역효과를 초래할 뿐이라는 사실이 판명되었고, 탈리반에 대해 좀 더 건설적으로 접근하는 정책이 반드시 추구되어야 한다고 주장하는 사람들이 많다. 이 책은 비록 손쉬운 해결책을 제공하지는 못할지라도 이러한 딜레마에 대해 고민해야 할 필요성을 알려 주기 위한 노력의 일환이다. 이 책이 이슬람 세계와 서양 사이의 접점에 대한 길고 긴 논쟁에 또 하나의 목소리를 제공하는 데 기여할 것이라고 기대한다.

이 책은 아프가니스탄의 지정학적 특징, 민족적·종교적·언어적 혼합성, 경제의 성격, 역사와 문화의 복합성 등에 유념하면서 배경을 정리하는 것으로 출발한다. 그러고서는 3장으로 옮겨 무자히딘 운동과 그것이 정부의 안팎에 어떻게 나타났는가 하는 것에 대해 고찰한다. 이는 탈리반을 이해하고 탈리반과 인도주의 기구들 사이의 관계를 이해하기 위해서 매우 중요한 부분이다.

　4장은 탈리반의 기원과 그 리더십의 성격을 검토하고 탈리반의 카불 점령을 이끈 극적인 사건과 그 이후의 북부 아프가니스탄을 차지하기 위한 노력의 궤적을 좇는다. 그리고 그들의 통제 아래 있는 여러 다른 주민들에 대한 탈리반의 영향을 평가하고 한 지역과 다른 지역 사이에 나타난 상당한 차이의 원인을 찾는다.

5장에서 7장은 내가 '탈리반 신조'(Taliban creed)라는 용어로 묘사한 것을 확인하기 위한 시도이다. 탈리반 지도자들이 행한 많은 진술들을 연구하고 그들의 행동을 고찰한 결과 내린 나의 결론은 그들이 매우 분명한 신념 체계를 가지고 있지만 앞으로 나아가기 위한 운동을 지도하기 위한 지침의 틀을 제공하는 이론가는 없다는 사실이다. 따라서 이념(ideology)이라고 부를 만한 것이 전혀 나타나지 않는다. 차라리 많은 영향력을 이끌어 내기 위해 나타난 하나의 분명한 열성적 충성의 대상으로서의 신조만이 존재할 뿐이다.

5장은 탈리반이 주로 공식적 진술에서 밝힌 강령의 특징을 개략한다. 그리고 6장은 이슬람 세계에서 두각을 나타낸 다른 급진적 운동들 즉, 무슬림형제단(Muslim Brotherhood), 사우디아라비아의 와하브주의자(Wahabbis: 이슬람의 타락을 비판하면서 신정일치의 경건한 삶을 살기를 주창한 사우디 출신 수니파 종교 지도자 와하브의 청교도적 이슬람주의—옮긴이), 가다피의 리비아, 이란 혁명 등을 알아본다. 이것은 탈리반 내에 존재하는 혹은 결여되어 있는 급진적 이슬람 운동의 성격을 좀더 명확하게 파악하기 위함이다. 7장에서는 인도아대륙(the Indian subcontinental)에서의 이슬람의 전개 과정을 추적하기 위하여 18세기의 인도아대륙으로 거슬러 올라가는데 그 안에서 특히 아프가니스탄 안에서 탈리반에 영향을 미칠 가능성에 대해 고찰해 본다. 이 장에서는 관찰자들 사이에 지속적으로 존재해 온 주요 논쟁을 고찰해 본다. 그 논쟁들에는 탈리반의 신조가 파슈툰 족의 관습과 관행에서 얼마나 영향을 받았는지, 아프가니스탄 내에서 확립된 종교 사상에서는 또 얼마나 영향을 받았는지, 무자히딘 내의 이슬람주의 정당들의 이념에서는 얼마나 영향을 받았는지, 그리고 최고의 보수주의자인 압둘 알라 마우두디와 같은 인도아대륙의 주요 이론가들에게서는 얼마나 영향을 받았는지 등이 있다.

8장은 탈리반과의 관계에서 어쩌면 가장 어려운 주제인 성(gender)의 문제를 다루는데, 그것은 탈리반의 정책이 여성과 남성 모두에 어떤 영향을 미쳤는가를 고려하는 것이다. 누구든 이 주제를 다루려면 무엇이 아프가니스탄에서 전형적인 관습과 관행으로 간주되고 있는가에 대해 이해하여야 한다. 이것은 쉽지 않다. 시간이 흐름에 따라 아프가니스탄의 한 지역과 다른 지역 사이에 상당한 변화가 있어 왔다. 그리고 내전이 그 상황을 극도로 복잡하게 만들어 버렸다.

여성의 지위를 살펴볼 때 우리는 이슬람 내에서의 그리고 자유주의에서부터 급진적 이슬람에 이르는 스펙트럼을 망라하고 있는 이슬람 세계의 서로 다른 지역과 관련되는 여러 규범들과의 관계 속에서 살펴보아야만 한다. 우리는 이 문제에서 자신들 나름대로 해석할 수 있는 권리에 대해 의문을 제기할 수는 없겠지만, 적어도 샤리아의 율법과 쿠란과 하디스에 관한 탈리반의 해석이 이슬람 학자들 사이에서 우세한 위치를 차지하고 있는 해석과 어느 정도 일치하는가에 대해서 고려해 봐야 한다. 만약 우리가 현실적인 논쟁에 개입하고자 한다면, 서양에서의 성 관련 개념의 성격을 명확하게 규정하는 것이 마찬가지로 중요하다. 그렇게 하기 위해 이 장은 유엔 인권 조약의 성 관련 규정을 지적하고 나아가 그 규정들이 그 가치 체계를 서양과 이슬람 세계 양자 속에서 얼마만큼 재현하는가에 대해 고려할 것이다.

이러한 작업을 마치면 9장의 인도주의 기구들과의 대화로 이어진다. 이 장에서는 기구들의 활동에 미친 탈리반의 충격, 양자 사이 대화의 성격, 상호 대화를 통해 서로 제기하였던 문제들, 상호간의 논의를 결국 중단하게 만든 인권 침해의 문제들에 대해 고찰하고자 한다. 진전 상황에 대한 인도주의 기구들의 반응과 대화를 위해 적절한 기준표를 확인하려 한 인도주의 기구들의 시도를 살펴본다.

10장에서는 탈리반과 국제 사회, 즉 유엔안전보장이사회, 유럽공동체(European Community)와 같은 외교적 공동체와 외교적 승인에 관한 문제로 고민하는 개별 정부 사이의 접점을 검토해 본다. 이를 위해 유엔, 유럽연합(European Union), 특정 정부들이 개진한 여러 진술들을 고찰해 보고 나아가 제기된 문제들을 살펴보고, 세계적 차원의 인권 문제와 결부시켜 고찰해 본다. 또한 십자군 시기로까지 거슬러 올라가는 기독교와 이슬람 사이의 관계에 나타나는 태도의 어려움과 양쪽 모두 종종 표명하고 있으며 그 관계를 왜곡하고 있는 편견에 대하여 가설적으로 살펴본다.

상대적인 가치 체계를 깊이 탐구하면서, 이 책은 바깥 세계를 향한 탈리반의 관계에 영향을 미친 범지구적인 그리고 지역적인 이해관계를 검토하는 현실 정치(realpolitik)의 세계로 뛰어든다. 11장에서는 파키스탄 내의 여러 요소들로 이루어진 탈리반에 대한 분명한 지지에 대해 다룬다. 12장에서는 좀 더 넓은 규모의 지역을 살펴볼 것인데, 특히 러시아, 이란, 타지키스탄 그리고 인도가 탈리반에 반대하는 입장을 취하게 하고 투르크메니스탄이 방관자의 입장에 서게 만든 요인들을 다룬다. 이는 곧 가스와 석유 수송관에 관한 이야기로 이어지고 나아가 헤로인, 밀수, 테러리즘에서의 탈리반의 위치에 대한 탐구로 이어진다.

13장에서는 오사마 빈 라덴이 아프가니스탄과 탈리반과 가졌던 오랜 관계에 대해 간략하게 되돌아본다. 그리고 마지막 결론을 맺는 장은 9.11 이후 탈리반과 미국과 그들의 끊임없는 갈등이 지니는 좀 더 넓은 의미를 강조하고 있는데, 이는 9.11 이후 서양과 급진적 이슬람 사이의 관계에서 현재 존재하는 선택들을 포함하고 있다.

2장 아프가니스탄의 성격

아프가니스탄과 같이 국가라는 개념이 최근에야 발달하였고 그 국가가 사회의 외부로 여겨지기에 사람들이 지역 사회에 우선적으로 충성심을 바치는 곳에서, 모든 아프가니스탄인이 유일하게 가지고 있는 공통점은 이슬람이다 (Roy, 1986: 30).

아프가니스탄은 지리적으로 고립된 비옥한 유역, 하천 분지 그리고 오아시스가 여기저기에 흩어져 있으며 산이 많은 사막의 특징을 가지고 있다. 이 지역은 광활한 이란 평원에서 동쪽으로 뻗어 히말라야 산맥 자락까지 포함하며 파키스탄에서 분리되면서 타지키스탄 땅 끝에서 높이 7,470미터에 이르며 중국 서부에까지 다다르는 지역이다. 힌두쿠시라 불리는 이 산맥의 북쪽으로 평원이 시작되는데, 이 평원은 아무다리야 강에서 아프가니스탄 국경을 가로지르고 중앙아시아와 러시아 초원을 가로질러 북극 지방까지 수천 마일 뻗어 있다. 힌두쿠시 남쪽으로 파키스탄을 지나 인도양으로 바람이 휩쓸고 지나가는 황량한 사막이 있다. 약 9,000년에서 11,000년 전에 힌두쿠시 산악 지역에서 사람들이 밀과 보리를 재배하고 양과 염소를 방목했다는 고고학적 증거가 있다. 이는 또한 서쪽과 북쪽으로 넓은 지역에 걸쳐 두드러진 유목 문화가 있었음을 시사해 준다.

경제는 자급적 농업에 거의 전적으로 의존하고 있으며 관개농으로 재배하는 밀이 주곡이다. 변경 지역에서는 빗물로 밀과 보리를 재배한다. 소련과의 전쟁으로 아프가니스탄 농업 경제가 의존하고 있는 관개 설비가 방치되거나 파괴되었다. 최근에는 이를 복구하는 데 많은 원조가 이루어지고 있다. 소련군이 철수한 후 수년 동안 국내외로 떠났던 사람들이 마을로 돌아오면서 농업 기반이 효과적으로 복구된 것을 볼 수 있다. 인도주의 기구들은 자원과 기술적인 지원을 통해 복구를 지원해 주었다. 2000년에 심각한 가뭄이 있기 전까지는 적어도 남부와 서부에서는 농업 경제가 어느 정도 발달하고 있었지만 북부는 악화 일로를 걷고 있었다.

다른 지역에 비해서 훨씬 상황이 좋은 지역도 있었다. 예를 들면, 잘랄라바드 주변 지역에서는 다양한 과일과 야채가 생산되었다. 게다가 이곳은 탈리반이 2001년에 아편 생산을 금지하기 전까지는 양귀비 생산으로 유명한 곳이었다. 또 다른 주요 양귀비 재배지인 헬만드는 세계 양귀비 생산량의 4분의 1을 차지하고 있었다. 잘랄라바드는 주요 교역로 위에 있어서 고도로 조직된 밀수 조직의 중심부 역할을 하고 있다. 이와 대조적으로 힌두쿠시에 길게 놓여 있는 아프가니스탄 중부와 북부의 하천 유역은 생존하기조차 어려운 지역으로 오랜 기근의 역사를 가지고 있다.

이러한 빈부 갈등으로 상당수의 인구가 경제적으로 생존하기 위하여 도시로 이동하면서 도시 중심부는 급속히 비대해졌다. 소련의 보조금으로 1992년까지 도시 경제는 상당히 흥성하였다가 그 이후로는 여러 사건들로 인해 꾸준히 쇠퇴하였다. 해를 거듭하면서 재산을 팔아 치우는 가족들이 줄을 잇게 되었고 그 결과 지금은 많은 사람들이 빈곤 상태에 처해 있다. 도시 경제는 소규모 작업장과 노점상에 크게 의존하고 있는데, 두 가지 모두 매우 불안정하기도 하고 체포될 위험도 많은 일이다.

아프가니스탄 사람들은 민족적으로나 종교적으로나 언어적으로 섞여 있다. 세력이 강한 민족 집단은 파슈툰 족인데, 이들은 아프가니스탄 중앙의 하자라 족 거주 지역을 둘러싸고 있는 활형 지역의 남쪽에 거주하고 있다. 파키스탄의 북서변경주 쪽 국경에는 아프가니스탄 쪽 국경만큼이나 많은 파슈툰 족이 있다. 파슈툰 족은 파슈토(Pashto)라는 독특한 언어를 가지고 있는데 이는 다른 지역에서 사용하고 있는 페르시아의 방언인 다리(Dari)와는 아주 다르다.

이 나라의 북쪽에는 세 개의 주요 민족 집단이 있는데 그들은 중앙아시아에 위치하면서 민족적 동질성으로 연결되어 있다. 바드기스 주에 거주하는 소규모의 투르코만 주민들은 투르크메니스탄과 관계를 맺고 있고, 그보다는 더 큰 규모의 북쪽 중앙 지역에 있는 우즈베크 주민들은 마자르를 중심으로 우즈베키스탄과 관계를 맺고 있고, 아프가니스탄 북동부의 타지크 족은 타지키스탄과 관계를 맺고 있다. 투르코만 족과 우즈베크 족은 투르크 족에 그 기원을 두고 있어 터키는 최근 중앙아시아의 범(汎)투르크 족을 아우르는 야망을 품고서 그들에게 특별한 관심을 보이고 있다. 또 다른 민족 집단으로 아프가니스탄의 남서부 구석에 있는 발루치 족이 있는데 그들은 파키스탄과 이란의 국경 부근에 상당한 수를 형성하고 있다.

종교로는 수니파(Sunni: 무슬림공동체인 움마의 순나sunnah를 추종하는 자로서 자신만이 정통 무슬림이라 자처한다. 순나란 쿠란, 하디스 및 예언자와 정통 칼리프들의 선례에 바탕을 두고 있는 관행을 말한다—옮긴이) 이슬람이 다수이지만 소수인 시아파(Shi'a: 칼리프를 알리의 가문에 되돌려 줄 것을 주창하면서 시작된 분파. 이슬람 외부 요소에서 빌린 것을 새로운 종합으로 융화시킨 인물이 알리, 후세인 및 그들의 자손들이라고 주장하는데, 그들을 이맘이라고 부른다. 그들의 이맘은 수니파에서 말하는 집단 예배 인도자를 지칭하는 이맘보다 훨씬 격이 높은 의미로 사용되었다—옮긴이)에 중요한 두 개의 분파가 있다. 그 가운데 하나는 중앙 아프가니스탄에 거주하는 하자라 족으로 역사적으로 볼 때 그들은 정치적으로나 경제적으로 주변으로 몰렸다. 다른 하나는 북동부에 있는 이스마일파(Ismailis: 7세기 이맘의 옹립을 둘러싼 파쟁 속에서 이스마일의 자손만이 '숨은 이맘'이 될 수 있다고 선언하고 이스마일의 계승권을 주창한 이슬람의 한 분파—옮긴이)이다. 수니파가 전체의 80퍼센트를 차지하고 시아파가 나머지 20퍼센트를 차지하고 있다(Roy, 1986: 30).

문화적으로 이 나라는 매우 혼합적이다. 파슈툰 지대는 부족들이 많이 사는 곳이면서 동시에 매우 전통적인데 가족 내의 인간관계와 외부 부족민들과의 인간관계를 분명하게 규정하는 규준을 가지고 있다. 아프가니스탄의 특징을 이루는 합의제는 특히 이 파슈툰 지역에서 분명하게 나타난다. 파슈툰 지대에서 널리 퍼져 있는 지르가(jirga)라고 하는 지역 기구는 사회 조직을 잘 유지하는 데 중요한 역할을 하고 있다. 아프가니스탄의 다른 지역에 있는 슈라(shura: 무슬림 전통 사회에서 입법 기능을 하는 회의―옮긴이)는 그 장악력이 지르가보다 약하다.

중부 아프가니스탄의 시아파 하자라 주민들은 또한 보수적이라고 규정할 수 있다. 하지만 행동 양식은 남쪽의 파슈툰 족보다는 덜 경직되어 있다. 게다가 그 사회는 상당히 위계적이면서 개인적이다. 대가족이 아닌 핵가족이 지배적인 그 체계 내에서 여성이 혼자 힘으로 자녀를 양육해야 하는 것은 그다지 드문 일이 아니다. 이와 유사하게 북서부의 헤라트 주변에서는 주민들이 전쟁 이전에는 일을 찾아 여기저기로 이동하는 성향이 매우 강한 것으로 정평이 나 있었다. 마자르에서 주민들은 특성상 도시적이어서 남쪽의 매우 전통적인 성향보다는 서부 대도시권의 내부 지역과 공통점이 더 많은 것으로 간주될 수 있다. 그렇지만 그 주변의 농촌 지역이 파슈툰 지대에서 볼 수 있는 유대감은 약하지만 그렇다고 해서 덜 보수적이라는 것을 의미하지는 않는다. 이 지역이 다양한 유대 관계로 인한 적대 관계의 파벌로 분열되기 쉬운 것은 이런 성격 때문이다.

수도 카불은 지난 수십 년 동안 여러 차례의 중요한 단계를 거쳐 왔다. 근대주의(modernism)를 지지했고, 그러다가 극단의 전통주의로 되돌아갔으며, 또 1960년대의 자유주의의 영향을 받았고, 소련식 사회주의라는 외래의 표상을 채택하기도 했다. 1978년의 아프가니스탄인민민주당(People's Democratic Party of Afghanistan) 정부, 1992~1996년의 무자히딘 정부, 그리고 최근의 탈리반 정부에 이르기까지 정권의 출현과 숙청에 직면하여 연달아 수많은 자유주의적 인텔리겐치아가 떠나가는 것을 지켜보기도 했다. 전쟁이 지속되면서 많은 사람들이 도시로 이주하는 현상이 두드러졌고, 이제 수도 카불은 여러 가지 점에서 특성상 도시적이라기보다 농촌적이다.

아프가니스탄이 중앙아시아에 속하는지 아니면 인도아대륙에 속하는지 아니면 중동에 속하는지를 결정하는 것은 쉽지 않다. 파슈툰 족의 부족 문화는 아라비아 반도와 많이 닮아 있다. 그렇지만 푸르다 (purdah: 여성을 외부에 대해 감추는 관습—옮긴이) 같이 남아시아 무슬림 사회의 특징도 이곳에 두드러지게 나타난다. 소련 침공에 따른 갈등 속에서 아프가니스탄 내부의 여러 가지 문화와 하위 문화에 가해지는 충격 때문에 이해할 수 없는 상황들이 복합적으로 나타난다. 이 갈등에서 영향받지 않은 사람은 아무도 없다. 그 영향은 어떤 이에게는 별것 아닐 수도 있지만 또 다른 이에게는 영구적인 정신적 충격일 수 있다는 것은 피할 수 없다. 600만이 넘는 사람들이 이 땅을 떠났다. 대부분은 이란과 파키스탄으로 갔고 일부는 유럽, 북아메리카 그리고 인도로 갔다. 그리고 수많은 사람들이 국내에서 이산자가 되었으며 어떤 사람들은 산 속의 동굴에서 전쟁 기간 동안 지냈고 또 다른 사람들은 도시 안이나 혹은 나라 안에 있는 다른 곳에서 은신처를 파 놓고 그곳에서 전쟁을 피하기도 했다. 피난은 사람들로 하여금 다른 문화와 접하게 하기도 했지만 그와 동시에 외부의 영향에 대한 방어벽을 높이기도 했다. 그리하여 피난 중의 여성들은 국내에 있는 여성들보다 이동에 더 심한 제약을 받았다. 아프가니스탄을 타임워프(time-warp: 공상 과학 소설에 등장하는 시간의 변칙적인 흐름—옮긴이)에 잡힌 어떤 것으로 보기보다 전 역사에 걸쳐 끊임없는 불안정 상태에 종속된 거대한 복합성을 지닌 곳으로 간주하는 것이 더 적절하다. 그 안에서 삶은 이전과 같이 여전히 변해 왔다.

역사적으로 볼 때 아프가니스탄은 그 위치가 중국과 유럽 사이에 놓인 고대의 교역로 상에 위치해 있는 사실로 인해 이란과 중앙아시아와 복잡하게 얽혀 있고, 인도아대륙과도 간헐적으로 그 운명을 공유하고 있다. 그렇지만 아프가니스탄은 항상 그 이웃들에게서 떨어져 있었고 따라서 주민들은 격리된 계곡 속에서 숨어 지내면서 외부 세상이 만든 교역에 종속되지 않도록 처절하게 스스로를 방어한 끝에 독립을 상당히 유지할 수 있었다. 이 땅은 각 경계를 효과적으로 감시할 수 없기에 지리적으로 밀수의 최적지였다. 외부 사람들을 기꺼이 맞기도 하고 그들을 잘 막아 낼 수도 있으니 받아들일 때는 환대의 양식으로 매혹적으로 정중하게 받아들이지만 같은 방식으로 그들을 멀리 떨쳐 버리기도 했다. 전쟁 전에는 공무원이 농촌 지역을 방문하면 손님으로서 극진한 대접을 받는 것이 관례였고 그러다 보니 환대에 사로잡혀 조세 징수를 위해 확보할 수 있는 정보를 제대로 얻어 오지 못하는 것이 보통이었다. 의심이 많이 퍼져 있고 뜬소문이 수그러들지 않았다.

지금의 아프가니스탄이라고 알려진 지역에 대한 첫 번째 언급은 아케메네스 제국 전역에 조로아스터교를 널리 보급한 키루스 대제(기원전 약 530년)의 재위 기간에 기록된 조로아스터교 경전에 나타난다. 이어 다리우스 대제(기원전 550~486년)는 제국을 더 확장하였는데, 최고 전성기 때 그 영토는 북아프리카에서 인더스 강 유역까지 걸쳤으니 아프가니스탄 남쪽의 현 파키스탄 영토 안에 있는 해변 지역이 모두 포함되어 있었다. 아케메네스 제국의 군주와 충성의 연을 맺은 주, 즉 사트라프(satrap)령이 헤라트, 발흐, 가즈니 그리고 카불 강을 따라 카불에서 페샤와르에 이르는 지역에 세워졌다. 알려진 바에 의하면, 다리우스 대제는 자잘한 아프가니스탄인의 부족 왕국들을 복속시키는 데 끊임없는 어려움을 겪었고, 그래서 그 지역에 강력한 군대를 주둔시켜 놓았다고 한다(Dupree, 1980: 274). 그런데도 나중에 알렉산드로스 대제(기원전 356 ~323년)가 그 제국을 휩쓸고 있을 적에 발흐 지역의 박트리아인은 아케메네스 제국 군대 편에 서서 알렉산드로스에 대적하여 싸웠다.

알렉산드로스가 지금의 아프가니스탄에 들어온 것은 기원전 330년의 일이니, 세 사트라프의 태수들이 다리우스 3세를 죽이고 페르세폴리스를 멸하고 난 후의 일이다. 알렉산드로스는 헤라트 근처에 도시를 세웠고 진군해 갈 때마다 부족 지도자들의 극렬한 저항에도 불구하고 계속해서 새 도시들을 건설하였다. 알렉산드로스의 진군은 남쪽으로 헤라트에서 발루치스탄으로 향했고 동쪽으로는 헬만드와 아르간다브 강을 따라 가즈니를 향했다. 그리고 이곳에서 북쪽으로 방향을 돌려 고르반드 강과 판즈시르 강이 만나는 곳, 즉 현재의 카불 북쪽 50킬로미터 지점까지 진군했다. 그의 군대는 혹독한 겨울임에도 불구하고 기원전 329년 봄에 힌두쿠시를 넘었다. 그리고서는 북쪽으로 신속하게 이동해 옥수스 강(오늘날의 아무다리야 강)에 다다랐는데 이곳은 현재의 쿤두즈 부근이다. 그곳에서 저항군을 공격하여 그들을 발흐에 있는 기지에서 쫓아내기에 이르렀으니 이 기지는 지금도 마자르-이-샤리프 서쪽에 남아 있다. 알렉산드로스의 군대는 그러고 나서 옥수스 강을 넘어 마르칸다(오늘날의 사마르칸드)를 점령하였다.

중앙아시아에서 힘겨운 군사적 승리를 거둔 지 2년이 지난 후 그의 남은 군대는 바미얀과 고르반드 계곡을 통과하여 남쪽으로 내려가 지금의 파키스탄 서부에 다다랐다. 그렇지만 알렉산드로스는 내부 반란에 직면하여 계속된 팽창의 야욕을 포기해야 했고 결국 바빌론으로 돌아가는 긴 철군의 여정을 택할 수밖에 없었다. 그는 바빌론에서 기원전 323년에 세상을 떠났고 그의 제국은 향후 2세기 동안 그리스 식민 군주들에 의해 여럿으로 쪼개진 상태에서 다양한 형태로 존속되었다.

서기 1~2세기는 그 유명한 중국과 로마 제국 사이의 실크로드 무역이 두드러진 시기다. 이 무역로에서 발흐는 중요한 기착지였고 또 바미얀, 바그람, 잘랄라바드를 거쳐 인도로 가는 또 다른 무역로가 있었다. 중국은 실크 원사를 수출하였고 인도는 면, 향료, 상아, 준보석 등을 공급하였다. 아프가니스탄을 포함한 중앙아시아는 루비, 라피즈 라줄리, 은, 터키석 등을 수출하였다. 무역에 필요한 안정은 쿠샨 조에 의해 가능하였다. 쿠샨의 통치자는 원래 중앙아시아의 유목민 출신인데 인더스 계곡 하류 지역에서부터 이란과의 경계까지 그리고 중국의 신장 지역에서부터 카스피 해와 아랄 해 지역에 이르는 광대한 땅을 통치하였다. 하지만 쿠샨 제국이 몰락하고 그 뒤를 이어 조로아스터 계열의 사산 조 페르시아가 등장하면서 안정이 깨져 버렸다. 사산 조는 224년부터 651년까지 현재의 이라크, 이란, 아프가니스탄 그리고 중앙아시아의 남부 지역을 지배하였다.

구(舊)쿠샨 제국의 영역을 사산 조 페르시아는 강력하게 통치하지 못했고 몇 개의 제후국으로 분열되었다가 5세기 후반 중앙아시아에서 침입해 온 에프탈 훈 족에게 아주 쉽게 전복당했다. 에프탈 제국은 중국 신장 지역에서부터 이란까지 그리고 중앙아시아에서부터 펀자브에 이르기까지의 넓은 지역에 걸쳐 있었으나 이 또한 이렇게 넓은 지역을 통치할 만큼 강대하지 못하였다. 결국 6세기 중엽에 사산 족과 서(西)투르크 족에게 멸망하였다. 제후들은 아랍계 침략자들에게 권력을 빼앗겼는데 그 아랍인들이 바로 615~630년경에 이슬람의 메시지를 전파하였고, 699~700년에는 칸다하르에 이르렀다. 하지만 아프가니스탄 영토는 다시 분해되었다. 카불에 근거를 둔 인도의 샤 조가 다마스쿠스에 근거지를 둔 움마야드 칼리프(Ummayad Caliph)의 제후로서 아프가니스탄의 동부의 많은 지역을 통치했는데 이러한 상황은 9~10세기까지 이어졌다.

10세기가 끝날 무렵 투르크 족으로 이루어진 새로운 세력 하나가 북쪽에서 아프가니스탄에 들어와 가즈나 조를 세운다. 그들은 977년부터 1186년에 이르기까지 북서부 인도와 편자브 지역을 정복하고 이란의 많은 지역을 확보하였는데 시간이 지나면서 이스파한까지 손에 넣었다. 이 가즈나 조 시기에 북서 인도의 많은 힌두 주민들이 이슬람으로 개종하는 의미심장한 단계를 볼 수 있다. 가즈나 조의 수도 가즈니는 뛰어난 지성과 예술의 중심지였다. 가즈나 조는 1030년에 대표적 군주인 야민 마흐무드가 죽으면서 쇠락의 길로 접어든다.

하지만 정작 이 문명의 여러 가지 요소들을 파괴했을 뿐 아니라 파괴라는 야만적 행동으로 주변의 많은 문명들을 파멸시킨 자는 바로 칭기스 칸(1162~1227년)이었는데, 모국인 몽골에서부터 카스피 해에 이르기까지 그의 손에 걸리지 않는 곳이 없었다. 이 지역 또한 그의 침략이 있은 후 여러 조각으로 찢어지게 된다.

투르크-몽골계 후손인 티무르(1336~1405년)가 권력을 잡았을 때에야 비로소 통합이 이루어질 수 있었고 티무르 제국은 터키에서부터 인도에 이르는 광대한 지역을 통치하였다. 티무르의 후계자들은 예술을 후원하고 사마르칸드와 헤라트에 있는 많은 고대의 건축물들을 보호하였는데, 헤라트에 있는 금요일 사원, 고우하르 샤드 사당, 그리고 헤라트 입구에 세워진 첨탑들이 그 예이다. 티무르 제국과 그의 후계자들은, 알려진 것처럼, 1506년까지 지속되었다. 통치 말년에 가서 제국 수도 헤라트에서 시와 미니어처 예술이 크게 번성하였다.

티무르 조가 소멸된 후 아프가니스탄은 무굴 제국과 사파비 제국으로 분열되었다. 무굴 제국의 첫 번째 군주인 바바르는 티무르와 칭기스 칸의 후손이다. 바바르는 우즈베크 족에 의해 중앙아시아의 페르가나 계곡에서 밀려나 1504년에 남으로 내려와 카불에 정착했다. 여기서부터 바바르와 그의 후계자들은 이 제국이 유지될 때까지 이곳을 기반으로 하여 인도의 대부분을 정복하였다. 무굴 제국은 타즈마할 같은 건축물을 낳았고 1707년에 제국의 황제가 죽은 후 몰락의 길로 접어들었다.

무굴 제국 시기와 동시대의 사파비 조는 1501년부터 1732년까지 페르시아와 아프가니스탄 서부를 통치하였다. 무굴 제국과 사파비 조는 칸다하르를 놓고 각축을 벌이면서 심한 갈등을 일으켰다. 그들은 또한 북쪽의 우즈베크 족과도 대적해야 했는데 사파비는 우즈베크 족을 헤라트에서 그리고 무굴 제국은 우즈베크 족을 바다흐샨에서 몰아냈다. 결국 1648년에 무굴 제국은 북부 아프가니스탄을 다시 차지하기 위한 싸움을 포기하고 말았다. 그리고 무굴 제국은 1658년부터 1675년까지 계속된 파슈툰 족의 반란을 접한다. 사파비 또한 1711년에는 칸다하르에서, 1717년에는 헤라트에서 유사한 반란을 접하게 된다.

1719년 칸다하르의 새로운 아프가니스탄 통치자 미르 마흐무드가 사파비 조가 약해진 틈을 타 페르시아의 여러 도시들을 공략하였는데 케르만, 야즈드를 넘어 1722년에는 이스파한을 점거하였다. 그의 사촌인 아슈라프가 1725년에 권력을 장악했는데 1727년에는 오토만 (Ottoman)의 군대를 격파했고 이어 오토만 황제에게서 페르시아의 샤 (Shah: 팔레비가 고대 페르시아 제국의 영광을 재현한다는 의미로 택한 왕의 칭호—옮긴이)로 인정받았다. 하지만 아슈라프는 오토만 술탄을 무슬림 세계의 명목상의 우두머리로 계속해서 인정하였다.

하지만 사파비 조는 나디르 샤의 영도 아래 1729년에 아슈라프를 패퇴시킨 후 권력을 회복할 수 있었다. 이 짧은 영토 확장 기간에 아프가니스탄에 중심을 둔 세력은 미르 마흐무드든지 아슈라프든지 간에 아무도 칸다하르를 넘어 아프가니스탄 전체를 통치할 만한 힘을 가질 수 없었고, 그나마 가지고 있던 권력조차도 항상 위협에 시달리기만 했다. 사파비 조는 1732년에는 헤라트로, 1738년에는 칸다하르로, 그리고 1739년에는 라호르와 델리로 진군했다. 그러나 사파비 조의 지배자 나디르 샤는 관용을 베풀어 무굴 제국이 델리를 다시 통치하도록 하는 선물을 주었고 그 후 중앙아시아의 사마르칸드, 부하라 그리고 히바로 되돌아왔고 마지막으로 마슈하드에 정착하였다.

몇 년 후 나디르 샤가 암살되면서 아흐메드 샤 두라니가 아프가니스탄의 또 다른 지도자로 부상하였다. 그는 아브달리 부족의 우두머리로 선출되고 난 후 칸다하르를 출발하여 델리 정복을 시도하기 전까지 가즈니, 카불, 페샤와르를 점거하였다. 그는 무굴 군대의 강력한 저항을 받은 후 칸다하르로 다시 돌아와야만 했다. 그는 1748년에 무굴의 지배자와 다시 한 번 협상을 시도하였고 그 결과 인더스 강 서안을 무굴 제국에 양도하기로 했다. 이에 아흐메드 샤는 헤라트와 마슈하드를 노리면서 그의 목적을 달성하기 위하여 북서쪽으로 방향을 돌려 현재 아프가니스탄의 북부인 투르코만, 우즈베크, 하자라, 타지크를 차지했다. 그러고 나서 그는 카슈미르까지 차지하였다.

말년에 아흐메드 샤는 자신의 영역을 되찾기 위하여 투쟁을 하면서 점차 많은 문제에 직면하였다. 펀자브에서 시크교도의 반란이 있은 후에 결국 1767년에 이 지역에 대한 통제력을 상실하였다. 북쪽에서는 부하라의 아미르(Amir: 이슬람교를 믿는 중동 지방의 군 사령관―옮긴이)

에게서 빼앗은 여러 주들에 대한 위협에 시달렸고 결국 양자는 아무다리야 강을 경계로 영토를 구분하기로 합의하기에 이르렀다. 합의에 대한 상징으로 아미르는 아흐메드 샤에게 예언자 무함마드가 입었다는 외투를 선물로 주었고 아흐메드 샤는 그 외투를 보관하기 위해 칸다하르에 사원을 건축하였다. 두 세기가 지난 후 탈리반 지도자 물라 오마르는 칸다하르에서 이 외투를 그가 모은 군중들 앞에 높이 들어 과시하기에 이른다.

아흐메드 샤는 1772년에 죽고 아들인 왕위 계승자 티무르 샤가 즉위한다. 티무르 샤는 칸다하르 지역의 파슈툰 족과의 갈등이 점차 커지자 수도를 카불로 옮겼다. 이후 5년 동안 동쪽의 카슈미르와 신드, 북쪽의 발흐 그리고 서쪽의 호라산과 시스탄에 대한 지배력을 상실한다. 그리고 1784년 이후에 북쪽에서 새로운 우즈베크 세력을 만나게 되는데 이 세력은 부하라에 기반을 두고 망기트(Mangit) 조를 세워 1921년까지 통치하였다.

1793년 티무르 샤가 죽고 난 후 이 지역은 오랜 분열의 시대로 접어드는데, 이때 러시아와 영국 제국은 이곳을 차지하게 위해 심한 경쟁에 돌입하였고 상대방의 세력이 이 지역을 비롯한 중앙아시아의 여러 곳을 차지하는 것을 저지하기 위해 안간힘을 다했다. 러시아와 영국 제국의 첩보원들은 이 지역과 관계를 맺고 군대를 보내기 위한 길을 모색하기 위해 지역 내에서 여러 가지 정찰 활동을 벌였다. 그러던 가운데 1809년에 영국의 위임 대표와 티무르 샤의 아들인 샤 슈자 사이에 러시아와 프랑스에 대항하는 상호 방위 조약이 체결됨으로써 영국 쪽이 먼저 승기를 잡았다.

1837년 영국 총독 오클랜드 경은 당시 카불의 지배자인 도스트 무

함마드에게 대표단을 파견하여 그가 시크교도의 지도자 란지트 싱
(1819년에 페샤와르, 펀자브 북부 그리고 카슈미르를 장악하여 그 결과 도
스트 무함마드가 이에 반발하여 무력 충돌을 일으켰다)과 평화 협상을 맺
도록 독려하였고 결국 1839년에 상호 안전 협약을 새로 체결하기에 이
르렀다. 그렇지만 영국 대표단이 카불에서 이에 대한 논의를 계속 진행
하는 사이에 한 러시아 장교의 간접적인 후원을 받은 페르시아 군대가
헤라트를 급거 공격하기에 이르렀다. 이에 러시아도 도스트 무함마드와
협상을 벌이기 위해 대표단을 파견하였다. 비록 아프가니스탄의 도스트
무함마드는 영국과도 러시아와도 아무런 협상을 체결하지 못한 채 헤라
트마저 잃게 되었지만, 러시아가 등장하면서 영국령 인도 정부 내에서
는 강경론이 득세하게 되었다. 인도 정부는 아프가니스탄은 러시아의
침략이나 어떠한 종류의 입김에도 결코 노출되지 않아야 한다는 점을
영국이 확실히 해야 한다고 결정 내렸다.

1838년, 오클랜드 경은 1809년에 체결한 상호 방위 조약에 따라 권
좌에서 물러난 샤 슈자를 복위시키기 위해 정벌군을 아프가니스탄 영토
로 파송한다고 발표하였다. 그리고 다음 해 영국과 인도 연합군은 남부
에서 아프가니스탄으로 진입해 칸다하르, 가즈니, 카불을 차지하였다.
연합군은 그들의 점령이 확고하게 이루어진 것으로 생각하고 처와 자녀
들을 그곳으로 불러들였고 또 인도에서 발전한 식민지 생활양식을 도입
하였다. 그러나 고작 두 해 만에 대중들은 이에 대해 불만을 표시하였고
이어 무장 봉기가 일어났다. 상황이 급격히 악화되자 영국은 도스트 무
함마드를 카불의 지배자로 다시 복위시키기로 조약을 체결하였다. 그렇
지만 영국군은 미리 약속된 아프가니스탄 호위대가 자신들을 아프가니
스탄 바깥으로 안전하게 빠져나가게 해 줄 때까지 기다리지 못했다. 그

러면서 영국군은 철군하게 되었고 그 과정에서 성인 남녀와 어린아이들이 1월의 혹독한 눈과 추위 속에 노출되면서 수천 명이 죽는 사건이 발생하였다. 단 한 사람만이 살아남아 잘랄라바드에 도착해 이 사건을 자세히 증언하였고, 몇 안 되는 소수의 사람들은 포로로 잡힌 바람에 목숨을 부지할 수 있었다. 그리고 다음 해 8월 영국은 이에 대한 응징으로 카불에 군대를 파견하였고 그 결과 더 많은 사상자가 발생하여 고대 도시 카불은 완전히 파괴되어 버렸다. 그리고 영국군은 철수하였다.

영국군이 떠나자 도스트 무함마드는 마자르-이-샤리프, 쿤두즈, 바다흐샨 그리고 칸다하르를 차지하였고 그 기간 동안 페샤와르를 점거하는 데 성공하였다. 도스트 무함마드는 죽기 한 달 전인 1863년 5월 헤라트도 자신의 영토 안으로 포함시켰다. 그리고 그의 뒤를 이어 아들인 쉐르 알리 칸이 즉위하였다. 쉐르 알리 칸은 약간의 공백은 있었지만 1879년까지 통치권을 행사하였고 그를 밀어내려는 끊임없는 형제들의 모반이 있었다.

이 기간 동안 러시아는 영국의 아프가니스탄 개입에 관여하면서 중앙아시아의 여러 곳을 병합하거나 영향권 아래 놓도록 하는 작업을 진행하고 있었다. 1869년에 부하라의 아미르가 산하에 복속되면서 러시아는 아무다리야 강의 북쪽 연안에 효과적으로 안착하게 되었다. 1872년 영국-러시아 협약이 체결되면서 영국과 러시아는 아무다리야 강을 아프가니스탄의 북쪽 경계선으로 삼을 것을 묵시적으로 합의하였다. 1873년에 러시아는 영국의 압력에 굴복하여 러시아를 아프가니스탄 북동부의 영국령 인도와 갈라놓는 회랑 지대를 만드는 데 합의하였다. 결국 바다흐샨에 위치한 와칸 때문에 아프가니스탄은 히말라야 산맥을 가운데 두고 중국과 국경을 접하게 되었다.

아프가니스탄의 군주 쉐르 알리는 러시아가 계속 중앙아시아로 군대를 밀고 들어오는 것에 점차 불안해 하며 북방 국경이 침략당할 경우 영국이 원조를 해 줄 것이라는 확답을 받고자 하였다. 이에 영국은 유럽인들로 구성된 사절단을 카불에 파견하겠다고 제안하였다. 그런데 쉐르 알리는 그 제안을 거절하였는데, 자신이 만일 그 제안을 수용한다면 러시아 또한 같은 제안을 할 것이라고 주장하였다. 러시아는 영국이 1876년에 퀘타를 무력으로 점거하고, 터키의 다르다넬스에서 영국에 밀려 후퇴하게 되자, 1878년에 중앙아시아의 히바 공국과 메르프 공국을 침공하면서, 쉐르 알리의 강력한 항의가 있었음에도 대표단을 카불에 파견하였다. 이에 영국은 자신들도 카불에 사절단을 파견할 테니 수용하라고 요청하였다. 아들이 죽어 상중이던 쉐르 샤는 그것을 조속히 결정할 수가 없었다. 그러자 영국은 사절단을 파견하였고 그 사절단이 카불로 가는 도중에 저지당하자 영국은 곧바로 군대를 보내 침공하는 것으로 응답했다.

이에 쉐르 알리는 아무다리야 강 북안까지 이동하여 러시아 차르의 지원을 받기 위해 페테르부르크로 가는 허가서를 받기 위해 안간힘을 다했다. 그러나 그는 거절당했고 다시 카불로 돌아가기 전인 1879년 2월 발흐에서 죽었다. 그의 아들이자 후계자인 야쿠브 칸은 영국의 요구 사항을 견뎌 낼 수 있을 만큼 강력한 위치에 있지 않았다. 결국 그는 1879년 어쩔 수 없이 아프가니스탄의 외교권을 영국에게 이양하고 영국 태생의 대표단이 카불에 설치되도록 한다는 내용의 간다마크 조약을 체결하고 말았다.

첫 번째 대표자가 1879년 7월에 도착했지만 9월에 암살당했다. 그러자 영국군은 카불로 진격했고 아미르의 퇴위를 종용했다. 이후 영국군 사령관인 로버츠 장군은 1880년 7월까지 실제적인 통치자가 되었다. 바로 그때 사마르칸드와 타슈켄트에서 12년 동안 망명 생활을 했던 쉐르 알리의 사촌인 압두르-라흐만 칸이 아무다리야 강을 건너 아프가니스탄 북부 지역에서 세를 규합하였고 곧이어 스스로가 아프가니스탄의 아미르임을 선포하였다.

1880년 7월 말경 영국군은 칸다하르 근처의 마이완드에서 패배하였고, 이에 따라 영국은 그의 요구를 받아들이고 그해 8월 카불에서 철수했다. 그 후 카불에 있는 로버츠 장군은 패배를 앙갚음하기 위해 대군을 모아 다시 칸다하르로 진격하였다. 그는 결국 승리하였지만 군대를 계속 주둔시키지 않았다. 1880년 4월 영국에서는 글래드스턴을 수상으로 하는 자유당 정부가 새로이 등장하였다. 자유당 정부는 이전에 비해 영국의 아프가니스탄 개입에 대해 열을 내지 않았다. 그리고 그들은 자국 군대를 아프가니스탄에서 철수하기로 결정하였다.

그러나 영국 정부는 정권 초기부터 심한 내부 반발에 직면해 있던 압두르-라흐만을 군사적으로, 재정적으로 원조해 주었다. 압두르-라흐만은 통치권을 카불 밖으로 그리 많이 확장시키지 않았는데, 마침내 러시아, 영국 그리고 페르시아의 영향권 사이에 놓여 있는 모든 영역을 정복하기 시작했다. 그는 1896년까지 심지어는 하자라자트와 같은 멀리 떨어진 외곽 지역까지 침투해 들어갔다. 그리고 남부의 파슈툰 족 적대 세력들을 힌두쿠시 북쪽 지역으로 강제 이주시키기까지 하였다. 이로 인해 그곳에서 파슈툰 족은 투르코만, 우즈베크, 하자라 그리고 타지크 주민들 사이에서 일정한 파슈툰 요소를 끊임없이 드러내게 되었다. 이것이 후일 탈리반의 북부 근거지로 작용하였다.

압두르-라흐만은 영국 정부와 연계되어 있었지만 서양의 영향력이 나라 전체에 퍼지도록 허용함으로써 울레마(이슬람 율법 샤리아를 해석하는 종교 지식인)와 물라(기도를 이끌어 가는 전통적인 지도자)의 종교적 기반을 흔드는 일이 발생하지 않도록 조심하였다. 어찌 되었던 간에 그는 정부 내에서 의미 있는 수준의 권력을 행사할 수 없었다는 사실을 절감하고 있었던 것이 사실이다.

러시아와 영국 간의 계속되는 갈등 끝에 양자는 결국 1891년과 1895~1896년에 걸쳐 현재의 아프가니스탄 북부의 경계를 결정짓는 것으로 합의를 보았다. 1893년 합의로 두란드 라인(Durand line)이 아프가니스탄과 영국령 인도의 경계가 되었고, 그로 인해 파슈툰 주민들이 실질적으로 절반으로 나뉘어졌다.

압두르-라흐만은 1901년에 죽었고, 장자인 하비불라가 왕위를 계승하였다. 압두르-라흐만은 종교 지도자들에 대한 통제권을 확실하게 가지고 있었는데, 이에 반해 하비불라는 종교 지도자들이 국가 차원에서 권력을 행사하는 것을 허용하였고 정책 결정에 상당한 영향력을 발휘하도록 놔두었다. 이와 동시에 그는 개혁 운동이 부상하도록 역할을 하였는데 이에 대해서는 마흐무드 타르지가 펴낸 격월간 신문 『세자르 알-아크바르』(Seraj Al-Akbar)를 통해 잘 알 수 있다. 이 신문은 유럽의 제국주의와 변화에 대한 종교 지도자들의 저항 모두를 공격하였는데, 이는 무슬림 세계는 서양에서 아무것도 배울 만한 것이 없다는 전제에 대한 도전이었다. 하비불라가 심지어 제1차 세계 대전의 와중에 영국과 러시아 모두를 저지하면서 아프가니스탄의 독립과 중립을 철저하게 유지하는 데 성공한 것이 특히 주목받았다. 그는 1919년 암살당하고 왕위는 아들인 아마눌라에게 넘어간다.

아마눌라는 왕위에 오른 지 수개월 만에 영국이 전쟁 후 국력이 약해진 틈을 타 영국에 전쟁을 선포했다. 전쟁을 치르면서 초기 전세를 역전시킬 만한 승리를 거두었지만 영국은 더 이상 전쟁을 계속하고자 하지 않았고, 결국 1919년에 라왈핀디 조약(Treaty of Rawalpindi)을 체결했다. 조약에서 아프가니스탄은 외교권을 자주적으로 행사할 수 있음을 양자가 합의하였다. 라왈핀디 조약을 체결하고 난 후 즉시 새로 구성된 아프가니스탄 정부는 러시아와 접촉을 강화해 사절단을 교환하였고 1921년 5월에는 친선 조약을 체결하였다. 정부는 외교 관계를 구축하기 위해 유럽과 미국에도 사절단을 보냈고, 이로 인해 아프가니스탄을 통제하려던 영국의 시도는 종식되었다. 영국의 아프가니스탄 식민화 기도의 실패는 아프가니스탄 사람들이 자신의 나라에 대해 무적의 자긍심을 갖는 원천으로 작용하였다.

영국-아프가니스탄 조약은 1921년에도 체결되었는데 이를 통해서도 두란드 라인을 통해 갈라진 영국령 인도 내에 있는 파슈툰 부족에 대한 관할권이라는 민감한 문제는 해결되지 못했다. 아프가니스탄은 이에 대한 느슨한 형태의 종주권을 찾으려 했으나 영국은 이를 거부하였다. 파슈툰 족이 영국령 인도의 불안을 조장할 수 있고 이는 나아가 인도아대륙에서 점차 약해지고 있는 영국의 지배력을 전복시킬 수 있음을 영국이 두려워하였기 때문이다.

이때 소련 또한 중앙아시아에서 소요 상태를 맞고 있었다. 반군은 아프가니스탄과 인도에서 계속해서 자원병을 지원받고 있었다. 이와 관계없이 아마눌라는 소련에서 군용기를 지원받았고 이와 함께 주요 도시 간 전화선 연결 장치를 원조받기도 했다.

내부적으로 아마눌라는 자신이 착수하고 있는 개혁과 근대화 프로그램에 대한 파슈툰 족의 반발로 야기된 무장 봉기에 직면해 있었다. 그는 아프가니스탄이 유럽에 비해 뒤쳐져 있다는 사실에 대해 고민하고 있었고 자신의 나라를 강화하는 유일한 방법은 종교 문화적인 차원에서 근대화하는 것밖에 없다고 생각하고 있었다. 1928년, 그는 7개월 동안 유럽 여행을 떠났고 이때 그가 이슬람을 배척할 것이라는 소문이 꼬리를 물었다. 그는 돌아와 서양식 복장 규정과 남녀 공학을 시도했고 이 때문에 그에 대한 반대가 격화되었다. 그는 개혁 프로그램을 도입하기 전에 자신의 군대를 우선 양성해야 한다는 조언을 무시한 채 개혁을 추진하다가 반군의 무장 봉기를 당해 내지 못하고 결국 망명길에 오르게 된다.

아마눌라는 타지크 족인 하비불라 2세가 이끄는 반군에게 권력을 찬탈당했다. 하비불라 2세는 9개월 후 파슈툰 족인 무함마드 나디르 칸에게 다시 쫓겨나는데, 나디르 칸은 아마눌라 정부의 군 사령관 출신으로 아마눌라가 아프가니스탄에 급진적인 변화를 시도하려 한 것에 크게 반발한 사람이다. 나디르 칸은 아마눌라 왕이 그의 개혁 프로그램을 강력한 군대로써 뒷받침하기 위해 필요한 것들을 충분히 고려하지 않았을 뿐 아니라 어떠한 개혁 프로그램이라도 농촌 사회의 초강경 보수주의에 직면하여 아주 조심스럽게 추진해야 한다는 사실 또한 깨달았다. 1930년 9월 그는 부족 종교 지도자 회의인 로야 지르가(Loya Jirga)를 소집했고 그곳에서 왕 칭호를 부여받았다. 그리고 이어서 수니 이슬람의 하나피(Hanafi: 중세 이슬람 해석학파의 하나 — 옮긴이) 샤리아를 실제 법으로 널리 실행할 것을 선포했다. 그렇지만 1931년 발효된 헌법은 종교법과 세속법이 동일하게 효력을 가지도록 규정함으로써 큰 혼란을 야기했다. 그렇지만 시간이 가면서 절도죄에 수족 절단형을 부과하는 것과 같이 샤리아법에 규정된 가혹한 처벌은 갈수록 드물게 시행되었다.

나디르 칸은 1933년에 암살당했고 왕위는 19세의 왕자 자히르 샤에게 계승되었다. 자히르 샤는 40년 동안이나 왕위에 있었지만 대부분의 통치를 숙부들에게 의존하였다. 제2차 세계 대전 기간에 아프가니스탄은 그 이전부터 독일, 이탈리아 그리고 일본과 깊은 관계를 맺고 있었는 데도 중립국의 위치를 지켰다.

제2차 세계 대전이 끝난 직후 바로 인도의 독립을 위한 협상이 이루어졌고 그에 따라 인도와 파키스탄이 분할되었다. 아프가니스탄 정부는 파슈툰 족 지역인 북서변경주에 대한 소유권을 제기하였다. 북서변경주는 1901년 이래 영국령 인도와의 관계에서 준독립 상태에 있었는데 이 기회에 독립을 해야 한다는 것이었다. 이러한 논란이 있었는 데도, 1947년 파키스탄이 이 부족 지역을 포함한 채 독립하고 말았다. 그 직후 파슈툰 부족민들은 이 지역에서 봉기를 일으키고 파키스탄 정부는 이를 무력으로 진압하였다. 1949년에는 파키스탄 공군이 아프가니스탄 쪽 마을 하나를 공습하기까지 했다. 이에 아프가니스탄 정부는 아프가니스탄의 국경을 영국령 인도와의 경계로 정한 모든 조약을 취소한다고 반응했고 나아가 두란드 라인의 파키스탄 쪽 지역을 묶어 '파슈투니스탄' 회의체로 만들려는 방안을 내면서 기선을 제압하였다. 이에 대해 파키스탄은 아프가니스탄으로의 원유 공급 봉쇄 조치를 취하였다. 이에 대해 카불 정부는 1950년 소련 정부와 즉각 물자 교환 협정을 맺었고, 소련 정부는 원유 생산품을 비롯한 중요한 상품들을 제공해 주고 아프가니스탄은 원모와 원면을 그 대가로 제공하기로 했다. 소련은 또 아프가니스탄 상품이 자국 영토를 무료 통과할 수 있도록 허용하는 조치를 내렸고 북부 아프가니스탄의 석유 탐사 작업도 시작하였다.

이후 아프가니스탄은 점차 소련을 무역 상대국이자 원조국으로 인정하였다. 1955년에는 1억 달러의 차관이 들어왔고 그 이듬해에는 무기 원조를 받기 위해 그동안 미국과 수차례 정부 차원에서 시도하였으나 실패로 돌아간 후 처음으로 소련에서 주요 무기를 인도받게 되었다. 소련은 나아가 북부의 마자르-이-샤리프 주변, 서부의 신단드, 그리고 카불 북쪽의 바그람에 공군 기지의 개발을 원조해 주기도 했다. 이에 반해 미국은 소규모 사업에 착수하였는데 헬만드 분지에 두 개의 댐을 축조하는 사업을 시작하였고 더불어 예전에 소련이 가까운 거리에 있는 도시들을 처음으로 연결하기 위해 건설해 놓은 주요 도로와 연계시키는 고속도로 공사도 해 주었다.

아프가니스탄이 취한 소련과 미국에 대한 친교는 1953년부터 1963년에 총리였던 무함마드 다우드 칸 재직 기간에 더욱 가속화되었다. 그는 1929년 아마눌라의 몰락 이후 다 시들어 가던 개혁 작업을 다시 시작하였다. 1959년 8월 다우드와 정부 고위 관료들은 자신의 아내와 딸을 얼굴을 가리지 않은 채 대중 연단에 내세웠다. 이에 종교 지도자들이 즉각 반발하였으나 군대를 동원해 모조리 진압하였고, 소련과의 원조 관계를 더욱 강화하였으며, 여성들을 도시의 노동력으로 편입시키는 작업을 점진적으로 시행하였다. 세금을 거두기 위해 칸다하르에서 군대를 이용한 적이 있었는데 봉기를 일으킨 자들은 근대화에 반대하는 것을 상징적으로 보여 주기 위해 여성이 학교를 다니거나 대중탕과 극장에 가는 것을 공격 목표로 삼았다.

파슈투니스탄 문제 때문에 1961년 아프가니스탄과 파키스탄의 외교 관계가 단절되었다. 그로 인해 파키스탄을 통해 아프가니스탄으로 들어오는 교역이 두절되고 국경이 봉쇄되었다. 양국간의 관계가 악화되면서 아프가니스탄은 더욱 소련과 밀착하게 되었다. 국경 봉쇄는 1963

년까지 지속되었는데, 다우드가 사임하면서 파키스탄과의 화해가 가능하게 되었다.

다우드가 사임한 직후 자히르 샤 국왕은 다우드가 추진했던 헌정 개혁 과정에 더욱 큰 힘을 실어 주었다. 그리고 여성 두 명을 포함한 헌정자문위원회가 발족하였다. 1964년 헌법의 가장 중요한 규정은 남녀평등에 관한 것이다. 헌법은 또한 세속법 체계가 샤리아법에 우선한다고 함으로써 1931년 헌법을 뒤집어엎었다. '이슬람은 아프가니스탄의 성스러운 종교다' 라고 하는 규정은 헌법 어디에도 포함되지 않았고, 세속법의 적용이 어려운 마지막 경우에만 하나피 샤리아법을 적용할 수 있다는 규정까지 포함하였다. 여기에다 선출직 의원으로 의회가 구성되고 이와 더불어 28개의 주 의회가 함께 구성됨을 명문화했다. 여성 할당제도 규정되었는데, 이 가운데 일부는 국왕이 지명하였다. 첫 의회는 1965년 선거로 구성되었는데 여기에는 전체 216인의 의원 가운데 4인의 여성 의원이 포함되었다.

1960년대 말에는 각 지역에서 청년들이 대거 상경하여 확대된 교육의 기회를 고루 누릴 수 있도록 해달라고 반발하였는데 이는 특히 카불대학교에 대한 불만이었다. 그들은 여전히 고도의 엘리트주의에 의해 움직이는 체제에 놓여 있었기 때문이다. 급진적 운동은 카불의 학생 사이에서 비옥한 토양을 발견했다. 어떤 이들은 좀 더 빠른 속도로 개혁을 추진하여야 한다고 주장하면서 그 수단을 아프가니스탄인민민주당에서 찾았다. 다른 이들은 기존의 개혁을 집요하게 반대하면서 이슬람 가치로 되돌아가기 위해 투쟁하였다.

이에 이슬람주의 정당이라 불리는 정당들이 결성되면서 샤리아법을 기반으로 하는 이슬람 국가를 세우기 위한 정치 운동이 시작되었다.

이러한 움직임에 타지크 족과 우즈베크 족이 적극적으로 참여했다. 그들은 1920년대와 1930년대에 소련 정부가 중앙아시아 지역에서 자행한 종교적 박해를 피해 북부 아프가니스탄으로 피난 온 자들이었다.

이후로 몇 년 동안은 사회주의 정당들과 이슬람주의 정당들의 성장과 함께 상당한 불안이 지속되었다. 1969년부터 1972년에 이르는 3년 동안의 기근은 정부의 효율성과 통합성의 한계를 시험하였고 정부는 능력이 부족한 것으로 나타났다. 결국 1973년 7월 국왕 자히르 샤는 사촌이자 전총리인 다우드에 의해 권좌에서 물러나게 되었다.

다우드는 권력 기반을 쌓기 위해 아프가니스탄인민민주당에서 분당하여 나온 정파 가운데 좀 더 온건한 쪽과 군대에 눈을 돌렸다. 아프가니스탄인민민주당의 몇몇 당원들이 다우드의 내각에 포진했다. 다우드는 토지 개혁을 포함한 일련의 개혁에 더욱 박차를 가하였다. 하지만 농촌의 보수 여론의 반발을 피하기 위해 과정을 좀 더 신중하게 진행하였다. 그렇지만 갈등은 빠른 속도로 심화되었고 그러면서 아프가니스탄인민민주당의 당원들은 정부에서 제거당했다. 그러고서 다우드는 모든 잠재적인 반대 세력에게 적극적인 공세를 취하기 시작했고, 모든 이슬람주의 정당들을 파키스탄으로 몰아내 버렸다. 그리고 이와 동시에 서양과의 교섭을 늘렸고 특히 이란과의 관계를 더욱 강화하면서 소련에 대한 의존도를 점차 줄여 나가고자 하였다.

1978년 4월 17일, 아프가니스탄인민민주당이 조정하고, 소련이 후원한 것으로 보이는 군부 쿠데타에 의해 다우드는 권좌에서 쫓겨나 살해당했다. 새로 들어선 정부가 택한 초급진주의와 반대 세력에 대한 대대적 숙청으로 인해 수많은 전문가 집단이 파키스탄, 유럽, 미국 등지로 떠나 버렸다. 농촌 쪽에서 과거 아마눌라가 행한 성급한 개혁의 도입 시도에 대한 반발이 있었던 것을 무시하고, 아프가니스탄인민민주당은 토지 소유의 최고 한도를 설정하고, 농촌의 부채를 탕감하고, 신부대(新婦貸)를 제한하고, 결혼 적령기의 하한선을 정하는 것 등과 같은 조치들을 취하였다. 그리고 세속 교육 프로그램의 일환으로 남녀노소 모두를 위한 문맹 퇴치 대중 캠페인을 착수하기도 했다.

아마눌라의 경우와 마찬가지로 아래에서부터의 점진적 개혁이 전혀 시도되지 않았다. 그들이 취한 조치들은 토지 소작과 농촌 관계의 복잡성을 전적으로 무시한 것이었고, 문맹 퇴치 프로그램은 여성을 따로 분리하여 교육할 때 필요한 준비 사항을 전혀 고려하지 않은 채 시행된 것이었다. 여성을 교육하는 교사로 도시 출신의 남성들을 채용하는 것에 대해 심한 반발이 일어났고, 아프가니스탄 농촌의 현실 대신 사회주의 유토피아와 관련된 것을 교육용 자료로 사용하는 것에도 상당한 반발이 일어났다. 연장자들은 자신들보다 한참이나 나이 어린 사람들에게 교육을 받는다는 사실로 인해 심한 모욕감을 느꼈다.

변화를 실현하기 위해 아프가니스탄인민민주당이 무력을 사용하고, 사회적으로나 종교적으로 민감한 부분들을 일거에 무시해 버림으로써 농촌 주민들이 대중적으로 반발하는 결과가 초래되었다. 그런데 그 안에는 아프가니스탄인민민주당의 이익과 결부되는 부분도 포함되어 있었다. 이에 대한 주민들은 분노가 쌓여 정당한 분출구로서의 지하드(jihad: 성전聖戰이라는 뜻—옮긴이)를 일치된 목소리로 외쳤다. 정권에 대한 분노는 폭력 사태로 발전하여 이 지역에서 저 지역으로 옮겨 가면서 폭발하였고 이에 대해 정부 세력은 더 큰 폭력으로 대응하였다. 군대가 지나간 뒤에는 대규모의 황폐화가 따랐다.

흥미롭게도 첫 번째 봉기가 일어난 곳은 중부의 시아파 구역을 포함한 북부의 비(非)부족 지역이다. 파슈툰 부족은 아프가니스탄인민민주당 정부에 파슈툰 족이 다수를 차지하고 있다는 이유로 아프가니스탄인민민주당을 확실하게 믿고 있었다. 파슈툰 부족이 대규모로 저항 운동에 참여한 것은 소련이 침공했을 때뿐이었다. 나아가 북부 출신인 이슬람주의자들은 카불대학교에서 그들과 교제하였던 터라 아프가니스탄인민민주당의 목적에 대한 환상을 전혀 갖지 않았다. 특히 자미아트(59~60페이지 참조)는 조직의 힘에 필요한 결합력과 대중의 지지를 구축할 수 있는 전통에 대한 경외심을 가지고 있었다. 따라서 초기의 저항은, 어느 정도는, 아프가니스탄 사회 내에 있는 요소에서 일어난 것이다. 그것들은 주로 파슈툰 부족이 독점적인 기반 위에서 지배함으로써 자신들이 소외당하면서 생긴 것이었다. 뿐만 아니라 이는 젊은 식자층이 울레마와 새로운 연합을 구축하고 귀족 사회의 바깥에 있는 부족 지도자들과 관계를 발전시키는 가운데 구귀족들에게서 권력을 빼앗아 오는 것이기도 했다. 새로운 저항 세력은 근본적인 법률 규준으로서 샤리아법으로 돌아갈 것을 촉구했다.

소련은 아프가니스탄인민민주당이 정권을 획득한 것을 최대한 활용하여 아프가니스탄에 대해 경제적, 정치적, 군사적으로 좀 더 깊이 개입하였다. 1978년 12월에는 소련과 아프가니스탄 간에 협상이 체결되었는데 그 내용은 카불 정부가 필요할 때 소련에 직접적인 군사 원조를 요청할 수 있도록 하는 것이었다. 이는 아프가니스탄의 상태가 호전되지 않아 크레믈린은 불만에 차 있었고 그 결과 아프가니스탄인민민주당을 지원해 주는 것 이외에 특별히 선택할 만한 방도가 나올 수 없는 상황에서 이루어진 것이다. 이때 이란에서는 이슬람주의 세력이 샤 정권을 전복하였고 이 때문에 모스크바는 혹시 이 사태가 아프가니스탄인민민주당에 미칠 동요를 아프가니스탄 내의 이슬람주의 세력이 이용할 가능성은 없는지 노심초사하고 있었다. 아프가니스탄인민민주당 내부에서 일어난 권력 투쟁으로 인하여 정권이 전복되고 이어 1979년 9월에는 누르 무함마드 타라키 대통령이 암살당하고 그의 뒤를 이어 하피줄라 아민이 대통령에 취임하였다. 새로 취임한 아민은 소련의 기대와는 달리 모스크바의 명령을 따르지 않아서 소련이 아프가니스탄에서 자신들의 앞으로의 이익을 상실하지 않을까 염려하도록 만들었다.

1979년 12월 말 소련이 왜 아프가니스탄을 침공했는지에 대해서는 여러 추측이 있지만 소련이 남방에서 포위당할 것에 대한 역사적 두려움 때문이라는 것이 가장 근거가 있어 보인다. 미국이 이슬람 세계의 저항을 강화할지도 모른다는 것은, 만약 상황이 허락된다면, 그 지역에 군사적 입지를 확고히 할 야망을 가지고 있을지도 모른다는 두려움으로 변하게 되었다. 더군다나 이와 함께 워싱턴과 베이징 사이에 화해 무드가 갈수록 커지면서 크레믈린은 심한 망상증에 시달리게 되었다. 소련의 침공은 곧 아민 대통령의 죽음을 가져왔다. 아민의 뒤를 이어 아프가니스탄인민민주당에서 비교적 온건파에 속하는 바브라크 카르말이 그 직위를 계승하였는데 그는 침공 직후 모스크바를 방문하였다.

소련군은 1989년 2월 15일까지 아프가니스탄에 주둔해 있었다. 그들은 1986년에 철군하겠다고 결정하고 2년 뒤인 1988년 4월 14일 서면으로 즈네브 협약을 맺었다. 이 철군 결정은 군사적 패배 못지않게 소련 안에서의 내부 요인들의 결과였다. 소련 경제가 위축되고 있다는 신호가 심각한 수준에서 나타나고 있었고, 그 결과 해외에서 큰 전쟁을 감당할 수가 없었던 것이다. 나아가 그 전쟁에서 돌아온 제대 군인들은 분노와 환멸에 휩싸였고 그래서 그들의 감정을 일련의 항의 운동을 통해 널리 알렸다. 소련공산당 정치국의 내부 변화 또한 큰 영향을 미쳤다. 1985년에 권력을 잡은 미하일 고르바초프는 전임자들처럼 그렇게 호전적이지 않았고 점차 소련의 군사 개입 종식을 위한 지지 세력을 형성할 수 있었다. 아프가니스탄에서 철군하는 결정을 이끌어 내는 과정은 1991년 소련 자체의 몰락이라는 결과로 이어졌다. 이는 곧 1992년 4월 무자히딘 정부의 출현으로 이어졌다.

3장 무자히딘

이슬람주의자들의 출발점은 이슬람의 일상 경험, 즉 하나의 문화적 형태로 해석된 이슬람이 아니라 하나의 정치적 통찰력이다. 많은 사람들에게 종교적 귀의는 종교적 신앙의 결과로서가 아니라 정치에서의 경험을 통해 이루어지는 것이다. 울레마는 사회 내의 관계의 토대 위에 있는 정치를 법에 의해 수립된 것으로 정의한다. 국가는 무슬림 사회 내에서 정의가 작동되게 하는 수단이다. 정치사상을 위한 근거를 제공하는 것은 바로 무슬림 혹은 무슬림 공동체이다. 정치는 법이 확장된 것이다. 이슬람주의자들에게 사회의 본질은 국가의 본질에 의해 미리 결정되어 있는 것이다(Roy, 1986: 80).

이 분석은 우리에게 무자히딘 운동으로 알려져 있는 것의 두 가지 요소 사이에 존재하는 근본적인 분열점을 명확하게 요약하고 있어서 아주 흥미롭다. 이는 무자히딘이 언뜻 하나의 그림으로 보이지만 사실은 그 안에 복합적인 모습들을 가지고 있다는 것을 뜻한다. 여러 언론 매체들이 무자히딘을 산꼭대기에서 로켓과 포탄을 발사하는 아프가니스탄 전사로 반복적으로 형상화함으로써 무자히딘의 모습은 매우 단순화되어 버리고 말았다.

무자히딘 운동을 살펴보는 데 가장 중요한 요소는 이 운동을 표현하는 것으로 보이는 여러 정당들이 실제로 어느 정도까지 이 운동을 대표하는가에 대한 것이다. 논의를 진전시키기 위해서 용어의 정의를 먼저 명확히 할 필요가 있다. 먼저 이에 대해 최소한으로 말할 수 있는 것이 있다면, 그들은 소련군과 아프가니스탄인민민주당에 대항하여 총을 들고 스스로를 지하드, 즉 성전에 참여하는 자, 이름하여 무자히딘으로 간주하고 있다는 사실이다. 그 전사들은 지역 차원에서 각기 지도자를 가지고 있는데 그 가운데 몇몇이 실력자로 등장한다. 이 저항 운동은 자신들이 아프가니스탄인민민주당 세력을 직접 상대할 수 있도록 소련군을 압박하여 떠나도록 하고 이와 동시에 아프가니스탄인민민주당 군대에서 대거 이탈해 나오는 자들을 규합하여 세를 확보하기도 했다.

지하드는, 종교적인 관점에서 볼 때, 아프가니스탄이 세속 세력에 의해 훼손되고 그로 인해 더 이상 이슬람 국가로 남아 있을 수 없게 되어 상당수의 주민들이 이웃 이슬람 국가들로 탈주하는 것에서 정당하다고 인정되었다. 서기 622년에 무함마드가 물질적으로나 정신적으로 가해진 박해에 맞서 메카에서 메디나로 도피한 사실은 바로 이러한 종교적 권리에 대한 필요조건을 충족시켜 주는 전례를 제공해 주고 있다. 총 320만 명의 난민이 파키스탄으로 이주하여 북서변경주, 발루치스탄, 편자브 등의 국경 주변에 자리 잡고 있는 난민 캠프에 수용되어 있다. 난민 캠프에서 그들은 식량 배급을 받고 보건, 교육에 관한 시설을 제공받고 있다. 이와 비슷한 약 290만이 이란으로 피난 가기도 했다. 이란에서는 그들이 대거 경제권 안으로 통합되어 있고 정부 보조로 기초 생필품을 지원받는 이란인 빈곤층과 동일한 수준의 보건과 교육의 지원을 받고 있다. 국경과 접해 있는 난민 캠프 일부에서는 소련군과 싸우기 위해 국경을 넘어 아프가니스탄으로 들어갈 수 있도록 이란 정부의 지원을 받기도 했다(BAAG, 1997).

따라서 무자히딘의 정의는 파키스탄과 이란으로 이주하여 그곳을 거처로 아프가니스탄으로 싸우러 간 사람들과 가족과 함께 산 속에 은신처를 마련해 놓고 그곳에서 돌격대를 조직하여 아프가니스탄 안에서 전쟁을 수행하는 사람들을 모두 포함한다. 이 가운데 일부는 조직화된 집단과 연계되어 있기도 하고, 다른 일부는 농촌이나 부족 공동체의 일부로 행동하기도 한다. 이에 반해 또 다른 일부는 도시로 도망가 그 규모를 키우기도 하는데 타지크 족이 주로 이 경우에 속한다. 카불에 페르시아 어를 쓰는 타지크 족이 상당수 있는 것은 이 때문이다.

1970년대 중반 파키스탄으로 도망친 이슬람주의 정당들의 지도자들은 저항 운동을 지휘하기 위하여 지하드를 선포하였다. 다우드 정부가 그들을 숙청하자 그들의 기반은 더욱 약화되었고, 파키스탄 정부의 지원을 받을 수만 있다면 그들은 파키스탄 정부가 자국의 이익을 위하여 내놓는 제안을 받아들일 용의가 있다.

그 지도자들이 파키스탄에 처음 도착했을 때 당시 파키스탄 대통령인 줄피카르 부토는 그들을 열렬히 환영하였다. 부토는 매우 예민했던 파슈투니스탄 문제와 관련하여 이들이 자신의 영향력을 강화해 줄 가능성이 있다고 보았는데, 이 문제에 대해 당시 아프가니스탄의 다우드 대통령은 강경 노선을 취했다(Arney, 1990: 132). 부토는 그 정당들에게 페샤와르에 사무실을 내도록 허용하였고 군대 조직을 위한 자금도 지원하였다. 부토의 의도는 그들이 아프가니스탄 내에서 무장 봉기를 일으켜 다우드 정권을 붕괴시키는 것이었다. 그렇지만 봉기는 대부분 실패로 돌아갔고 그로 인해 많은 사람들이 체포되고 처형됨으로써 결국에는 이슬람 운동이 약화되는 결과를 초래하고 말았다.

파키스탄에서 부토 정권을 전복시키고 새로운 대통령이 된 지아 알-하크가 부토를 교수형에 처한 후, 이슬람 정당들은 자마아트-이-이슬라미(Zamaat-i-Islami: 이슬람단이라는 뜻 — 옮긴이) 같은 정당이 내세우고 있는 것과 유사한 이념을 지향하는 지도자를 찾았다. 지아는 파키스탄이 뒤에서 조정할 수 있는 정부를 카불에 세우려는 야망을 명백하게 가지고 있었다. 이를 위한 전략은 파키스탄의 방위에 직결되는 중차대한 것이었으니, 파키스탄에서부터 중앙아시아에 이르는 이슬람 블록을 형성함으로써 인도를 견제하는 전략적 힘을 창출해 내는 것이었다. 그렇지만 지아는 파슈툰 부족에 대해서는 경계를 늦추지 않았다. 이는 그들이 독립에 대한 강한 열망을 가지고 있었기 때문에 국방 제휴에 적절한 파트너가 되지 않을 것으로 여겼기 때문이다. 지아는 그래서 소련에 대해 저항할 수 있는 이념적 기초를 가지고 있는 아프가니스탄 사람들 가운데에서 동맹 세력을 찾고자 했고, 이슬람주의자들이 적합한 후보로 보였다. 그렇지만 부토는 그들에 대해 성급하게 많은 지원을 하려고 하지 않았다. 강력하지만 통합되어 있지 않은 세력을, 아직 통제권 아래 두지 못한 상태에서 풀어 준다는 것은 분명 위험천만한 일이 아닐 수 없었다.

미국이 이들을 비밀리에 지원하기로 처음 결정한 것은 1979년의 일이었고, 이어 공개적으로 그리고 대규모로 지원하기 시작한 것은 1986년부터였다. 미국이 파키스탄을 하나의 암거로 활용함으로써 이슬람주의 정당들은 이전의 미미한 존재에서 아프가니스탄 내에서 투쟁하는 무자히딘 세력에게 무기를 비롯한 여러 자원을 제공해 주는 주된 창구로 지위가 격상되었다. 하지만 이 거짓 지도부에 대해 아프가니스탄 내에서 등장한 자연발생적인 지도부는 상당히 저항했다. 수많은 새로운 조직들이 생겨났고 그들은 파키스탄 정부에 군사 원조를 요청하였다. 이에 대해 1980년대 말 파키스탄 정부는 당시 일어난 많은 정당이나 조직 가운데 단지 일곱 개만 인정하겠으니 그 외에 무기 지원을 원하는 자들은 그 가운데 특정 세력과 제휴를 맺도록 하라고 회답하였다. 소위 무자히딘이라 불리는 세력들 가운데 넷은 이슬람주의자들인데, 그들은 이슬람의 주요 요소에 대한 재해석에 의존하는 이데올로기적 원리로 정치 운동을 만들어 내려 했다. 그리고 나머지 셋은 일반적으로 전통주의자들이라고 불리는 세력들인데, 그들은 아프가니스탄 내에 있는 전통적인 부족이나 기타 조직에서 만들어진 세력이었다.

지도력을 갖춘 정당들은 다음과 같다.

자미아트-이-이슬라미(Jamiat-i-Islami: 이슬람회)

1960년대에 부상한 몇몇 비공식적인 조직들을 기반으로 1972년에 형성된 것으로 카불에서 세워진 최초의 이슬람주의 정당이다. 지도자 부르한누딘 라바니는 카불대학교에서 이슬람 신학을 가르쳤다. 라바니는 이집트에서 일어난 무슬림형제단 운동이 광범한 대중적 지지를 얻은 것에 깊은 감화를 받았다. 그는 이슬람의 원칙에 대한 특정 해석에 맞게 사회의 모든 측면을 급진적으로 재구성하는 작업에 착수하였고 이슬람 영역 내에서 정치적, 경제적, 법적, 사회적 체계 들을 통합하는 것을 목표로 삼았다. 그렇지만 라바니는 이슬람주의로 더 나아가기 위해서 당은 합의에 따른 의사 결정을 강조하는 전통과 현존하는 신앙, 전통 그리고 관행을 존중하면서 조심스럽게 진행해야 한다는 견해를 가지고 있었다. 결국 그는 매우 온건한 실용주의자였으니 이는 그가 지닌 학자 출신이라는 배경과 견실한 학문의 결과인 셈이다. 그런데 당의 목표를 구현하기 위해 채택하는 전술에 대한 자미아트-이-이슬라미 내에 상존하는 여러 가지 차이로 인해 1976년 당은 쪼개지고 새로운 당이 출현하게 되었다. 라바니는 권력 쟁취에 착수하기 전에 미리 광범위하고 대중적인 운동을 반드시 구축해 놓아야 한다는 생각을 강하게 하고 있었지만, 다른 이들은 이보다 훨씬 급진적인 조치를 원했다. 라바니는 다우드 대통령에게 체포되지 않기 위해 파키스탄으로 도피하였다. 그는 민족적으로는 타지크 족이면서 지리적으로는 북동부 사람이다.

자미아트-이-이슬라미의 또 다른 핵심 인물로는 아흐메드 샤 마수드가 있다. 카불대학교 공대 학생이던 시절에 합류한 마수드는 소련 점령기에 중요한 역할을 했는데, 판즈시르 계곡부터 카불의 북동부 지역에 걸친 저항 세력을 이끌었다. 또한 그는 정부 조직이 미치지 않은 이 지역에 시민 행정 체계를 마련하기도 했다. 1992년 4월 카불 점령에 이어 그는 수도의 치안과 방어에 대한 책임을 떠맡았다. 마수드는 1996년부터 2001년까지 탈리반의 진격을 막는 데 중요한 역할을 했다. 마수드는 2001년 9월 암살당한다. 그 또한 라바니와 같이 타지크 족이다.

히스브-이-이슬라미(Hisb-e-Islami: 이슬람당)(헤크마티야르)
1979년에 자미아트-이-이슬라미가 분당되면서 생겨났다. 지도자인 굴부딘 헤크마티야르는 이슬람주의 운동이 형성되던 시기에 카불대학교에서 공학을 전공하던 학생이었고 북부 아프가니스탄의 쿤두즈 출신이었다. 헤크마티야르는 파슈툰 족인데 아마 20세기 말 압두르-라흐만에 의해 북부 아프가니스탄으로 이주 당한 그 파슈툰 족 출신인 것으로 보인다. 히스브-이-이슬라미에서 그는 소련식의 조직 모델을 채택하여 피라미드식 권위 구조를 가진 세포 조직을 기반으로 하는 운동을 만들어 냈다. 잠재력이 보이는 단원들은 면밀히 조사해 가면서 반드시 수습 기간을 거치도록 했다. 헤크마티야르는 라바니보다 훨씬 더 순수주의자였는데 현존하는 전통, 습관, 구조 등을 모두 타파하고 이를 이슬람 국가의 창조와 특별히 연결되는, 새로운 그러면서도 고도로 짜여진 조직으로 대체하고자 하였다. 헤크마티야르는 아프가니스탄 내에 근거지를 구축해 본 적은 없고 주로 동부 아프가니스탄의 난가르하르 난민 캠프나 쿤두즈 난민 캠프에 의존하였는데 그곳에서 전사들을 모아 세력을 확장하였다. 헤크마티야르의 당은 비교적 교육받은 급진적인 젊은 층에 호소하는 편이었는데 그 가운데 많은 사람들은 기술 교육을 받은 자들이었다. 그의 당은 교육을 자신들의 이념을 전파할 수 있는 매우 중요한 수단으로 인식하였고, 그래서 파키스탄에 많은 학교를 운영하였다. 그 가운데는 여학교도 포함되었다. 헤크마티야르는 탈리반이 카불을 접수한 1996년 이후 실질적으로는 권력을 상실하였고 그 이후 몇 년 동안 이란에서 유배 생활을 하였다.

히스브-이-이슬라미(할리스)

1979년의 히스브-이-이슬라미에서 곽티아 주의 부족 지도자 출신의 유니스 할리스가 급진 이슬람 사상으로 무장한 채 독자적인 길을 주장하면서 분열해 나온 운동이다. 할리스는 인도의 델리에 있는 데오반드 이슬람 신학교에서 훈련받았다. 데오반드 신학교는 수세기에 걸쳐 아프가니스탄 율법학자를 배출한 곳이다. 할리스는 신문 기고를 통해 다우드의 개혁을 비판하였는데 이로 인해 파키스탄으로 도피할 수밖에 없게 된다. 그의 리더십은 부족 사회에서의 가부장적 성격을 띠고 있고 그의 추종자들은 주로 남동부 아프가니스탄 지방의 군 지휘관들과 전통 종교 지도자들을 기반으로 하고 있다. 물라 오마르가 소련 점령 저항기에 히스브-이-이슬라미(할리스)에 가담한 것으로 알려져 있다.

이티하드-이-이슬라미(Ittihad-i-Islami: 이슬람 단결)

카불대학교의 전직 신학 교수이자 아랍 어에 능통하며, 일찍이 카불대학교 내에서 이슬람주의 운동이 일어나던 때 라바니의 부관을 역임한 바 있는 압둘 라술 사이야프가 조직하였다. 그는 1978~1979년 아프가니스탄인민민주당 정권에 의해 구금된 바 있는데 소련 침공 이후 이루어진 사면으로 풀려나왔다가 파키스탄으로 도피하여 그곳에서 독자적인 이슬람주의 정당을 세웠다. 이티하드-이-이슬라미는 단 한 번도 카불 바깥 지역에 근거지를 확보하지 못했다. 항상 사우디아라비아와 밀착 관계를 유지하였고, 사우디아라비아에서 많은 후원을 받았다. 그와 사우디 와하브주의자는 이념에서 많은 유사성이 있었는데도, 그는 아프가니스탄의 북동부에 있는 쿠나르에 강력한 기반을 두고 있는 자신의 당은 와하브 운동과 다르다고 역설하였다. 하지만 그들은 아프가니스탄의 소수파인 시아파에 대해서는 강한 반감을 드러냈다. 이는 이슬람 세계의 주도권을 놓고 사우디아라비아와 이란 사이에 벌어지는 경쟁을 보여 주는 것이다. 사이야프는 1996년 북동부에서 형성된 반군 동맹의 일원이 되었다.

아프가니스탄국민해방전선(Afghan National Liberation Front)

아프가니스탄국민해방전선은 시브가툴라 무자디디가 1980년에 결성하였는데, 특정 이념을 가지고 있지 않고 권력 기반을 아프가니스탄의 농촌 사회에 두고 있다는 사실로 인해 전통주의자로 인식되고 있는 세 정당 가운데 하나다. 무자디디는 남부 아프가니스탄의 수피 낙슈반디의 여러 가문 가운데 하나를 이끄는 중요한 파슈툰 가계 출신으로 전대의 왕가와도 연관되어 있다. 그는 보수적이고 전통적인 가문 출신이면서 자히르 샤 왕의 복귀를 강력하게 옹호하였지만 1950~1960년대의 급진 이슬람 정계에서 매우 활발하게 활동하면서 이집트의 무슬림형제단과도 접촉하였다. 그는 흐루시초프의 방문을 반대하는 운동을 주도한 혐의로 1959년 다우드에게 체포되어 4년 반 동안 복역했다. 아프가니스탄국민해방전선은 무자히딘으로 인정받을 만한 군사력을 보유해 본 적은 없다.

하라카트-이-인킬라브-이-이슬라미(Harakat-i-Inqilab-i-Islami: 이슬람 혁명 운동)

1980년에 이슬람 학자인 나비 무함마디가 조직하였다. 당권은 여러 울레마와 농촌의 물라에 기초하고 있다. 물라는 이슬람 학교인 마드라사(madrasah)에서 울레마에게 수학하던 학생, 즉 탈리브(talib)와 함께 아프가니스탄인민민주당에 대해 투쟁을 전개하던 자들이다. 따라서 그들이 등장하던 첫해에는 그들이 내세웠던 기치로 인해 엄청나게 많은 추종자들이 생겨났으나 그 지지자들의 요구 사항을 제대로 들어 줄 수 있는 조직적 능력을 갖추지 못하여 결국 많은 추종자들이 자미아트나 히스브-이-이슬라미(할리스)로 옮겨갔다. 이는 그 두 조직이 자신들이 충성을 바칠 만할 정도로 온건하고 전통을 존중하는 것으로 여겨졌기 때문이다. 이 정당이 여러 정당들 가운데 탈리반 신조와 가장 근접해 있는 정당이다. 당 자체는 이슬람주의자들의 노선을 지지하지 않고 오로지 이슬람 율법의 철저한 적용과 샤리아를 우선시 하는 것으로 회귀하는 것 이외에는 특별한 이념을 가지고 있지 않은 것으로 보였다. 그리고 이 당은 울레마와 탈리브들과 함께 지방의 마드라사를 중심으로 전선이라 부를 만한 조직적 운동을 구성하기도 했다. 그렇지만 당의 중앙 본부는 이러한 조직망을 효과적으로 지원해 줄 만한 능력을 가지지 못했다.

마하즈-이-밀리-이-이슬라미(Mahaz-i-Milli-i-Islami: 이슬람 국가회)

수피 운동(Sufist: 8세기 이후 나타난 이슬람의 한 분파로 사랑과 같은 인간적 감성을 통한 신과의 만남을 중시했다 — 옮긴이)과 연관되어 있고, 이 운동에서 영적 지위를 부여받은 종교 지도자 피르 가일라니가 이끄는 당이다. 가일라니는 아프가니스탄 남부의 파슈툰 부족의 강력한 지지를 받고 있다. 그는 왕가와 혼인 관계를 맺었고 기존의 지배 집단인 두라니 체제와 결탁되어 있었기 때문에 칸다하르 주민에게 지지를 받고 있던 자히르 샤 전왕을 변함없이 지지하였다. 이 당은 전대 통치에 대한 보호 장구와 같은 역할을 하였다. 피르 가일라니는 온건 자유주의자로서 다른 무자히딘 지도자들에 비하면 상당한 정도로 식자층 전문가 계급에 경사되어 있는 사람이었다.

이러한 여러 정당들이 군사 원조를 위한 경로로 인정되는 순간부터 아프가니스탄 안에 있는 다양한 집단들은 구호 물자가 한정되어 있는 상황에서 누구와 얼마만큼 상호 협력하느냐를 결정해야 하는 어려움에 봉착하게 된다. 그리고 그 협력의 정도를 결정하는 요인은 신뢰이다. 어떤 특정 촌락이나 가족 내에서 그 대표로 인정받을 만한 당이 하나 이상 생길 수 있고 그로 인해 상당한 혼란이 발생할지도 모른다. 하지만 특정 지역이 특정 정당에 두드러지게 연계되어 있는 것으로 간주하는 것은 가능하다.

자미아트는 카불 북쪽에 있는 쇼말리 계곡과 북동부의 카피사, 타하르, 바다흐샨 등지에 강력한 추종자들이 있다. 그렇지만 자미아트는 아프가니스탄 북서부의 이스말리 칸 지역에서도 대표 세력으로 인정받고 있다. 헤크마티야르의 히스브-이-이슬라미는 난가르하르 주와 쿤두즈 주에서 그리고 쿤두즈 주 남부의 바글란 시에 추종 세력들이 흩어져 있다. 유니스 할리스는 팍티아에 세력 기반을 두고 있고 가일라니는 칸다하르에 강력한 지지 기반을 가지고 있으며 무자디디와 무함마디는 남부 전역에 걸쳐 대표 세력으로 나타나 있다.

이로써 자미아트가 파슈툰 부족 지역에서 세력을 확장한다는 것이 어려울 것임이 입증되었다. 자미아트는 다만 북부에 있는 소수 부족, 특히 타지크 족을 대표하는 세력으로 자리 잡고 있을 뿐이다. 이러한 현상은 부족 사회가 해체된 북부가 고도로 조직된 운동의 영향을 견뎌 낼 수 있는 구조를 가지지 못했기 때문이라고 볼 수 있다. 하지만 이와는 대조적으로 남부에서는 부족 지도자들이 외부의 영향력을 잘 견뎌 냈다.

파키스탄 정부는 아마 난민 인구를 정도껏 통제하고자 하는 의도로 무자히딘 정당들이 다수의 난민 캠프 안에 사무소를 열고, 나아가 자신들의 난민 캠프도 세우도록 부추기고 있다. 난민들은 배급품을 확보하기 위해서 어떤 정당이든지 간에 특정 정당의 소속원이 될 수밖에 없다. 정당들은 난민 캠프 내에서 남자와 특히 청소년을 징집하여 자신들을 위하여 싸우도록 하여 결국 난민 캠프는 아프가니스탄으로 침투하여 습격하는 것을 준비하는 기지로 자리 잡았고 그 결과 그 정당들은 거대 세력이 되었다.

그 정당들 가운데 굴부딘 헤크마티야르의 히스브-이-이슬라미 당이 파키스탄 내에서 무자히딘을 지원하는 세력들, 특히 자마아트-이-이슬라미 당과 정보부에게 각별한 지지를 받았다(Arney, 1990). 미국은 이러한 불균형에 대해 알고 있었던 것 같지만, 히스브-이-이슬라미의 외관상 거대한 조직 역량 때문에 그냥 묵과하였다고 알려져 있다.

무자히딘의 일곱 정당들은 1985년 5월에 칠당동맹을 구성하였다. 그들은 모두 수니파 이슬람이었고 자미아트를 제외하고는 모두 파슈툰족이었다. 두 개의 큰 시아파 정당 가운데 가장 큰 히스브-이-와다트(Hish-e-Wahdat: 통일당이라는 뜻 — 옮긴이)는 이란 정부가 여러 다양한 아프가니스탄 정당들을 자신의 보호 아래 놓고 싶은 욕심에 그리고 아프가니스탄 내에서의 내부 권력 투쟁이 벌어지는 상황에서 시아파의 협상력을 강화하고자 지원한 정당이었다. 히스브-이-와다트는 1987년 압둘 알리 마자리의 영도 아래 중앙 아프가니스탄의 하자라자트 지역을 차지하였다. 그리고 또 하나의 시아파 정당인 하라카트-이-이슬라미(Harakat-i-Islami: 이슬람 운동이라는 뜻 — 옮긴이)는 쉐이크 아세프 무시니가 이끌었는데 그 추종자들은 주로 도시의 교육받은 시아파였다. 무시니는 큰 세력들이 벌인 권력 다툼에서 중재자 역할을 하곤 하였다.

무자히딘과 소련의 전쟁은 몇 차례의 국면으로 나눌 수 있다. 1979년부터 1986년 사이는 정부가 소련에 의해 조종되던 시기였다. 당시 대통령은 바브라크 카르말이었다. 연합 정부와 소련은 매우 공세적이었다. 이는 소련의 레오니드 브레주네프, 유리 안드로포프, 콘스탄틴 체르

넨코의 강경 정책과 일치한다. 군사적인 해결 방식을 강력하게 추진했던 첫 번째 시기가 지난 후인 1985년에 크레믈린을 장악한 미하일 고르바초프는 정책을 바꾸었는데, 아프가니스탄에서의 철수라는 결정으로 이어졌다. 그의 출현은 1985년 로널드 레이건 정부가 무자히딘에게 지원을 충분히 늘려 나가겠다고 결정한 것과 동시에 이루어졌다. 미국 정부의 지원에는 스팅어 미사일도 포함되어 있었는데, 그 미사일은 농촌 지역에 엄청난 손실과 인명 피해를 끼쳤던 헬리콥터와 저공 비행하는 비행기를 격추할 수 있는 것이었다. 많은 사람들은 이 스팅어 미사일이야말로 무자히딘이 소련과의 전쟁에서 전세를 뒤집을 수 있었던 가장 결정적인 무기였다고 주장한다. 이러한 주장은 충분히 일리가 있다. 하지만 간과할 수 없는 또 하나의 사실은 고르바초프가 심각한 국내 문제에 직면해 있었기 때문에 아프가니스탄 사태를 종식시키기로 결정했다는 사실이다.

사실 소련은 1987년 이후 전쟁 내내 진행되어 온 유엔 주도의 평화 협상에 대해 점차 긍정적인 입장을 취했다. 그런데 그 평화 협상 과정에서 파키스탄, 미국 그리고 아프가니스탄 정부는 참여시켰으나 무자히딘 정당들은 배제시켜 버렸다. 이어 1988년 4월 소련군이 1989년 2월 15일에 철군한다는 즈네브 협약에 서명하였고, 아프가니스탄 새 정부가 아무런 준비도 못한 채 들어서게 되었다. 새 정부는 철저히 소련의 후원 아래 세워져 소련의 정책을 지속적으로 받아들였기 때문에 앞으로 있을 국가 행정에 대한 잠재적 참여자로서의 무자히딘 정당들을 전혀 인정하지 않았던 것이다. 그에 반해 소련 정부는 아프가니스탄인민민주당 정부가 국민들에게 잘 받아들여질 수 있도록 조치를 취하고 있었다. 1986년에 교조적 색채가 덜 드러나도록 하기 위해 대통령을 바브라크 카르

말에서 무함마드 나지불라로 교체한 것도 그러한 과정에 포함되었다. 나지불라 대통령은 전국의 전통 사회의 지도자들에게서 지지를 받는 데 가장 적합한 인물로 보였다. 그런데 전통 사회의 지지를 구하는 정책은 이전부터 행해 온 것이지만 그리 성공하지는 못했다.

국제 사회는 소련이 조종하는 정부의 대통령인 나지불라가 소련군 철수 직후에 그렇게 쉽게 무너지리라고는 전혀 예상하지 못했다. 하지만 파키스탄과 미국은 이것을 크게 기대하면서 칠당동맹이 차기 정부를 세우도록 강하게 압박하였다. 무자히딘 지도자들은 소련 점령기의 마지막 며칠 동안 전 세계의 텔레비전 카메라가 주시하는 가운데 장시간의 회의를 가졌다. 상호간의 협약은 매우 복잡하여 정리되기 어려운 것으로 판명 났고, 칠당동맹은 소련군 철수 직전에야 아프가니스탄 임시 정부를 구성하였다.

동시에 유엔은 600만 명 정도로 예상되는 난민들이 파키스탄과 이란에서 귀환하는 것을 지원할 국제 원조를 강력하고 분명하게 요구하였다. 당연하게도 이는 소련이 후원하는 정부가 패퇴하면 지하드가 끝날 것이라고 기대하였기 때문이다. 하지만 소련군이 약속대로 2월 15일에 철군을 하였지만 나지불라 정부가 무너질 조짐은 전혀 나타나지 않았다. 아프가니스탄 임시 정부는 아프가니스탄 내의 다른 곳에 수도를 세움으로써 정당성을 확보하려고 했다. 새 수도의 적임지로 잘랄라바드가 선정되었고 이에 무자히딘은 잘랄라바드를 확보하기 위해 엄청난 화력으로 포위망을 좁혀 나갔다. 그렇지만 그들의 시도는 실패로 돌아갔고 결국 소련이 후원하는 정부가 최종적으로 붕괴되는 1992년 4월까지는 3년이 더 소요되었다. 실제적으로는 나지불라 정부가 1991년 붕괴된 소련 정부보다도 더 오랫동안 연명하는 일이 발생한 것이다. 최후의 마지막 몇 개월 동안 소련과 미국은 자신들이 보호하는 세력인 나지불라와 무자히딘 각각에게 더 이상 무기 지원을 하지 않기로 합의하였다.

1989~1992년 사이에 나지불라 정부는 카불, 마자르-이-샤리프, 칸다하르, 헤라트, 잘랄라바드와 같은 큰 도시를 비롯하여 많은 작은 도시들을 수중에 넣었고, 반면에 무자히딘은 주로 농촌 쪽에 세력을 유지하여 그곳을 기반으로 수도에 집중 포화를 가하였다. 정부가 권력을 계속 유지하는 데는 소련이 제공해 주는 여러 물자들에 힘입은 바 컸다. 그로 인해 도시 쪽의 세력 기반을 방어할 수 있었을 뿐만 아니라 도시 주민들에게 상당한 수준의 소득을 제공해 줄 수 있었다. 거기에다 이 정부는 북부 아프가니스탄의 라시드 도스탐의 지원과 같은 다양한 민병대의 지원을 포함하여 농촌 지역의 지지를 매수할 수가 있었다. 그런데 그 물자가 고갈될 때, 나지불라는 잠복해 있던 많은 권력 추구자들에게 손쉽게 당할 수밖에 없었다.

나지불라 정부는 무자히딘 대열 내의 균열이 점점 커짐으로써 반사이익을 얻기도 했다. 소련 점령기에 보여 주었던 비교적 탄탄했던 통일성이 소련군의 철수와 함께 순식간에 사라져 버렸다. 농촌 지역에서는 지난 수년 동안 무자히딘 내부에 존재하던 많은 이질적 요소들을 묶어 둘 수 있었던 연대가 파벌로 인해 깨져 버렸고 일부는 도적 집단으로 변하기까지 했다. 싸움이 지역화되면서 무자히딘 내의 집단 사이에 투쟁이 전개되었고 나아가 촌락은 촌락끼리, 이웃은 이웃끼리 형제는 형제끼리 싸우는 골육상쟁이 격화되었다. 전통적으로 이어져 온 촌락의 장로 중재 구조가 갈수록 격화되는 싸움을 종식시키고자 백방으로 노력했지만 실패하였다. 나지불라 정부가 무자히딘 사령관들과 전국의 전통 사회의 지도자들에게 내건 제안은 그들 사이를 더욱 침해하였고 결국 무자히딘 운동의 통일성은 와해되었다.

페샤와르의 상황도 이보다 더 나을 것은 없었다. 페샤와르는 끊이지 않는 공포의 도시가 되었다. 이슬람주의 관점에서 볼 때 아프가니스탄의 자유주의자와 활동가는 반서양의 관점을 견지하는 외곽 운동의 타깃이 되었다. 지식인에 대한 암살이 빈번하게 일어났다. 적어도 한 명의 자원 활동가가 실종되었으며 몇몇 사람들은 살해 위협에 그 지역을 떠나기도 했다. 1990년 4월 난민 캠프에 소요가 일어났는데 그때 지역의 물라들이 무슬림 과부가 기독교로 개종한 데 대해 책임이 있다고 인도주의 기구들을 비난하였고 한 주요 기구의 건물이 모두 파괴되는 일이 발생하였다.

1992년 4월 나지불라 정부의 몰락은 지하드를 이제 끝내야 한다는 데 정당성을 부여하였다. 이제 대규모의 난민들이 파키스탄에서 그리고 그보다는 적지만 상당수가 이란에서 귀환하기 시작했다. 이전에는 극히 저조하던 귀환자 수가 급속도로 증가하여 1992년 봄부터 초가을까지 6개월의 기간 동안 파키스탄에서 귀환하는 수가 무려 120만 명에 달하였다. 파키스탄 내의 난민 수가 320만이던 것이 1994년 초가 되면서 147만으로 줄어들었고, 이란의 경우는 290만에서 185만으로 줄어들었다.

과거에 귀환을 꺼렸던 이유는 안전에 대한 문제도 있고 경제적인 요인도 없진 않았지만 그래도 가장 두드러진 것으로는 지하드를 계속해야 하였기 때문이다. 무자히딘의 여러 정당들은 카불에 이슬람 정부를 건설하기 전까지는 난민들이 돌아오지 않도록 여러 경로를 통해 종용하였다. 그들의 입장에서는 나라 안에 자신들의 세력 기반을 강화하기 위해서 나지불라 정부가 몰락하자마자 자기들의 추종자들이 아프가니스탄으로 돌아오는 것이 유리했을 것이다. 그러나 이렇게 하는 데는 위험 또한 감수해야 했으니, 그것은 일단 난민들이 캠프에서 나와 자유롭게 되면 이후에는 독립을 주장할지도 모른다는 사실 때문이다. 난민들이 각 당들의 통제권 안에 있을 동안에는 그들이 그 정당이나 후원자가 바라는 바에 소극적으로 복종하였다고 생각할 수는 없다. 대부분의 난민들에게 지하드는 국외 유랑을 정당화시키는 것이었고, 따라서 지하드가 끝나기 전에 다시 국내로 돌아온다는 것은 결코 묵인할 수 없는 일이었다. 최종 결정은 대부분의 경우 개인에 따라 자발적으로 이루어졌다.

나지불라 정권의 몰락은 북부 아프가니스탄의 우즈베크 지역 출신의 강력한 북부 군부 지도자인 라시드 도스탐이 그 의무를 포기함으로써 급속하게 진행되었다. 도스탐의 세력은 긴 머리와 종아리까지 닿는 바지로 유명한데 그 흉포함이 자자하였고 나지불라 군대가 1989년부터 1992년 사이에 무자히딘과 싸워 승리하는 데 큰 공헌을 하였다. 도스탐은 1992년 4월 25일 나지불라의 고위 관료들이 대거 참석한 마수드와의 거래에서 무자히딘 세력이 유혈 충돌 없이 쉽게 카불로 들어올 수 있도록 길을 터 주었다. 그는 나지불라를 조용히 국외로 빼돌리려고 했다가 카불 공항에서 실패하였다. 그로 인해 그는 수도로 강제 이송되었고, 그곳에서 유엔에 난민 신청을 하여 그 수용소에 수용되었다.

무자히딘 세력은 손쉽게 카불을 장악했지만 그것은 얼마 가지 못했다. 권력 배분에서 소기의 목적을 이루지 못해 분노한 헤크마티야르가 싸움을 일으켜 마치 베이루트에서 발생하였던 것 같은 격렬한 시가전이 카불에서 일어났다. 수개월 동안 카불은 도로 구석구석마다 장애물이 설치되어 시내 전체가 서로 다른 집단들이 통제하는 몇 개의 영토로 나뉘어졌고 법과 질서가 거의 존재하지 않는 상태로 변해 버렸다.

이에 파키스탄이 중재를 시도한 끝에 아프가니스탄 임시 정부의 일곱 정당 사이에 협상이 시작되었고 이를 통해 정권의 정당성을 확보하는 노력이 진행되었다. 그 결과 마수드의 국방 장관이던 시브가툴라 무자디디가 임시 정부 첫 총리가 되었고 그는 자신의 통제 아래 놓인 상황을 최대한 활용하였다. 첫 3개월이 지난 뒤 라바니가 정권을 장악했을 때, 그 세력은 더욱 성장하였으나 시아파인 히스브-이-와다트와 사우디아라비아의 지원을 받은 이티하드-이-이슬라미 세력과의 적대 관계를 어떻게든 정리해야만 했다. 그 도중에 반군 사이에 갈등이 발생하여 1992년 8월 카불에 로켓포 공격이 감행되었고 그로 인해 1800명의 민간인 사상자가 났다. 그리고 수많은 주민들이 북부의 마자르-이-샤리프로 피난을 떠났다. 1993년 1월과 2월에 걸쳐 대규모의 전투가 계속 벌어졌다. 그러자 새로운 권력 배분을 위한 협상의 필요성이 제기되었고, 협상 결과 라바니가 대통령으로 남고 헤크마티야르가 총리가 되었다. 헤크마티야르는 수도 남쪽에 있는 자신의 기지인 차라시야브에서 회의를 소집했고 라바니는 회의에 참석하러 가던 중에 피격을 당해 곧장 카불로 돌아와 버렸다. 이에 회의를 소집한 헤크마티야르는 그 도시 안으로 들어가는 것이 안전하지 못하다고 느껴서 그 후로는 명목상으로만 통치해야 했다.

나지불라가 쫓겨난 이후 서부 카불을 점거하고 있던 사이야프의 이티하드-이-이슬라미 세력과 히스브-이-와다트 사이에 벌어진 심각한 시가전으로 인해 양쪽 진영 모두에 심각한 인명 피해와 많은 이재민이 발생했고 수많은 주민들이 남쪽 교외 혹은 농촌 혹은 이란으로 피난을 떠났다. 마수드 세력이 최종적으로 이티하드 쪽에 합세하였고, 합쳐진 그 두 세력은 1993년 2월 서부 카불에서 아프샤르 학살이라 불리는 대량 살육을 저질렀다.

마수드가 왜 그런 결정을 했는지는 정확하게 알려지지 않고 있다. 아마 그는 무자히딘 정부가 타지크 족 그리고 우즈베크 족과 연합하여 권력을 쟁취한 사실에 대해 신경 쓴 것 같다. 그래서 파슈툰 족이 소외당하지 않도록 하는 데에 관심을 집중하였는데, 아마 1929년 일 년도 못 되는 짧은 기간 동안 재임하다가 파슈툰 족에게 전복당해 권좌에서 쫓겨난 타지크 족 통치자 하비불라 2세의 파멸을 기억해서일 것이다. 그런 의미에서 볼 때 파슈툰 족인 사이야프는 유용한 동맹이었을 테고 또 자신도 사우디아라비아에서 온 구호 자금을 확보할 수가 있다는 것 또한 고려했을 것으로 보인다. 반면 마수드는 전대부터 북부 지역을 파슈툰 족이 지배해 온 것 때문에 특히 고통을 많이 받았고 그로 인해 그에 대해 오랫동안 적개심을 가지고 있던 하자라 족 세력과 자연스럽게 동맹 관계를 맺을 수도 있었을 텐데도 그들과 적대 관계를 계속했다. 우즈베크 족, 하자라 족, 그리고 타지크 족 사이에 형성된 동맹이 2001년 10월 현재 파슈툰 탈리반과 대척점에 서 있다는 사실은 흥미롭기 그지없다.

마수드는 특히 헤크마티야르에게서 곤란을 많이 겪었다. 그 둘 사이에 존재하는 긴장은 상당 부분 과거부터 있었던 것으로 이는 아프가니스탄에 있는 모든 주요 세력 사이의 권력 균점을 확실하게 하는 것에서는 타협점을 찾기가 어렵다는 것을 보여 주는 것이다. 마수드는 헤크마티야르가 파키스탄이 아프가니스탄에 대해 취하고 있는 전략적 이익에 필요한 도구로 사용되고 있다고 비난하면서 헤크마티야르와 함께하는 모든 일은 파키스탄이 추진하고 있는 식민화의 길을 열어 주는 것이라고 하였다. 반면 헤크마티야르는 아프가니스탄에서 절대 권력을 행사하려 하였고 그런 관점에서 마수드를 자신의 야망을 실현하는 데 큰 걸림돌로 간주하였다.

아프가니스탄에 광범위한 지지를 받는 이슬람 정권을 어떻게 하면 가장 잘 이룰 수 있을까에 대한 라바니와 마수드의 계산이 무엇이든 간에 그들은 모두 우즈베크 족을 소외시키고 하자라 족과 전쟁 상태에 들어가는 것에는 성공했다. 나지불라 정권의 몰락에 결정적인 역할을 했던 도스탐은 카불에서의 권력 분점에 욕심이 있었다. 그래서 각 지역이 상당한 수준의 자치를 누릴 수 있는 연방제 정부 형태를 계속 주장하였으나 한 번도 받아들여지지 않았다. 1992년 12월 라바니가 지명한 의원들이 라바니를 대통령으로 다시 선출하였는데 이는 도스탐을 비롯한 다른 지도자들을 철저하게 무시하는 것이었다. 그래서 그 다음 해에 그들 사이의 관계는 크게 악화되었다. 마침내 1994년 1월 1일 도스탐과 헤크마티야르 연합 세력은 라바니를 권력에서 끌어내리기 위해 카불에 로켓포를 퍼부으면서 다시 내전을 벌였다. 그러나 그 시도는 실패하였고 그 내전으로 인해 국민들은 극심한 공황 상태에 빠져들어 결국 6만 5천에 달하는 주민들이 파키스탄과 아프가니스탄의 다른 곳으로 피난을 갈 수밖에 없었다. 헤크마티야르는 1994년 나머지 기간 내내 수도 카불을 포격하였고 그로 인해 수도를 떠난 난민의 숫자는 30만에 이르게 되었다. 그러나 그는 권력을 위한 그의 노력에 어떠한 진전도 이룰 수 없었다.

1995년 3월 헤크마티야르는 자신의 기지인 차라시야브에서 탈리반에게 쫓겨났고 이와 동시에 히스브-이-와다트도 카불에서 축출되어 더 이상 주요 세력으로 남지 못했다. 무자히딘이 처음으로 권력을 쟁취한 1992년 4월 이래 카불이 처음으로 포탄 세례에서 벗어나는 순간을 맞이

74

하게 되었다. 이어 도시는 평온을 찾았고 많은 원조 기구들이 돌아와 활동할 수 있게 되었다. 탈리반과 (카불-잘랄라바드 간 도로에 있는 사로비 기지에 있던) 헤크마티야르가 동시에 원조 기구의 원조를 봉쇄하면서 식량과 연료 부족으로 인한 인도적인 위기가 야기됨에 따라 겨울 내내 원조가 훨씬 더 필요하게 되었다.

유엔을 비롯한 많은 기구들이 라바니에게 권력을 임시 정부에 이양하고 평화 협상을 할 것을 끊임없이 요구한 후, 라바니와 마수드는 헤크마티야르와 최종적으로 협상하였다. 협상안에 따르면 헤크마티야르는 새로운 국민 통합 정부의 총리가 되었다. 반면 그 점에 관해 헤크마티야르와 히스브-이-와다트와 동맹을 맺었던 도스탐은 새로운 구조에 관심을 보이지 않으면서 새 정부에 참가하라는 권유를 묵살하였다. 그러나 라바니, 마수드 그리고 헤크마티야르는 탈리반에게 축출되기 전까지 수개월 동안 함께 정부를 운영할 수 있었다. 헤크마티야르는 그 짧은 재임기간 중에 주민들이 이슬람 국민이 되기 위해 필요한 여러 가지 것들을 잘 지키도록 하기 위해 이슬람에 의거한 많은 정책들을 의도적으로 도입함으로써 두각을 나타냈다. 그러나 그의 이러한 정책은 그의 뒤를 이어 집권한 탈리반이 적용한 것에 비하면 그렇게 엄격한 것이 아니었다.

한편 1992년부터 1996년 사이에 카불에는 상당한 진전이 있었고, 수도 이외의 다른 곳들도 각각 매우 다른 상황 속에서 서로 분리된 별도의 봉토로 작용하고 있었다. 헤라트에서는 자미아트의 저항군 지도자인 이스마일 칸이 1992년 4월 나지불라 정부가 몰락하자마자 통제권을 장악하였다. 그는 3년 동안 안정과 번영에 필요한 조건들을 창출할 수 있었지만 1995년 9월 탈리반이 이 주를 점거하면서 막이 내렸다. 도스탐이 장악하고 있던 마자르는 총기가 난무하는 가운데서도 거의 안정을 되찾았다. 도스탐과 동맹 관계에 있던 이스마일 가(家)는 풀-이-후므리와 살랑 고개의 북쪽 간선 도로를 장악하고 있었는데 그 지역의 무자히딘 사령관들과 화해하여 대부분의 기간 동안 평화를 유지할 수 있었다. 타지크 족 지역인 북동부는 파미르 고원 중간에 위치하고 있는데 자미아트의 장악 아래 상당한 안정을 유지하였다. 이와는 대조적으로 동부의 주들은 하지 카디르의 영도 아래 난가르하르 슈라에 무자히딘 정당들이 함께 자리해 만든 거북한 동맹 관계를 계속 유지하고 있었다. 긴장이 수면 아래로 있은 적이 없었고 1993년 유엔 활동가 네 사람이 따로따로 암살당하는 사건들이 발생함으로써 보는 사람들로 하여금 상황이 쉽게 깨져 버릴 것 같은 불안함을 갖게 하였다. 그렇지만 더 남쪽으로 가면, 국경변 도시 호스트는 무자히딘이 1991년에 이 지역을 점거한 후 집단 통치를 하면서 간신히 단합을 유지하고 있었고 그로 인해 구호 물자가 들어갈 수 있었다. 호스트의 남서쪽에 있는 가즈니도 역시 카디 바바르라는 지도자의 장악 아래 단합된 상태를 유지하고 있었다. 그 사이에 있던 가르데즈는 질서를 지키려는 모든 노력들을 좌절시켰다. 하지만 그곳은 칸다하르에 비하면 안식처였다. 칸다하르는 여러 무자히딘 지휘관들이 도시의 통제권을 두고 전투를 벌이면서 도시가 잿더미로 변하게 되는 1992년부터 탈리반이 점령할 때까지 실질적으로 무정부 상태에 놓여 있었다.

결국, 소위 말하는 '아프가니스탄 이슬람국'의 무자히딘 정부는 이전의 아프가니스탄 임시 정부를 구성한 바 있는 일곱 정당들의 연합 정부일 뿐이다. 앞에서 이미 언급한 바와 같이 이 망명 정부는 미국의 지원을 받은 파키스탄 정부가 만든 결과물로 아프가니스탄 내에 한정된 수의 조직을 통해 저항 운동에 대한 물자 지원을 하는 통로의 역할을 하였다. 그 일곱 조직 가운데 세력이 큰 세 조직은 모두 그 기원을 1950년 대 카불대학교에서 일어난 이슬람주의 운동에 둔 것들이었다. 그래서 미국 정부는 소련 세력을 침식시키기 위하여 대학 내의 엘리트 서클의 급진파로 구성된 작은 조직들에 그 뿌리를 두고 있던 세력들로 아프가 니스탄에 정부를 세웠다. 이는 결국 소수파 정부인 아프가니스탄인민민 주당을 또 다른 소수파 정부로 대체하는 꼴이었다. 임시 정부 내에서 세 전통주의 정당들이 비교적 약세였다는 사실이 의미하는 바는 농촌을 기 반으로 하여서는 결코 권력을 창출할 수 없음을 의미한다. 여기에서 자 미아트가 장악하고 있던 북동부의 경우는 예외일 뿐, 라바니가 추구하 던 인민들의 지지를 얻는 것은 이 지역 이외의 곳에서는 결코 구체화되 지 못하였다. 특히 파슈툰 부족 지역에서 그가 타지크 출신이라는 사실 때문에 이 일은 불가능하였다. 더 나아가 무자히딘 정부는 파슈툰 지대 에서 통치 기간 동안 쉴 새 없이 권력 투쟁에만 몰두함으로써 대중들을 크게 낙담시켜 그들의 폭넓은 지지를 받는 데 실패하였고 결국 그들에 게서 유리되어 버렸다. 그렇지 않았다면 파슈툰 족은 적성상 이슬람주 의에 설복되었을 사람들이었다. 결국 그들이 간 길은 탈리반의 대중 운 동 창출을 향해 문을 연 셈이었다.

4장 신의 전사들

탈리반은 1994년 초 칸다하르에서 자발적으로 만들어진 작은 집단으로
출발한 듯하다. 종교적 차원에서의 학생을 뜻하는 그 구성원들은 무자
히딘이 도시에서 오로지 권력 투쟁에만 몰두하고 있는 것에 분노하여
무자히딘의 행동을 타락된 것으로 간주하고 그것을 종식시키고자 행동
에 돌입하기로 결심한 것으로 알려졌다. 그 과정에서 그들은 자신들의
개입에 대한 정당성을 확보하기 위하여 이슬람을 끌어들인 것이다.

그들이 어떻게 작은 조직에서 큰 세력으로 성장하였는지는 잘 알려
져 있지 않다. 아프가니스탄의 외부 세력들이 볼 때 자기네의 이익을 증
진하는 데 그들이 도움이 될 만한 잠재력을 가지고 있다고 보았고, 따라
서 후원해 줄 만한 가치가 있다고 판단했던 것 같다. 그들이 받은 외부
후원의 범위와 성격은 추후 더 깊이 살펴봐야 할 문제이지만, 파키스탄,
미국 그리고 사우디아라비아가 이에 연루되어 있음은 널리 알려진 사실
이다.

그들에게 청년들의 자발적 참여가 상당한 힘이 된 것은 두말할 필

요가 없는 사실인데, 그 청년들은 농촌 지역과 파키스탄 국경의 난민 캠프에서 징집되었다. 그들은 남부 아프가니스탄에서 이미 경험을 해 본 터라 자발적으로 동참하였다. 그들은 퇴각하는 세력들이 버리고 간 무기를 얻었고, 주민들을 무장 해제하는 과정에서 상당량의 무기를 가져올 수 있었다.

탈리반 운동의 이념적 기반에 대해서는 논란의 여지가 많다. 하지만 쿠란 낭송을 기본으로 하는 이슬람 교육이 행해지는 장소인 난민 캠프에 있는 마드라사가 징집의 중요한 원천임은 의심의 여지가 없다. 난민 캠프에서 사우디아라비아와 여러 걸프 지역의 국가들 그리고 무자히딘 정당들의 후원을 받아 운영하는 고아원이 급진주의 이슬람을 맹렬히 추종하는 사람들을 양산하고 그 가운데 일부가 탈리반이 주창하는 무장 투쟁에 동조하는 것으로 보인다. 파키스탄에 있는 여러 이슬람 정당 또한 그들이 운영하는 다양한 교육 기관에서 청년들을 훈련시키고 탈리반 운동을 확장시키는 데 분명한 공헌을 했다. 하지만 마찬가지로 탈리반 세력들이 어떻게 군사 훈련을 받았는지도 명쾌하게 밝혀진 바가 없다.

탈리반 운동은 지지자의 절대 다수가 파슈툰 족이지만, 이 운동이 본질적으로 파슈툰 족의 운동인지에 대해서는 많은 논쟁이 있었다. 탈리반 운동이, 전쟁 전에는 존재했지만 라바니와 마수드의 타지크 족 지도부들이 카불을 장악하면서 도전받았던 파슈툰 족의 지배를 아프가니스탄에 다시 확고히 하기 위한 노력의 일환으로 파슈툰 족에게서 지지를 받았는지는 좀 더 깊이 조사해 볼 필요가 있다. 탈리반은 이 운동이 아프가니스탄에 있는 모든 민족 집단에 열려 있다고 공언하고 있고 또 몇몇 추종자들이 실제로 파슈툰 족이 아닌 것 또한 사실이다. 그렇지만 이 운동이 이슬람을 해석하는 입장으로 볼 때 절대적으로 수니파에 속하고 그래서 중부의 시아파와 북동부의 이스마일파를 포용하지 못하는 것도 사실이다.

탈리반의 절대적 지도자는 아미르 알-무미닌(Amir Al-Mu'minin: 믿음의 지도자)이라는 최고의 종교적 칭호를 부여받은 물라 무함마드 오마르이다. 그는 탈리반이 집권하고 있는 지역들의 슈라를 통할하고 있는 칸다하르의 슈라를 통솔하고 있다. 헤라트는 한 사람이 통치하고 있었지만 카불은 여섯 사람이 운영하는 슈라에 의해 조정되고 그 슈라의 의장과 많은 정부 장관들이 통솔권을 분할 운영하고 있다. 탈리반 내에서의 의사 결정은 합의제로 이루어지는 것으로 알려져 있다. 그래서 보수적인 요소들이 더 우세한 경향이 있다.

물라 오마르는 아프가니스탄 남서부의 파슈툰 부족 출신이다. 그는 이전에는 유니스 할리스가 이끄는 전통주의 무자히딘 정당인 히스브-이-이슬라미에 속해 있었다. 오마르는 반소 저항 투쟁에서 뛰어난 용장으로 이름을 날렸는데 그때 한쪽 눈을 잃었다. 그는 30대 후반 혹은 40대 초반으로 알려져 있다. 신비로움이 그를 감싸고 있는데, 왜냐하면 공적인 자리나 귀빈과의 자리에도 거의 나타나지 않기 때문이다. 그는 자신이 임명한 주지사를 비롯한 아주 가까운 사람들 몇몇으로 접촉을 제한하고 있으며 탈리반 군사 작전을 조직하는 데에만 시간을 할애하는 것으로 알려져 있다. 그는 국가 원수들과의 회동이나 유엔 사무 총장 특사와의 회동과 같은 외부 세계와 관련된 업무는 보통 부관에게 일임한다. 그는 매우 경건하고 검소한 삶을 사는 것으로 알려져 있다.

탈리반 운동은 일반 병사들의 끝없는 자기 헌신에 크게 의존하고 있는데 그들 가운데 상당수는 전우들이 순교하는 것을 이미 목격한 사람들이다. 자유롭고 도회적이며 서구적인 가치를 좇지 않도록 특별한 조치가 취해지고 있는데 이는 일반 병사들이 배신당하거나 나라 전체에서 지지를 받지 못하게 되는 경우가 생기지 않도록 함이다.

탈리반은 정부를 운영해 본 행정 경험이 거의 없다. 그리고 그들은 권력을 잡을 때 행정을 우선적인 과업으로 간주하지도 않았다. 그들이 몰두한 것은 오로지 군사 정벌, 부패 일소 그리고 법과 질서의 확립뿐이었다. 행정 구조를 강화하고 유지하는 것은 그 다음의 관심사였다.

카불 점령으로 인해 새로운 실체 하나가 전면에 등장하였으니 선행증진악행방지부가 바로 그것이다. 이 종교 경찰은 탈리반 정책을 도시 주민에게 집행하는 역할을 점차 키워 나갔다. 하지만 그들의 행동이 탈리반 정권의 요체가 되는 여러 가지 정책과 모순되는 경우가 자주 발생하였다. 이로 인해 운동 내부에서 강경론자와 상대적 온건론자 사이에 있을 수 있는 갈등에 대해 혼란과 회의가 생기게 되었다.

탈리반은 1994년 10월에 전 세계가 주목하기 이전에는 아무 데도 알려지지 않은 존재였다. 그들이 아프가니스탄 전장에 등장한 것은 파키스탄 정부가 무역 호위대를 아프가니스탄의 칸다하르와 헤라트를 통해 투르크메니스탄으로 보내기로 시작한 일과 맞물려 있다. 파키스탄의 무역 호위대가 북부의 퀘타를 통해 아프가니스탄 영토 내에 들어오자 한 무장 조직이 그 일행을 습격하였다. 그러자 그 즉시 다른 조직 하나가 그들을 구출하러 와 처음 습격한 무장 조직과 싸웠다. 그들이 바로 탈리반이었다.

탈리반은 그 호위대가 지나갈 수 있도록 길을 터 준 후 칸다하르로 기수를 돌려 아무런 저항도 받지 않고 그 도시를 차지하였다. 칸다하르는 지난 2년 동안 수많은 무자히딘 조직들이 권력 투쟁에 빠져 있었기 때문에 실질적으로 무정부 상태에 있었다. 탈리반은 여러 군벌 지도자들을 포로로 잡았고 그 가운데 일부는 처형하고 일부는 투옥하였다. 칸다하르를 탈취한 후 탈리반은 주민들에게 지정된 장소에 무기를 반납하고 지역에 평화가 정착할 수 있도록 새로운 정권에 협조해 달라고 호소하였다. 인민들은 그들의 요구에 온전히 응했다.

탈리반은 이에 대하여 현존하는 썩은 권력에서 아프가니스탄을 구하고 그 위에 이슬람과 일치하는 새로운 사회를 건설하는 것이 자신들의 사명이라고 즉각 발표하였다. 그들은 남자들은 터번을 쓰고 샬와르 카미즈(shalwar kamiz: 전통 양식의 헐렁한 바지와 셔츠 ― 옮긴이)를 입고 턱수염을 기르고 머리를 짧게 잘라야 하고 여자들은 얼굴과 몸 전체를 가리는 장옷인 부르카(burqa)를 입어야 한다는 법령을 반포하였다. 남자들은 반드시 하루에 다섯 번 기도를 드리도록 권고하였는데 될 수 있으면 사원에 가서 하도록 하였다. 여자들에게는 다음 세대 무슬림을 양육하는 것이 바로 그들의 책임이라고 널리 알렸고 그래서 그들은 일을 하지 못하도록 했다. 여학생 교육은 이슬람 종교 학자들이 최적의 이슬람 교육 과정을 만들어 낼 때까지 기다려야 한다고 분명하게 말했고 그러한 과정은 탈리반이 전국을 장악할 때야 시작할 수 있다고 했다. 그리고 음악과 놀이를 금지하고 사람이나 동물 형상의 조형물 제작을 금했다. 이러한 여러 금지 규정을 집행하기 위하여 텔레비전과 비디오테이프가 공공장소에 상징적으로 비치되었다.

탈리반은 칸다하르에 질서를 세우는 데 뛰어난 성과를 거둠으로써 상당한 대중성을 확보하였다. 그들의 독특한 흰색 터번과 종교적 순수함과 열성이 섞여 만들어진 대중적 미신으로 인해 그들은 거의 신적인 존재로 여겨졌다. 그들이 칸다하르에서 서부로 옮겨 갔을 때 이미 그들의 명성이 자자해져서 무장 조직들과 마적 집단들을 힘들이지 않고 제거할 수 있었다. 그들은 한 지역을 차지할 때마다 신속하게 버려진 무기를 확보했고 인민들에게 전사로서 자신들과 함께할 것을 권유하였다.

1994~1995년 겨울 동안 탈리반은 이러한 방식으로 사업을 반복해서 시행하였다. 1995년 2월이 되면서 그들은 카불의 남부 교외가 내려다보이는 구릉 지역까지 진출하여 아프가니스탄의 거의 절반을 차지하였다. 그들은 심지어는 카불 남쪽의 차라시야브까지 세력을 확장하여 그 도시를 신속하게 소개시켜 장악하기까지 했다. 차라시야브는 굴부딘 헤크마티야르가 3년 동안 로켓포를 퍼부으며 확보하려고 애쓰던 곳이다. 그들은 카불의 남서 방향에서 수도를 향해 진격해 들어왔는데 시아파가 환영하는 가운데 카불의 서부 교외마저 확보하였다. 그 시아파들은 다름 아닌 히스브-이-와다트인데 숙적 마우드의 군대가 공격할지도 모른다는 더 좋지 않은 상황에 불안해 하고 있었다. 탈리반이 공격을 감행하면서 시아파 지도자인 압둘 알리 마자리를 잡아 며칠간 수감시킨 후 죽였는데 그 이유는 잘 알려지지 않고 있다.

하지만 서부 카불의 점령은 오래가지 못했다. 정부군이 대규모 공세를 감행하여 탈리반에게 뺏긴 지 한 달 만에 그 지역을 탈환하였다. 정부군은 탈리반을 카불의 로켓 사정거리 밖인 차라시야브로 몰아냈다. 그 이후 탈리반과 정부군은 적어도 카불에 관해서만큼은 1996년도까지 사실상 교착 상태를 유지하고 있었다. 18개월의 중재 기간 동안 수도는 비교적 고요했고 그 상태는 1995년 10월 탈리반이 차라시야브를 재탈환할 때까지 유지되었다. 이로 인해 그들은 헤크마티야르의 군대가 동쪽에서 오는 무역 원조 호위대를 봉쇄하는 동안 그 도시에 로켓포와 여러 포탄들로 응단 폭격을 할 수 있었다. 마자르-이-샤리프로 가는 북부

도로 또한 봉쇄당했으니 이는 도스탐과 정부 사이에 벌어진 끝없는 싸움으로 인해서였다.

1995~1996년 카불의 겨울은 특히 더 혹독하였다. 식량과 연료의 부족과 치솟는 인플레이션으로 인해 많은 빈민들이 목숨을 잃었다. 많은 인도주의 기구들이 구호 사업을 벌이기 위해 카불로 향했으나 그 일이 그리 쉽지는 않았다. 인민들이 당한 극심한 고통에 대한 기억은 탈리반이 1996년 9월에 카불을 비교적 수월하게 장악할 수 있게 한 요인이 되었다.

탈리반이 카불을 차지하기 위하여 노력하는 동안 아프가니스탄의 서부에서는 심각한 무력 충돌이 있었다. 앞에서 언급하였듯이 헤라트 시는 정부와 동맹을 이루고 있던 이스마일 칸의 수중에 있었다. 칸은 1992년 4월 헤라트 주를 차지하였는데 그때는 소련의 후원을 받던 정부가 몰락할 때였다. 그는 점차 서부의 파라와 니므로즈에서 남부로 그리고 바드기스에서 북서부로 영향력과 지배력을 점차 확장해 나갔다. 탈리반이 칸다하르에서 서부로 옮길 때 그들은 헤라트를 거쳐 투르크메니스탄 국경에 이르는 전 도로를 장악하려 하였다. 그런데 그들은 헤라트에서 120킬로미터 남쪽에 위치한 거대한 공군 기지가 있는 신단드에서 봉쇄당했다. 이스마일 칸의 군대가 탈리반의 전진을 저지하기 위해 공군 기지로 통하는 길에 지뢰를 매설해 놓았기 때문이다. 그 일로 그들은 탈리반의 공격을 저지하는 데는 일단 성공하였으나 수도 없이 많은 전사들이 이 길로 돌진하는 바람에 자체 인력의 손실도 많이 발생할 수밖에 없었다. 탈리반 전략의 이러한 측면은 그들에게 무적의 이미지를 더해 주었다.

이어지는 수개월 동안 파라 주와 헬만드 주 경계에서 탈리반 군대와 델라람에 주둔하고 있던 이스마일 칸 군대 사이에 교착 상태가 유지되었다. 그러다가 1995년 8월 이스마일 칸의 군대가 먼저 칸다하르를 향해 진격했다. 그들은 먼저 엄청난 속도로 이동하여 시에 심각한 위협을 가했다. 그렇지만 그들은 칸다하르에서 서쪽으로 120킬로미터 떨어져 있는 기리슈크에서 저지당하고 후퇴했다. 탈리반은 비교적 짧은 시간 안에 계속 진격하여 그 길로 신단드를 장악하고 헤라트에 무혈 입성하였는데 이때가 1995년 9월 5일이었다. 탈리반과 도스탐 사이의 우선 협상에 기초하여 도스탐의 군대는 앞으로 공군을 지원해 주기로 했다.

여기에서 우리는 이스마일 칸이 왜 그토록 쉽게 탈리반에게 굴복당하고 헤라트를 완전히 그들의 손에 넘겨주었을까를 좀 더 깊게 생각해 봐야 한다. 이때, 확실하게 말할 수 없지만, 이스마일 칸과 카불의 중앙 정부 사이에 균열이 생겼고 그로 인해 이스마일 칸이 주지사 직에서 사임했거나 혹은 해임당했을 거라는 소문이 있었다. 또 다른 소문은 이스마일 칸이 자신이 3년이나 되는 기간에 걸쳐 재건한 이 도시가 폐허가 되기를 바라지 않았거나 주민들이 상당한 기간 동안 평화를 누렸기 때문에 다시 무기를 들고 싸우기 싫어했고 따라서 그들이 자신을 도와 싸우지 않을 거라고 생각했기 때문이라는 것이다. 이때까지 탈리반은 새로운 지역을 차지할 때 비교적 처신을 잘했다는 평판을 받았다. 그들은 약탈이나 강간을 하지도 않았고 닥치는 대로 파괴를 일삼지도 않았기 때문에 주민들이 어떤 규모로든지 간에 그들에게 저항하는 일은 일어나지 않았다.

탈리반은 헤라트를 차지하고 난 후 칸다하르에서 하였던 바와 같이 주민들의 의복과 일상생활에 대한 법령을 반포하였다. 그리고 모든 여학교를 폐쇄시켰고 여성이 일하는 것을 금지하였다. 그들은 헤라트 시

내에 서 있는 말 동상을 파괴하기도 하였는데 그것은 동물 형상을 표현하는 것이 이슬람과 배치되기 때문이라고 하였다. 그들은 가택 수색을 통해 모든 주민들을 무장 해제하였다.

여성들의 교육과 취업에 관한 법령은 그들이 칸다하르에서 행했던 것보다 훨씬 더 큰 반향을 일으켰다. 칸다하르에서는 탈리반이 입성하였을 때 행정의 하부 구조가 실제로 붕괴된 상태였고 운영 중인 학교도 실로 극소수였을 뿐이다. 마찬가지로 여성이 가정 밖 직장을 찾는 경우도 거의 없었다. 하지만 1994년 헤라트 시의 통계를 보면 남학생은 23,347명이고 여학생은 21,663명이었다. 이와는 대조적으로 시골에서는 남학생이 74,620명인데 반해 여학생은 1,940명밖에 되지 않았다(영국의 아동구조기금Save the Children Fund의 1994년 통계). 교사의 상당수가 여성이기 때문에 그들의 직장 생활이 막힘에 따라 자연히 남학교의 상당수가 폐쇄되는 결과를 초래하기도 하였다. 나아가 헤라트 주민의 대부분은 이란에서 난민으로 살다가 온 사람들인데 이란에서는 여성 교육은 시민권의 하나로 부여되었다. 여성 교육의 금지는 새 교과 과정의 도입이 유보되는 가운데 여성 취업의 금지와 함께 아프가니스탄 사회에 상당한 파문을 일으켰다.

탈리반이 헤라트를 확보한 것은 무단 점령으로 받아들여졌다. 그이유는 그들이 단지 여성들의 교육과 고용을 금하였기 때문만은 아니며, 문화로나 언어로 볼 때, 대부분 파슈툰 족이고 게다가 농촌 출신인 탈리반은 페르시아 어를 쓰면서 미적이고 자유로운 전통을 오랫동안 간직하고 있던 헤라트 사람들과는 너무 달랐기 때문이다.

헤라트에서의 탈리반 집권 초기에는 수많은 사람들이 이란으로 나가기 위한 비자를 발급받기 위해서 이란 영사관 앞에서 장사진을 치고 있었다. 이 가운데 많은 사람들이 교육받은 전문직 사람들이고 그 가운데 상당수가 정부 각 부처 여러 곳에서 일하던 공무원이었다. 건설 부문은 눈에 띄게 하향 곡선을 그리고 있었다. 또한 인민들이 일용직에 근무할 수 있는 기회가 줄어 이란으로 다시 돌아가는 과정이 촉진되었다. 이란에서 서부 아프가니스탄으로 귀환하는 프로그램은 중지되었다.

인도주의 기구들은 칸다하르에서 하였던 것처럼 헤라트의 탈리반과의 대화를 시도하였다. 칸타하르에서는 여성이 보건 부문에서 일하는 것이 허용되었고 이는 탈리반이 헤라트를 점거하였을 때 확대되었다. 탈리반과 대화는 하였으나 헤라트 내의 인도주의 기구들은 보건 이외의 부문에서 여성이 일을 할 수 있도록 한다거나 여학교 폐지를 철회하는 등의 성과는 전혀 얻어 내지 못하였다.

헤라트를 확보한 이후 탈리반은 1996년 9월 11일 갑자기 잘랄라바드에 진격해 들어가기 전까지의 1년 동안에는 아무런 진전도 보지 못하였다. 난가르하르 지역의 슈라를 구성하고 있던 무자히딘 지도자들은 크게 싸움을 벌이지 않고 떠나기로 결정을 하였기에 최소한의 저항만이 있었다. 뒤이어 탈리반은 그 누구도 뚫기 어렵다는 사로비 협곡을 돌파하여 사람들을 크게 놀라게 하였다. 카불 동부 교외에서 치열한 교전을 치르고 난 며칠 후 탈리반은 수도 카불에 총 한 방 쏘지 않고 무혈 입성하였다. 그때가 9월 26일이었다. 탈리반은 전대통령 나지불라와 그를 방문한 그의 형제를 카불 입성 몇 시간 후에 유엔 난민 캠프에서 붙잡아 바로 공공장소에서 교수형에 처함으로써 세계를 또 한 차례 놀라게 하였다. 그들을 처단한 것이 탈리반 정권의 용인 아래 이루어진 일인지, 아니면 자연발생적으로 몇몇 열성분자들이 저지른 일인지, 아니면 오랜 원한에 사로잡혀 있는 사람들이 보복 차원에서 저지른 일인지에 대해서는 알려져 있지 않다. 풍문에 의하면 그 잔혹한 행위는 아프가니스탄인 민민주당 내부의 오래된 반목 때문에 일어난 것이라고 한다. 다른 소문으로는 나지불라 시대의 비밀경찰의 수장이 저지른 일이라도 한다.

이즈음 카불 주민들은 카불에 대한 포위가 오래갈 것으로 인식하고 있었다. 많은 사람들이 가장 기본적인 재산마저도 이미 다 팔아 버렸고 이제 거의 극빈 상태에 도달하였다. 따라서 탈리반이 카불에 입성하였을 때는 평화가 정착되어 지역 경제가 개선될 것이라고 희망하고 위안하는 분위기가 꽤 퍼져 있었다. 아마 라바니와 마수드는 주민들 사이에 이러한 견해가 있다는 것을 알고 있었을 것이고, 이것이 그들이 카불을 놓고 탈리반과 벌인 최후의 전투에서 싸우지 않기로 결정한 요인이 되었을 것이다. 탈리반에게 붙은 무적이라는 후광은 정부군의 전의를 상실하게 만드는 추가 요인이 되었을 것이다. 정부는 탈리반이 일단 카불을 점거하고 나면 반탈리반 전선이 형성될 것으로 계산한 것이라고 보인다. 실제로 마수드는 이후로 행한 많은 진술에서 이러한 견해를 분명하게 했다.

그렇지만 탈리반은 카불에서 자신들의 장악력을 확고히 하는 데 시간을 들이지 않고 바로 북쪽으로 이동하였다. 며칠 만에 그들은 아프가니스탄의 남과 북을 가르는 경계선인 살랑 고개에서 도스탐의 군대와 마주쳤고, 소련 침공 시에 치열한 저항이 펼쳐졌던 판즈시르 계곡 초입에서는 마수드 군대와 만났다. 탈리반은 도스탐과 평화 협상을 추진하였다. 이에 대해 도스탐과 마수드는 해묵은 적대감을 해소하고 군사 동맹을 형성하는 것으로 응했다. 그리고서는 그 동맹 세력은 탈리반을 카불의 바로 북쪽으로 밀어내는 데 성공하였다. 그리고 그곳에서 교착 상태가 전개되었다.

그러자 탈리반은 아프가니스탄의 북서부 지역에서 새로운 연합 전선을 펼치는 것으로 동맹에 응했다. 1996년 10월 그들은 바드기스 주를 확보하였는데 이곳은 1995년 9월에 탈리반이 헤라트를 점거하자 도스탐이 장악한 곳이다. 바드기스의 동부에서 탈리반과 도스탐 사이에 치열한 전투가 전개되었다. 헤라트 주민들은 이 전투에서 도스탐이 혹 승리할까 매우 염려하고 있었다. 그것은 도스탐의 군대가 전투 중에 약탈과 강간을 하는 것으로 악명이 높았기 때문이다.

탈리반은 칸다하르나 헤라트에서와 마찬가지로 카불에서도 동일한 법령을 반포하였다. 하지만 그것을 강제하는 정도는 이전보다 훨씬 강력하였다. 남자들은 개별적으로가 아니라 반드시 지역의 사원에서 예배를 올려야 하고, 반드시 긴 수염을 길러야 하고, 샬와르 카미즈를 입고 터번을 써야 했고, 여자들은 반드시 부르카를 착용하여야 했다.

헤라트에서 있었던 것과 마찬가지로 경제도 침체하였다. 이것은 이전의 카불 봉쇄 기간 동안 — 탈리반이 권력을 잡기 수주일 전 정부에 입각한 헤크마티야르는 상업 활동에 대한 제한을 완화하였다 — 보다 더 상업 활동에 손쉽게 접근할 수 있도록 하였는데도 일어난 일이고, 또한 탈리반 시기 이후에 칸다하르 경제가 크게 활성화된 일과는 대조되는 일이기도 했다. 탈리반이 정권을 잡은 이후 카불 경제가 악화된 것은 수많은 공무원들이 갑자기 직장에서 쫓겨나거나 정기적으로 급료를 받지 못함으로써 생긴 결과와 무관하지 않을 것이다. 카불 사회를 구성하는 소수의 부유층이 정부를 빼앗기면서 그 땅을 떠나 버리자 이러한 상황은 더욱 악화되었다. 경제의 건전도를 보여 주는 지표인 카불 금융 시장은 탈리반이 권력을 장악한 첫 주 정도에는 긍정적인 반응을 보였으나, 이후로 아프가니(afghani) 가치가 점차 하락하였다. 이어 도스탐이 독자적인 화폐를 발행하였는데 축출된 정부가 발행한 화폐가 시장에 통용됨으로써 극심한 인플레이션과 아프가니의 실질적 몰락이 이어졌다.

경제적인 이유 때문이든 아니면 갈등이 또다시 불거진 것 때문이든 간에 탈리반이 당도한 이후 잘랄라바드와 카불에서 수많은 주민들이 국외로 빠져나갔다. 1996년 9월, 1만 명이 잘랄라바드에서 파키스탄으로 빠져나갔는데 그 가운데 상당수는 정부군의 직접적인 폭격을 피해 달아난 것이다. 그해 10월과 12월 사이에는 탈리반의 강압적 규제와 공포 분위기로 인해 5만에 달하는 주민들이 카불을 떠났다. 새로 발생한 난민을 위한 캠프가 파키스탄의 페샤와르 부근의 나시르바그에 마련되었다. 그들의 탈주는 헤라트에서와 같이 정부를 약화시키는 데 일조하였고 행정에 필요한 숙련 전문인을 고갈시켜 갔다.

탈리반은 카불을 장악한 이후 초기 몇 개월 동안 스스로를 지나치게 확대하는 조짐을 나타냈다. 외부 조직과 외교 사절들은 내부 의사 결정 과정의 성격을 잘 알 수 없음이 드러났다. 앞뒤가 다른 정부의 공개 발언이 있었고 그로 인해 혼선과 긴장이 초래되었다. 거리에서 일부 군인들은 명령 체계가 부재한 상태에서 움직이는 것 같았다.

탈리반은 카불 주민들을 다른 점령 지역의 주민들과는 달리 취급했다. 탈리반은 자신들의 뿌리를 농촌 전통에 두고 있었기 때문에 그들의 눈에는 카불이 타락하고 퇴폐적인 것으로 보일 수밖에 없었다. 군인들이 저지른 많은 사건들을 통해 이러한 태도를 알 수 있는데 이것들은 모두 국제사면위원회(Amnesty International)에 보고되었다. 탈리반 지휘부는 이러한 초기의 과도한 통치를 과오로 인정하였는데 칸다하르에 있는 물라 오마르는 자신의 추종자들에게 '샤리아에 대한 탈리반의 목소리'(Taliban Voice of Shari'a)라는 라디오 방송을 통해 카불 주민들을 좀 더 따뜻하게 대하도록 호소하기도 했다.

아흐메드 샤 마수드가 카불 주민들에게 탈리반에 항거해야 한다고 말하여 카불에서는 또 한 차례 긴장이 형성되었다. 이후 탈리반은 마수드에게 동조하는 자를 찾아내기 위해 가택 수색에 나선 것으로 알려졌고 수많은 주민들이 체포되었다. 이에 대한 기록이 없어 누가 어디서 어떻게 잡혀갔는지는 알 수 없고 이 명백한 실종에 대해 근심만 있을 뿐이다.

카불을 점거한 지 3개월이 지난 후 탈리반은 또 한 번 북부로 진격하였다. 그들은 이번에는 카불과 살랑 고개 사이의 주거 지역을 점거하는 데 성공하였으나 이전에 이 지역을 소개시키면서 발생한 주민들의 봉기 때문에 생긴 여러 문제들을 외면하여 버렸다. 그들이 이 지역을 점령하여 확고한 기반을 다지는 동안 수만 명의 주민들이 난민이 되어 카불로 들어갔다.

1997년이 되면서 북부 지역에서 카불로 들어간 주민의 수는 점차 늘어 20만에 달하였다. 난민들은 대부분 자신과의 싸움에 돌입하였는데 일부는 친척들에 빌붙어 연명하고 일부는 생존을 위해 또 다른 길을 찾아 발버둥쳐야 했다. 유엔난민고등판무관(United Nations High Co-mmissioner for Refugees)은 탈리반 정부에게 난민들이 북부 지역으로 돌아가는 것을 허용해 달라고 호소하였으나 거부당했다. 탈리반은 오로지 전국을 장악하는 것에만 혈안이 되어 있을 뿐이었고 그와 무관한 그 어떤 것에도 위험을 감수하고자 하지 않았다.

1997년 초는 많은 전선이 교착 상태에 들어갔다. 살랑 고개 남쪽으로는 히스브-이-와다트가 버티고 있으면서 탈리반이 시바르 고개를 넘지 못하도록 지키고 있었다. 그리하여 탈리반은 막혀 버린 살랑 고개를 돌아 서쪽으로 그 다음에는 북쪽으로 돌아가는 길을 택할 수밖에 없었다. 동쪽으로는 마수드의 세력이 탈리반을 판즈시르 고개 주변에 묶어두고 있었다. 이 두 지역에서 가장 많은 사상자가 발생한 것으로 알려져 있다. 북서부 아프가니스탄에서는 바드기스 지역의 고르마치에서 탈리반이 도스탐의 영토 내로 진입을 시도함으로써 좀 더 치열한 싸움이 전개되었다. 탈리반은 심지어 이미 점령한 지역에서도 상당한 문제에 봉착하였다. 그것은 난가르하르 지역 슈라의 지도자였다가 축출된 하지 카디르가 파키스탄에서 쿠나르와 난가르하르로 침입하기 위한 운동을 조직하였기 때문이다. 하지 카디르는 파키스탄에서 추방된 5월 14일까지 이 작업을 계속하였다.

교착 상태는 5월 19일에 도스탐의 휘하 사령관 가운데 한 사람이자 바드기스 전선의 동쪽 경계선에 있는 파리야브 주를 통제하던 압둘 말리크가 탈리반으로 옮긴다고 변절 선언을 함으로써 극적으로, 그리고 순식간에 깨져 버렸다. 그는 마자르로 가서 그 지역을 확보하였고 5월 24일 도스탐은 아무런 저항도 하지 못한 채 우즈베키스탄으로 도망가 버렸다. 그리고 다음날 그는 탈리반이 마자르로 입성하는 것을 허용하였다.

탈리반 지휘부는 최고위급 인사들을 신속하게 마자르로 보냄으로써 승리에 화답했다. 탈리반 정부를 아프가니스탄의 합법 정부로 승인할 것을 결정하고 그 사실을 공표한 첫 번째 나라는 파키스탄이었고, 파키스탄은 신속하게 대사를 파견했다. 사우디아라비아와 아랍에미레이트연합이 재빨리 파키스탄의 뒤를 이어 탈리반 정부를 승인하였다.

더 동쪽으로 가면서 쿤두즈, 바글란 그리고 타하르 주에서 탈리반과 연맹을 형성하겠다고 태도를 바꾸는 사령관들이 등장한다는 보고가

잇달아 들어왔다. 어떠한 세력도 그들의 진격을 막거나 전국 패권의 야망을 좌절시키지 못할 것 같았다. 이러한 파죽지세의 형국은 반대 진영의 또 다른 장군 한 사람이 변절을 선언함으로써 굳어졌는데 그는 살랑 고개를 통제하던 마수드 휘하의 사령관이었다. 그는 5월 27일에 탈리반이 고갯마루로 이동하고 살랑 터널을 통과하여 최정상으로 진군할 수 있도록 허용하였다. 이에 군인들은 살랑 고개로 이동하였다. 대열의 후미가 터널에 진입하자 터널 뒤편에 폭발이 일어나면서 군인들이 되돌아오지 못하게 되었다.

이 사건이 발생한 후 이는 음모라고 하는 소문이 즉각 파다하게 퍼졌다. 이 음모론은 사건이 나던 바로 그날 마자르 주민들이 탈리반에 반기를 듦으로써 더욱 확고하게 되었다. 하지만 마자르 사건이 음모인지 아니면 단순한 사고인지는 사실 확실치 않다. 그들은 탈리반과 공동으로 주민들의 무장을 해제하는 일부터 시작하였다. 이는 특별히 도시 내에 있는 히스브-이-와다트 집단의 저항에 대한 공동 대응이었다. 이후 탈리반이 도발자들을 색출하여 처단하기 위해 이 지역에 도착하자 주민들 전체가 한꺼번에 탈리반에 반기를 들고 일어났다. 탈리반은 도착하자마자 상황을 통제하기 위해 도시 전역으로 흩어졌고, 그 이후 한 명씩 처단당했다. 이날 얼마나 많은 탈리반이 살해당했는지는 정확하게 알 수 없다. 다만, 목격자들의 말에 따르면, 도시 전역이 그야말로 무정부 상태였고 살육의 현장이었다고 한다.

탈리반은 엄청난 충격에 휩싸였다. 하지만 당시 살랑 고개 북쪽 측면에 배치되어 있던 군대가 신속하게 진군하여 이스마일이 장악하고 있던 켄잔과 도시(Doshi)와 산업 도시인 풀-이-후므리를 점령하였다. 그들은 바로 마자르에서 살아남은 잔류 세력과 마자르-풀-이-후므리 중간 지역에서 합류하였다. 그렇지만 서쪽으로는 압둘 말리크 세력에게, 남쪽으로는 이스마일 세력에게, 그리고 동쪽으로는 마수드 세력에게 점점 뒤로 밀리고 있었다. 이러한 불리한 형국은 그들이 풀-이-후므리를 탈환하는 6월 11일까지 계속되었다. 남은 탈리반은 북쪽에서 오랫동안 형성된 바글란과 쿤두즈의 파슈툰 주민 품안으로 도망가 버렸다. 그동안 마수드 세력은 살랑 고개의 남쪽 입구에 있는 자발-우스-세라즈를 탈리반에게서 빼앗는 데 성공하였으니 이때가 5월 29일이다. 탈리반은 이에 신속하게 대응하여 맹렬한 반격을 퍼부었으나 반대 세력을 약화시키는 것 이상의 성과는 거둘 수가 없었다.

이러한 상황은 탈리반이 상황의 큰 줄기를 장악할 때까지는 소강 상태에 빠져 있었다. 히스브-이-와다트 세력과의 작은 충돌은 계속되었으나 쿤두즈와 바드기스 지역에서 적군에게서 상당량의 무기를 탈취하였다는 보고가 계속해서 들어오고 있었다. 북부동맹을 구성하는 4대 세력, 즉 압둘 말리크, 마수드, 히스브-이-와다트, 이스마일 일파는 비록 도시 거리의 법과 질서는 유지하지 못했지만 효과적인 정치 군사적 실체로서 응집하는 모습을 보여 주었다.

그 후 7월 20일, 반대파 동맹은 차리카르와 전략적 요충지인 카불 북쪽의 바그람 공군 기지를 확보하는 데 성공하였다. 그후로도 그들의 세력은 계속 확장되었고 탈리반이 북부동맹의 진격을 수도 카불 북쪽 25킬로미터 지점에서 간신히 제어함으로써 평형 상태가 어느 정도 유지되었다. 북부동맹의 군사적 성공은 탈리반으로 하여금 혹시 카불에서 봉기가 일어나지 않을까 노심초사하게 만들었고 탈리반은 반대 세력에 동조할 만한 자들을 발본색원하는 일을 단계별로 끊임없이 추진하였다. 카불 주민의 상당한 부분을 차지하고 있는, 페르시아 어를 쓰는 타지크 족과 하자라 주민들이 탈리반의 체포의 덫을 피해 갈 수 없었다. 하자라 족을 체포한다는 식의 소문이 헤라트에서도 퍼졌는데 이는 이란 군대가 그쪽 국경에서 군사 훈련을 수행한다는 보고에 대한 대응으로 발생한 것이다. 탈리반이 마자르에서 5월에 패주한 뒤부터 대중 처벌이 점점 증가하였는데, 이는 이란이 북부동맹을 군사적으로 후원하는 데 대한 반발로 인한 것이면서 점증하는 갈등의 민족적·종교적 요소와 연결되는 문제이다. 왜냐하면 아프가니스탄의 하자라 족이 시아파로서 탈리반과 오랫동안 갈등 관계에 놓여 있었기 때문이다.

1997년 8월 초부터 북부동맹 안에 균열이 생겼다는 소문이 돌았다. 9월 8일에는 타슈쿠르간의 지역 사령관이 변절한 덕에 탈리반은 쿤두즈를 쉽게 취할 수 있었다. 타슈쿠르간은 마자르에서 풀-이-후므리로 가는 주요 간선 도로 상에 있으며 마자르 공군 기지를 공격하는 데 유리한 지역이었다. 이 사건은 마자르 지역을 장악하던 권력이 몰락하는 것과 일치하며 이로써 압둘 말리크는 떠나고 도시는 다시 히스브-이-와다트, 자미아트 그리고 우즈베크 진영의 친압둘 말리크 세력과 친라시드 도스탐 세력 등으로 분할되었다. 그렇지만 히스브-이-와다트 세력이 군사적 주도권을 장악한 것으로 나타났다. 그들은 인도주의 기구를 습격하여 약탈하기까지 하였다. 도스탐이 터키에서 9월 12일 아프가니스탄에 갑자기 등장했을 때 그가 다시 상황을 반전시킬 수 있을지는 전혀 알 수가 없었다. 그가 마자르 외곽에 있는 세력들을 결집시키는 동안 탈리반은 9월이 끝날 무렵 마자르를 포위하고 있었다. 하지만 북부동맹은 탈리반의 공격을 버틸 수 있었고 북부동맹 내에서 압둘 말리크와 도스탐이 다시 분열하기 전까지는 탈리반을 쿤두즈로 다시 밀어내는 데 성공하였다. 탈리반은 연이은 패배로 매우 초조해졌고 그로 인해 카불과 헤라트의 주민들을 더욱 심하게 옥죄었다. 사람들이 거리로 나오는 것 자체를 점점 더 두려워했기 때문에 결국 경제 활동은 더욱 침체되기에 이르렀다.

1998년 8월 탈리반은 마자르-이-샤리프를 점령하기 위한 시도를 또 한 차례 감행하였는데 이는 북부동맹 내부에 존재하는 균열을 활용하는 위에서 이루어졌다. 마자르를 확보하는 데 성공한 탈리반은 먼저 보도 관제를 실시하였기에 그 안에서 무슨 일이 어떻게 벌어졌는지에 대해서는 전혀 알려지지 않았다. 하지만 유엔난민고등판무관, 국제사면위원회, 인권감시위원회(Human Rights Watch)의 보고서와 이란 정부에서 발행한 기록에 의하면, 1997년 탈리반이 마자르에 입성하였을 때 하자라 족이 반탈리반 봉기를 일으켰고 탈리반은 압둘 말리크의 군대가 2천 명에 달하는 탈리반 포로들을 학살한 것에 대한 보복으로 수천 명의 하자라 족을 살해했다고 한다. 뿐만 아니라 마자르에 있던 이란 외교관 여덟 명과 저널리스트 한 명도 살해하였다. 탈리반은 이어 다음 달에 하자라 족의 근거지인 바미얀으로 진격하였다. 국제사면위원회는 그들에게 하자라 주민들의 안전을 보장해 줄 것을 촉구하였고 이에 대해 탈리반 지도부는 자신의 군대에게 민간인과 포로를 정당하게 대하도록 명령했다고 밝혔으며 자신들은 마자르에서 그러한 행위를 한 적이 없다고 넌지시 주장하였다. 탈리반이 바미얀 지역을 성공리에 장악하는 동안 어떻게 그 지역을 통제하였는가에 대한 보고들이 뒤섞여 있다. 하지만 탈리반과 히스브-이-와다트가 도시 패권을 놓고 벌인 치열한 전쟁 끝에 도시는 산산조각이 나 버렸고 양자가 서로 싸우는 동안 주민에 대한 고려를 애초부터 하지 않았다는 점은 분명하다.

탈리반은 아프가니스탄 북동부의 탈로칸을 점령하는 2000년 9월까지는 아무런 수확도 얻지 못했다. 탈로칸 점령은 17만 명이라는 많은 주민이 난민이 되어 파키스탄으로 이주하고 8만 명이 지역 내에서 이산 자로 전락하는 결과를 가져왔다. 탈리반은 변두리 지역을 확보하기 위해 갖은 애를 썼고 그에 따른 집요한 저항을 맛보기도 했다. 그 가운데는 이미 탈리반의 통제 아래 있던 지역에서조차 반대파들이 새로운 연합 전선을 구축하는 것도 포함된다. 탈리반은 이제 더 이상 아프가니스 탄 내에서 자원병을 징집하기 어렵게 되었고, 결국 반대 세력들이 했던 것처럼 강제 징집에 의지할 수밖에 없었다. 그러자 청년들은 대거 파키 스탄, 이란 혹은 징병을 피할 수 있는 지역으로 도피한 것으로 알려졌 다. 반대 세력들은 탈리반이 파키스탄과 아프가니스탄 그리고 다른 이 슬람 국가들의 마드라사에서 자원 학도병을 대거 모집하였다고 비난하고 있다. 이유야 어찌 되었든 간에, 탈리반이 이끄는 군대가 수많은 전 투에서 반대 세력에게 빼앗겼던 땅을 되찾은 경우에 주민들을 매우 가 혹하게 처리했고 가옥과 시장 등을 모두 불태워 버린 일이 비일비재하 였다. 유엔 사무 총장과 국제사면위원회가 작성한 보고서에 의하면, 이 가운데 특기할 만한 사건으로, 2001년 1월의 중부 아프가니스탄의 야카 울랑에서 히스브-이-와다트에게 빼앗긴 땅을 일시적으로 회복한 후 백 명 이상의 주민을 학살한 사건이 있다. 뿐만 아니라 그들은 소요가 있은 지 몇 개월 후 야카울랑 중심부를 소각시키기도 했다.

2001년 9월 초에 발생한 아흐메드 샤 마수드의 암살은 탈리반이 반 대 세력이 장악하고 있는 북동부의 나머지 지역을 차지하고자 저지른 주요 기획 공격을 알리는 전조였을 것이다. 그러나 테러리스트들이 감 행한 9.11 테러는 탈리반과 그 추종자들의 관심을 좀 더 시급한 문제로 돌리게 하였을 것이다. 이는 전무후무한 선제공격이었다.

5장 탈리반의 신조

서양의 이슬람관(觀)은 십자군 전쟁기에 굳어진 것이다. 그것은 순교의 열정으로 불타올라 십자군의 성채로 질주하는 신성한 전사의 이미지이다. 서양인의 심리에는 이슬람이 거칠고 지각없으며 강압적인 것으로 보이는데, 거기에는 거의 편집증적인 공포가 존재하는 것 같다. 게다가 서양 사회에서 20세기 이후에 여성에 관한 관점이 변하면서 이슬람은 여성을 억압하는 종교라는 관념까지 덤으로 얻었다.

탈소련 시대의 '새로운 세계 질서'에서 이슬람 세계는 줄곧 새로운 공적(公敵)의 역할을 맡고 있다. 적어도 미국의 눈에는 최근까지 이란이 그 상징적인 지도 국가로 보였다. 서양의 언론들은 '이슬람 근본주의자'라는 두루뭉술한 표현으로 무슬림이 테러리스트이고 억압자라는 극단적으로 단순화된 이미지를 조장해 왔다. 나이로비와 다르에스살람의 미국 대사관이 공격받은 이래, 미국 언론들이 어떠한 결정적인 증거도 없이 오사마 빈 라덴이 이 사건과 관련되어 있다고 국제 사회에 보도함으로써 그는 혐오 인물로 부각되었다. 2001년 9월 11일 세계 무역 센터와 미 국방부 건물이 더욱 무시무시한 테러 공격의 목표가 되었을 때 미국 정부는 조사에 착수하기도 전에 오사마 빈 라덴이 배후에 있다고 주장했다. 1995년 오클라호마의 연방 정부 건물이 폭파되었을 때, 미국 정부가 이슬람 테러리스트에게 혐의가 있다고 세계 언론에 첫 보도를 낸 것은 대단히 미숙한 처사였다. 특정 신앙 숭배와 관련된 미국 백인 단체가 이제는 가장 유력한 용의자임에도 미국은 여전히 이슬람을 테러의 배후로 몰아세우고 있다.

따라서 우리는 탈리반에 관해 말할 때, 이런 부정적인 고정관념을 강화하는 함정에 빠지지 않도록 유의하여야 한다. 그런데 그들이 말하고 행한 많은 것들이 이러한 고정관념을 더욱 강화하는 경우에는 문제가 어려워진다. 그들은 대의를 위해 순교를 서슴지 않는 청년들의 전진을 통해 나라의 대부분을 압도하는 신성한 전사로 등장하였다. 그리고 서양의 관점에서나 대부분의 무슬림의 관점에서나 여성을 극도로 억압하는 방식으로 사회에서 격리시키는 행위를 하였다.

그런데도 그들이 아프가니스탄 남부 몇 개 주를 점령하였을 때 주민들에게 환대를 받았고 파키스탄의 난민 캠프에 다른 많은 아프가니스탄 난민들과 함께 등장한 후 얼마 지나지 않아 크게 지지를 받게 되었다. 그리하여 헤라트와 카불에서 그들의 엄격주의적 가치가 받아들여지기 힘들었을 동안에도 주민들에게서 지원자를 충원하는 데 별 어려움이 없었다. 그리고 남부 전역에 걸쳐 부족과 촌락 장로들에게서도 상대적으로 굳건한 지원을 받을 수 있었다. 또한 나라 밖의 많은 아프가니스탄 사람들에게서도 2001년 2월 바미얀의 불상을 파괴하기 전까지는 상당한 동조를 받았다. 그들은 탈리반이 적어도 이전에 있었던 자들보다는 나은 자들이라고 인식했던 것이다. 따라서 그들의 신념과 태도의 기원을 먼저 이해하는 것이 무엇보다 중요하다.

우리는 아마도 이 문제를 종교적이고 정치적인 운동이 도대체 왜 출현하는지에 대한 물음과 기존 질서에 대한 불만이 행위를 촉발시킨다는 일반적 가설을 살펴보는 것에서 출발할 수 있을 것이다. 전형적으로 카리스마적 지도자는 사회의 개선 방향에 대한 전망을 제시함으로써 부상한다. 그의 일련의 원칙들은 추종자들에게 정체성을 부여하며 윤리적 규약을 포함한다. 이슬람과 기독교에서 이러한 원리는 절대자에게서 재가를 받고, 사회주의와 같은 세속적 이념에서 모든 근거는 항상 이론의 교조에서 구할 수 있다. 운동 내부에는 어떻게 신념 체계를 실천에 옮길 것인지, 그리고 이 체계를 불완전할 수밖에 없는 현실 세계에 적용하기 위해서는 어느 정도까지 타협이 가능한가에 대한 관점의 차이가 필연적으로 존재한다.

기독교와 마찬가지로, 이슬람은 명백한 타락에 맞서는 부흥 운동에 포위되어 있다. 그 운동은 신성한 체험에 따라 (이슬람의 경우, 무함마드가) 전하는 근본 원리와의 관계 속에서 권력을 쥔 자들이 수행하고 있다. 그리하여 유럽의 종교 개혁이 가톨릭 교회의 부패와 사치에 대한 대응으로, 청교도적인 개신교 운동으로 나아간 것에 반해, 이 운동들은 이슬람 세계 내에서 정부 측의 부패하고 원칙을 상실한 것으로 보이는 행위에 대한 대응으로 나왔다. 이 운동들은 일반적으로 엄격주의적인 형태를 띠었고 여타 세계에서와 마찬가지로 사회에 관한 새로운 전망을 제시하기 위해 무력에 의존하였다.

또한 급진적이거나 근본주의적인 본성을 지닌 종교 운동과 주요한 사회적 위기 사이의 관계를 살펴볼 필요가 있다. 기독교 부흥 운동이나 이슬람 부흥 운동은 만성적인 사회적 갈등에 시달리는 나라들 ─ 인도주의적 원조 기구 내에서 복잡한 위기 상황에 직면해 있다고 자주 지적되는 나라들 ——에서 창출되는 법이다. 그것은 완전한 종교적 진리로 돌아가 종교적 믿음을 약화시키는 것으로 보이는 어떠한 영향력도 발본색원하려는 노력을 경주한다.

이것은 혼란에 대한 대응, 사회를 포괄하는 강고한 틀을 구축하려는 시도, 즉 잠재하는 파괴적 힘으로부터 사회가 점차 제압당해 가는 과정을 저지해 보려는 단호한 노력이라고 할 수 있다. 따라서 혼란되거나 압도적인 세계라고 느끼는, 확실히 통제된 환경을 제공하기 위해 그 추종자들에게 복장과 예절에 대한 매우 세부적인 규범을 부과한다. 이에 해당하는 예들이 형성기에 있던 기독교와 이슬람교 모두에 있다. 여러 가지 신앙 집단이 성장하는 것은 그러한 대응의 하나이다.

종교 운동의 지도자들에게 가장 두려운 것은 그들이 속한 사회가 종교적 믿음을 상실한 채 세속의 물결에 빠져드는 것이다. 서양이 세계 무대에서 지배적인 역할을 하기 시작한 후, 특히 지난 몇 세기 동안, 이슬람 세계에서 이러한 두려움은 현실로 다가왔다. 이는 이슬람 세계의 종교학자나 지식인들로 하여금 왜 서양이 다른 세계를 지배하게 되었으며 이와 관련하여 이슬람이 새로운 환경에 적응하기 위해서 어떻게 변화해야 할 것인지를 성찰하도록 자극하였다.

그 가운데 일부는 이슬람 세계가 서양에 비해 우월하다는 관점을 고수하면서도 서양 사회에서 최상의 것으로 보이는 것들을 받아들이려고 노력해야 한다고 주장해 왔다. 반면, 다른 이들은 이슬람 세계가 서양과 비교하여 강력해지기 위해서는 근대화를 이룩하고 새로이 직면한 환경에 적응하여야 한다고 생각했다. 그러나 또 다른 이들은 서양적 가치에 대한 어떠한 종류의 적응도 거부하며 동시에 서양에서의 모든 영향을 제거하고 이슬람의 핵심 요소로 되돌아가는 것을 추구하였다. 이러한 운동들은 서양이 이슬람 세계에 대해 항상 고정관념으로 묘사하는 것과 그대로 대응되는 방식으로 서양을 묘사하는 경향을 보였다.

따라서 이슬람 세계와 관련한 서양의 부정적인 고정관념은 결국 급진적인 이슬람 운동이 서양에 대해 부정적인 고정관념을 갖도록 부추겼다. 이것은 다시 서양에서 만들어진 고정관념을 더욱 강화했다. 이러한 과정이 낳은 흥미로운 결과는 프랑스에서 발견되는데, 그곳에서는 무슬림 주민들이 경험한 불이익과 소외에 대한 대응으로 급진파 이슬람이 성장하였다. 그러자 종교적 표현의 자유와 특히 프랑스 거주 무슬림 여성의 얼굴 가리개 착용에 도전하는 자들이 세속적 가치를 열렬히 수호하려는 움직임을 만들어 냈다. 세속주의는 이처럼 급진적 종교의 경우와 같이 열병을 수반한다.

몇 세기 동안 이슬람 학자들은 무함마드 시대에 예상하지 못했고 초기 학자들이 가르쳐 준 바 없는 상황들에 어떻게 대처할 것인가에 관해 심도 있는 논의를 진행해 왔다. 각 세대의 학자들은 쿠란과 하디스, 선지자들의 말씀과 행전에 그 추종자들이 전해 준 바에 의지하여 전대미문의 현실에 적용할 수 있을 새로운 원칙들을 제정하여 왔다.

시간이 흐르면서 이슬람, 즉 샤리아법을 연구하는 학파가 넷으로 발전하였는데 그 가운데 일부는 쿠란과 하디스 해석에서 철저한 비타협적 노선을 취하였다. 신과의 개인적 관계를 절실히 요구하는 흐름에 대한 반작용으로 수피파의 영성에 기초하는 새로운 운동들이 생겨났다. 이들은 각자의 고유한 이념을 창출해 냈다. 이슬람 또한 그 팽창기에 이슬람을 둘러싼 문화의 여러 요소를 수용한 바 있었다. 터키에서 아프가니스탄에 이르기까지 탈리반이 여성들에게 입히려는, 온몸을 감싸는 복장인 부르카의 도입이 그 좋은 예이다. 그 결과로 이슬람 세계 내에서는, 상대적으로 자유주의 쪽에 속한 이집트나 요르단 사회부터 더욱 엄격주의적인 사우디아라비아 사회에 이르기까지, 쿠란과 하디스에 대해 무척 다양한 방법으로 대응을 시도한 바 있다. 이러한 맥락에서 탈리반은 그 스펙트럼에서 엄격주의의 한 극단으로 볼 수 있다. 그것은 아프가니스탄과 광범한 이슬람 세계에서 일어났던 초기 이슬람 운동과 유사하다(6장 참조).

그 운동의 목표는 아랍 어 잡지인 『알-마잘라』(Al-Majallah: 잡지라는 뜻 — 옮긴이)의 1996년 10월 23일자 기사인 탈리반 대변인 물라 와킬 아흐메드와의 인터뷰에 잘 요약되어 있다. 탈리반 운동이 어떻게, 왜 시작되었는가에 관한 물음에 대해서 그는 다음과 같이 대답하고 있다.

무자히딘 당들이 1992년 권력을 잡은 이후 아프가니스탄 인민들은 나라에 평화가 정착될 것이라고 생각했다. 그러나 지도자들은 카불에서 권력 투쟁을 시작했다. 특히 칸다하르에서 일부 지역 지도자들은 무장 범죄단을 형성하여 서로 싸우기 바빴다. 부패와 절도가 횡행했고 도처에 바리케이드가 설치되었다. 여성들은 공격받고, 강간당하고, 죽어 나갔다. 그래서 이러한 일이 자행된 후에 한 종교 학교의 학생 단체 하나가 칸다하르 주의 주민들의 고통을 덜어 주기 위하여 이 지도자들에 맞서 봉기할 것을 결의하였다. 우리는 칸다하르에 당도하기 전에 몇몇 주요 지역을 제압할 수 있었고 이전의 지도자들은 결국 도주하였다.

이는 그들이 대중들에게 호소하는 핵심 내용이다. 소련의 지지를 받던 정부가 1992년 4월 무너졌을 때 폭넓은 지지를 받는 이슬람 정부가 설립되어 14년 동안의 갈등을 끝내고 종국에 평화가 올 것이라는 큰 기대가 있었다. 그런데도 무자히딘 당들은 내부에서 혹은 마자르 주변의 북 중부 지역을 지배하던 군벌인 라시드 도스탐과 권력 분점에 합의하지 못했다. 더욱이 그들은 출구를 찾기 위한 방책으로 폭력에 호소하여 카 불 주민들을 4년 동안 포위한 채 로켓과 포탄을 퍼부었다. 그리고 이 기 간 동안 칸다하르에서는 무자히딘 정당들이 권력 다툼에만 몰두함으로 써 극도의 무정부 상태가 초래되었다. 남부 아프가니스탄의 농촌 지역 에서도 각 당이 지역의 지배권을 서로 차지하기 위해서 다툼으로써 유 사한 혼란이 발생하였다. 상인들은 바리케이드를 지나갈 때마다 각기 다른 무자히딘 단체에게 통행료를 지불해야 했고 항시 노상강도의 위협 을 감수해야 했다. 그러나 헤라트와 마자르 그리고 북동부는 1992년 이 후 평온을 유지하고 있었다. 이 지역에서 탈리반이 자신들을 해방자라 고 호소하는 것이 큰 반향을 얻지 못함은 이런 연유에서이다.

탈리반의 목표는 오직 아프가니스탄의 정화였다. 탈리반이 특정 이 슬람 노선을 아프가니스탄 경계 너머로까지 확장시키려 했다는 조짐은 최소한 그 지도자들 사이에서는 발견할 수 없었다. 이러한 주장은 칸다 하르에 있는 탈리반 연락 사무국에서 확실하게 입증된다. 인용된 바에 따르면 물라 오마르는 그의 주요 목표가 아프가니스탄에서 '부패한 서 구 지향적 기회주의자들'을 제거하는 것이라고 말했다. 그는 외교 관계 는 나중에 '국내 사안이 다 해결되었을 때' 다루어지리라는 말을 덧붙 였다.

탈리반의 신조에 대해 더 명확히 알려 주는 것은 1996년 11월 5일 '샤리아에 대한 탈리반의 목소리' 방송이었다.

인민 대중에게서 탄생한 탈리반은 동포들이 고통과 압제에서 벗어나

완전한 평화와 안전을 전국적으로 보장받도록 하기 위하여 투쟁을 시작하였다. 이를 위해서 무기를 모으고 나라 곳곳에서 봉건 권력을 청산하고 아프가니스탄에 강력한 이슬람 정부를 수립하였다.

물라 아미르 칸 모타키는 탈리반의 문화공보부 장관으로서 1996년 11월 15일 금요 기도회의 강론에서 이 신조에 대하여 다음과 같이 피력한다.

이슬람 정부의 체제 내에서는 어떠한 잔학 행위나 억압, 만행 또는 이기적인 행태도 더 이상 존재하지 않는다. 대신에 숭고한 무함마드의, 신의 평화와 가호가 그분께 있기를 기원하오니, 샤리아법이 말로나 행동으로나 지켜지고 완수되는 것만 있을 뿐이다. 탈리반 이슬람 운동의 지도를 받는 아프가니스탄의 이슬람 국가는 신의 율법과 장엄하고 신성한 쿠란의 지침에 따라 설교한 모든 것을 실천한다. 이슬람 국가가 취한 모든 행보는 샤리아와 일치하며 일단 말로 표현된 것은 무엇이든 실천으로 옮겨진다.

탈리반이 1994년 10월 칸다하르에서 권력을 장악하였을 때 탈리반 신조의 중심은 이처럼 1992년 4월 이래 정부를 이끌어 왔던 무자히딘 당들의 지배에서 아프가니스탄을 해방하고 샤리아의 율법에 기초한 이슬람 국가를 설립하는 것이었다. 탈리반은, 그 정부의 지도자들이 오랫동안 이슬람 운동에 가담하여 이슬람 국가를 세우는 데는 일정 부분 기여했는지 모르지만 축출된 정부가 이슬람 국가로서 마땅한 기준을 지키는 데 실패했다고 보았다. 그러므로 그 정부는 이제 철저한 순수성을 간직한 이슬람 국가를 세우려는 자신들의 운동에 의해 대체되는 것이 정당하다고 보았다.

탈리반의 정책에 대해 서양과 여타 이슬람 세계 모두가 보인 국제적 반응은 부분적으로는 샤리아의 율법에 따른 특정한 처벌 규정, 즉 후두드(Hudud)에 대한 반작용으로 인한 것이다. 후두드는 간통을 저지른 여성에게 돌을 던지고, 절도범의 신체를 절단하는 등의 내용을 포함하고 있다. 이러한 처벌 형식을 과연 시행해야 할 것인지 그리고 어떠한 안전장치를 마련할 것인지에 관해 이슬람의 역사를 통해 이슬람 학자들 사이에서 맹렬한 논쟁이 있었다. 사우디아라비아나 수단 같은 몇몇 나라들에서는 이 법이 시행되었다. 이집트 같은 나라들은 반대했다. 아프가니스탄의 탈리반 통치 지역 내에서는 이 법을 시행하는 정당성을 외무 장관 서리 쉐르 무함마드 스타나크자이가 11월 20일 라디오 방송 '샤리아에 대한 탈리반의 목소리'에 나와 다음과 같이 밝혔다.

샤리아 후두드를 실시함으로써 우리는 헤라트에서 잘랄라바드와 카불에 이르는 곳의 주민 수백만 명의 목숨과 재산을 지켜 주었다. 누구도 절도나 범죄를 자행할 수 없다. 우리가 이 법을 만든 것이 아니다. 이것은 신이 무함마드에게 계시해 준 율법이다. 이 법의 시행이 인권에 반한다고 생각하는 사람은 무슬림과 그들의 신앙을 욕보이는 것이다.

탈리반의 정책은 또한 여성과 남성의 복장과 예절에 대해 특별히 세부적이고 까다로운 제한을 둠으로써 논쟁을 야기하였다. 1996년 12월 6일 선행증진악행방지부는 그 전날 샤리아에 따라 복장에 관한 준칙을 위반한 225명의 여성을 처벌했다고 발표했다. 그것은 다음과 같다.

무슬림 여성의 위엄과 명예는 샤리아가 요구하는 히잡(hejab: 사회에서의 격리)을 준수함으로써 확보되기에, 우리는 모든 영예로운 자매들이 샤리아에 의해 권고된 히잡을 철저히 준수할 것을 강력히 요구한다. 이는 오직 우리의 소중한 자매들이 부르카를 입음으로써만 달성될 수 있다. 왜냐하면 완전한 히잡은 차도르(chador: 신체를 감싸고 머리를 덮으나 얼굴은 착용자의 자유에 따라 전체 또는 일부를 개방하게 하는 큰 천)를 쓰는 것만으로는 불충분하기 때문이다. 이를 위반할 시에는 어느 누구도 항소할 권한이 없다.

남성 또한 엄격한 복장 규정에 따라 서양식 복장을 피하고 면도를 금지할 것을 요구하였다. 1996년 12월 5일 선행증진악행방지부는 하디스를 인용하면서 다음과 같이 말했다.

선지자 무함마드께서, 그분께 평화를 있기를 기원하노니, 턱수염을 일생 동안 자르지 않으셨던 만큼 모든 공무원이 진정한 무슬림으로 인정받기 위해 선지자의 고결한 하디스대로 한 달 반 안에 턱수염을 길러야 한다.

무슬림 남성은 하루에 다섯 번 기도를 하되 원칙적으로는 이슬람 사원에서 해야 한다는 요구 사항은 좀 더 높은 강도의 종교적 율법 준수를 공고하게 하려는 탈리반의 뜻과 일치하였다. 개인적 예배 행위도 널리 이루어져 왔지만, 전통적으로 집단적 예배 행위가 개인적 예배 행위보다 선호되어 왔다. 음악과 놀이 행위 금지, 사람이나 동물의 형태로 뭔가를 표현하는 행위의 금지 또한 이슬람 신조에 대한 보수적인 해석에서 영감을 받은 것이다.

카불 주민은 특정 태도를 교정할 필요가 있는 사람들로 지목된 것 같다. 탈리반은 권력의 토대를 농촌 지역 그리고 더 보수적인 남부 아프가니스탄에 두고 있었기 때문에 카불을 기껏해야 자유주의가 판치는 곳이거나 나쁘게 말해서 퇴폐의 온상으로 보았다. 그들이 느끼기에는, 카불은 또한 아프가니스탄을 황폐화시킨 사회주의와 이슬람 운동의 근원지로도 보였다. 이 도시는 소련의 동조자들이 유입한 세속적 태도로 오염되어 있는 것으로 여겨졌던 것이다. 탈리반은 카불 주민들이 외래 문화나 이념의 모든 자취들을 포기하도록 하는 것을 정화의 사명의 일부로 삼기도 했다. 그러나 소련 점령 시기나 무자히딘 정권이 수립된 이래 카불 사회에는 더 자유롭고 풍요로운 기풍이 생겼기 때문에 탈리반은 원래의 모습으로 남아 있는 상대적으로 덜 교육받고 빈곤한 주민들에게 자신의 전망을 각인시키려고 노력하였다. 물라 오마르는 12월 5일 '샤리아에 대한 탈리반의 목소리' 방송에서 이에 관해 다음과 같이 분명히 피력하였다.

아미르 알-무미닌이신 물라 무함마드 오마르 무자히드 각하께서 카불의 관리들과 모든 여타 탈리반에게 하달하시는 말씀이다. 수년 동안 고통에 시달린 카불 주민들이 안전하게 살 수 있는 여건을 만들라. 어떠한 종류의 …… 탈선도 자제하라. 네 모든 행동이 샤리아와 일치하여야 한다. 그래야 너는 전능하신 신의 도움과 무슬림 국가의 협력을 얻을 수 있다.

따라서 카불과 헤라트에서의 탈리반 정책은 주민들이 대부분 자신의 희망에 따라 외부의 개입을 거의 받지 않은 채 떨어져 살고 있는 농촌 지역과는 아주 다르게 나타난다. 도시 지역은 반대 세력의 동조자들을 숨겨 줄 수 있다는 염려 때문에 이목이 집중되어 왔다. 그래서 주민들을 무장 해제하려는 노력이 특별하고도 철저하게 행해졌고 그에 따라 많은 사람들이 체포되었다.

군사적 과제인, 전국을 탈리반의 통제 아래 둔다는 목표가 무엇보다도 가장 중요한 것이었고 이는 예절과 복장에 대한 강제 규정을 수반하였다. 여성의 교육 기회와 고용의 문제를 제기하려는 모든 시도는 그리 시급한 문제가 아니라서 아프가니스탄의 정복이 성공적으로 마무리될 때까지 기다려야 한다는 것이 유일한 답이다.

그러나 강조되어야 할 점은 탈리반 내부에도 성의 문제나 서양과의 관계에 관한 문제를 비롯한 여러 가지 이슈들에 관해 서로 다른 입장이 있다는 사실이다. 사실 어떠한 급진 운동일지라도 그 안에는 보통 강경 노선에서 상대적으로 중도적인 노선까지 스펙트럼이 있는 것이 보통이다. 비록 탈리반 운동이 기본 신조에 관하여 강력한 통일성을 가지고 있기는 하지만 외부 세계와의 교류 과정을 특별히 복잡하게 만드는 접근에 관해 서로 일치하지 않은 점들이 존재하는 것이 사실이다. 탈리반의 관리들은 근무지를 여기저기 자주 옮기는 제도를 실시하고 있는데 이는 특정 지역이 권력의 근거지로 성장하는 것을 예방하기 위해서이다. 그런데 이로 인해 각 개인은 지방의 상황에 대해 서로 다른 해석을 하게 되고 그에 따라 주민들에게 장기적으로 봉사하기가 어렵기도 하였다.

또한 탈리반 지도부 내부의 의사 결정 과정에서도 애매한 점이 상당히 나타난다. 특히 칸다하르와 카불의 탈리반의 경우가 그렇다. 탈리반 대변인 물라 와킬 아흐메드는 탈리반 운동 내부의 의사 결정 과정에 대한 10월 23일 아랍 어 잡지 『알-마잘라』와의 인터뷰에서 다음과 같이 대답한다.

> 의사 결정은 아미르 알-무미닌의 조언에 기초한다. 우리에게 자문은
> 필요치 않다. 우리는 이것이 순나(Sunnah: 쿠란, 하디스 및 예언자와 정
> 통 칼리프들의 선례에 바탕을 두고 있는 관행—옮긴이)와 일치한다고 믿
> 는다. 우리는 아미르의 견해를 따른다. 그가 그만의 견해를 갖고 있다
> 고 해도 그렇다. …… 국가의 수장은 있을 수 없다. 대신에 하나의 아
> 미르 알-무미닌이 존재한다. 물라 무함마드 오마르가 최상의 권위를
> 지니게 될 것이고 정부는 그가 동의하지 않는 한 어떠한 결정도 수행할
> 수 없다. …… 보통 선거는 샤리아와는 양립될 수 없기에 우리는 그것
> 을 거부한다. 대신 우리는 일정한 조건을 채우는 고명한 학자들의 의견
> 을 듣는다.

따라서 물라 오마르는 운동의 상징적 지도자로서 그리고 최종의 의사
결정자로서 중요한 역할을 맡고 있다. 그러나 그가 결정을 내리는 데 전
통적인 합의 도출 방식에 크게 의존한다는 점은 분명하다. 행정 평의회
내의 주요 인사들이 결집된 칸다하르의 슈라는 거의 합의제로 운영되고
있다. 이와 유사하게 탈리반은 촌락 수준에서의 적합한 정책 결정 기구
로서 농촌의 장로와 다른 명망가 들로 이루어진 지르가를 확실하게 보
장했다. 이로써 탈리반은 소련과 무자히딘 시절의 당원 자격이나 군사
권력을 기반으로 하여 정책 결정에 참여하는 것을 거부하였다. 지르가
또한 합의에 기초하고 있었고 효율성을 인정받으면서 재가동되었다. 따
라서 실제로 탈리반이 시골에서 활동하는 동안, 주민들의 현안을 맡아
처리한 것은 지르가이다. 탈리반은 또한 울레마의 의견에 크게 의지했
다. 이슬람의 가르침에 따라 소녀들에 대한 최상의 교육 방법을 고안하

도록 요구받은 것은 울레마이고 2001년 9월 11일의 사건 이후 오사마 빈 라덴을 미국에 넘겨야 할지를 결정하기 위해 탈리반 지도자를 호출한 것도 울레마였다.

탈리반의 신념 체계를 이해하는 데 가장 어려운 점 가운데 하나는 그들이 어느 정도까지 남부 아프가니스탄의 파슈툰 사회의 관행에 의존하고 있느냐는 것이다. 그 관행은 인도아대륙과 더 넓은 이슬람 세계에서 나타나는 여러 종류의 사고방식들과는 배치되는 것들이다. 아프가니스탄의 체제와 이란, 수단과 같은 다른 이슬람 국가의 체제들 간의 차이가 무엇인지에 대해 질문을 하면 물라 오마르는 다음과 같은 대답을 반복한다. "우리는 다른 나라 정부에 개의치 않는다. 우리는 그 나라의 체제에 대한 충분한 정보를 갖고 있지도 못하다." 그럴 수도 있을 것이다. 그러나 어떠한 존재도 주변에서의 많은 영향을 완전히 무시할 수만은 없다는 사실을 간과해서는 안 된다. 탈리반의 사고는, 의식적이건 무의식적이건 간에, 지난 수십 년 동안 급진파 이슬람을 특징지은 다양한 사고의 흐름을 흡수했을 것이다. 따라서 그들의 사고가 심사숙고 끝에 나온 것이라는 점은 인정하지만 무슬림형제단, 와하브주의자, 리비아 혁명, 이란 혁명 등 근래에 일어난 다른 주요 운동들과의 유사점 및 비교점을 찾아보는 것 또한 가치가 있을 것이다. 이에 대해서는 다음 장에서 살펴볼 것이다.

6장 초기 이슬람 운동

이슬람 세계의 다양한 운동들을 고찰할 때 그것에 쉽게 딱지를 붙이는 행동은 위험하다. 언론은 조금만 급진적 형식을 취하는 운동까지도 모두 뭉뚱그려 '이슬람 근본주의'라는 용어를 빈번히 사용한다. 분명히 특정한 사회적 위기에 대응하는 이슬람과 기독교 모두의 근본주의 운동의 성장에 관한 글들은 많이 씌어졌다. 그러나 '이슬람 근본주의'라는 용어는 경멸적인 의미로 자주 쓰였다. 세계 각지에서 과격 집단들이 벌인 난폭한 행동들은 은연중에 모든 무슬림을 극단주의자로 낙인찍는 예로 거론되곤 했다.

탈리반은 여러 영향들을 받은 것이기에 탈리반에게 어떤 특정한 꼬리표를 붙이는 함정에 빠지지 않는 것이 중요하다. 대신 이 장에서는 그보다는 탈리반 신조의 기원을 탐색하는 데 주력할 것이며 운동을 지나치게 단순화하지 않고 그것의 복잡성을 강조할 것이다. 이 장은 먼저 20세기에 걸쳐 이집트, 사우디아라비아, 리비아 그리고 이란에 뿌리를 내렸던 운동들과의 공통점에 초점을 맞추고자 한다.

5장에서 언급되었듯이, 지난 세기 동안 이슬람 세계 내에서 논의의 주요 주제 가운데 하나는 과연 이슬람이, 지배적인 서양 문화에 어느 정도로 적응해야 할 것인지에 관한 것이었다. 이슬람 국가의 정부들은 서양 친화적 조류를 비판하는 국내 급진 운동의 공세가 점차 가열되고 있다고 의식하였다. 그러한 운동은 가장 빈곤한 사회 계층에게 호감을 얻었는데, 이들은 나라 안의 특권 엘리트층이 향유하는 부와 서양인들의 풍요로운 생활 방식에 자신들은 접근할 수 없음을 민감하게 의식하고 있었다. 이처럼 급진주의 이슬람은 상대적 위화감으로 인한 사회적 갈등에 대한 대응이었다.

그러한 운동 가운데 하나로 영향력이 매우 컸던 것이 무슬림형제단이다. 1928년 이집트에서 생겨난 이 운동은 본래 청년 운동으로서 청년 대중이 당시 힘을 얻고 있던 세속적, 자유주의적 이념들, 특히 그 가운데 관심을 끌던 맑스주의에 맞설 수 있도록 했다. 형제단 지도자들은 이집트에서 불의와 퇴폐를 목도하며 분노하였다. 형제단은 대중 운동으로 급속히 성장하면서 여러 지부를 갖춘 네트워크로 발전했다. 이들 각 지부에는 이슬람 사원과 학교 및 편의 시설을 갖춘 센터가 있었다. 학교에서는 성전에 대비하여 학생들에게 종교 교육 및 체육 교육을 시켰는데, 군사 훈련도 물론 포함되어 있었다. 이들의 궁극적인 목표는 이집트를 영국의 지배에서 해방하고 '이슬람의 고국'을 서양의 영향력에서 보호하는 것이었다.

형제단은 사회 정의 실현에 대한 강한 의지를 내보였다. 이는 농촌과 도시의 이웃들 속에서 사회적 원조 조직을 꾸려 냄으로서 구체적인 형태를 띠었다. 그것은 또한 이슬람이 신도들의 정치, 경제, 사회, 문화적 삶의 모든 면을 정당하게 포괄할 수 있다는 것을 알려 준다는 점에서

의미가 있다. 1929년 형제단은 다음과 말했다.

a) 이슬람은 포괄적인 자기 발달의 체계이다. 그것은 삶의 모든 영역에
서 궁극적인 길이다.

b) 이슬람은 두 가지 근본 원천에서 나왔고 그에 기초하고 있다. 그것
은 쿠란과 선지자들의 전통이다.

c) 이슬람은 모든 시대와 장소에 적용될 수 있다.

추가 진술에 따르면 '이슬람 고국'은 '자유로운 이슬람 정부, 이슬람 원
리의 실행, 이슬람적 사회 체제의 적용, 이슬람의 강고한 근본 원리들을
깊이 탐구해 그 지혜를 인민들에게 전달함'을 통해 이롭게 된다. 이 운
동은 다음의 슬로건을 채택했다. '쿠란은 우리의 헌법이다. 선지자는
우리의 인도자다. 알라의 영광을 위한 죽음은 우리의 최대 희망이다.'

무슬림형제단의 대표적 이론가의 하나로는 무함마드 가잘리를 들
수 있다. 가잘리는 1948년 출간된 그의 책 『지혜로운 우리의 시작』(Our
Beginning in Wisdom)에서 샤리아가 사회, 정치, 경제 등 삶의 모든
면에서 법의 원천이 되어야 한다고 주장했다. 또 다른 이론가인 사이드
쿠트브는 1950년대 초에 작성한 글에서 이전의 사고를 더 발전시켜 범
이슬람의 개념, 즉 신도들의 민족적 경계를 넘어선 국제 공동체(움마
umma)의 관념을 증진시킬 것을 주창하였다. 그는 이집트의 그라말 압
둘 나세르 정부에 의해 1965년 폭동 교사 혐의로 결국 사형에 처해졌는
데, 법정에서 재판부를 다음과 같이 반박했다. "이념과 신앙의 유대는
땅에 기반을 둔 애국심의 유대보다 더 강하다. 무슬림 사이를 땅으로 구
분하는 것은 잘못이다. 그것은 기독교도나 시온주의자들이 몰고 온, 없

애야 마땅할 제국주의의 표현일 뿐이다."

사이드 쿠트브는 무슬림은 신도로서의 자격에 합당하지 않다고 간주되는 행위를 하는 사람에 대해 혹은 그의 재산에 대해 공격할 수 있는 권리를 이슬람에게 부여받았다는 중요한 원리를 전개하기도 했다. 이러한 관념은 지하드를 권력에 저항하기 위한 것으로 활용하는 것을 정당화했다. 1981년 이집트 대통령 안와르 사다트의 암살은 이러한 이념적 노선이 빚은 직접적인 결과였다. 암살을 수행한 조직 무나자마트 알-지하드(Munazzamat Al-Jihad: 성전 조직이라는 뜻 — 옮긴이)는 사다트가 이스라엘과 평화 협정을 맺은 것, 그리고 이집트의 현행법이 샤리아와 양립 불가능하며 독실한 무슬림들을 고통에 빠뜨렸다는 것을 근거로 암살을 정당화했다. 암살에 앞서 알-지하드의 지도자는 사다트가 불신도(unbeliever)이기에 암살이 정당하다고 하는 율법적 판결을 내렸다. 알-지하드의 행동에 대한 이념적 토대는 무함마드 압둘 살람 파라즈가 기초했다. 그것은 모든 진정한 무슬림은 자신의 신념에 따라 이슬람 움마 공동체를 부활시키기 위한 투쟁을 수행할 의무가 있으며 샤리아를 저버린 무슬림 집단이나 지도자는 배교자라는 이념이었다. 무장 투쟁이야말로 유일하게 수용할 수 있는 지하드의 형식으로 인식되었다. 내부의 불신도를 먼저 처리해야 했고 외부의 불신도는 그 다음이었다. 이슬람 움마 공동체의 주도권은 신도 가운데 믿음이 가장 강한 자에게 주어졌는데, 그도 역시 알라를 두려워하는 자였다. 그는 집단적으로 선출되는데 선출된 다음에는 복종해야만 했다.

우리는 여기에서 탈리반의 신조와 몇 가지 유사한 점을 발견할 수 있다. 우선, 이슬람이라는 것이 단순히 개인적 신앙을 위한 토대가 아니라는 점인데, 이슬람은 개인의 행위와 개인이 사회 및 국가와 맺는 관계를 포함하는 사회의 모든 면을 포괄하는 체계라는 그들의 말과 행동에서 잘 나타나고 있다. 따라서 국가는 세속적 존재이고, 종교는 사적 영역에 맡겨진다는 것은 논의 대상에도 들어가지 못한다. 국가란 사회가 신봉하는 이슬람적 가치의 집단적 체현으로 간주되고, 국가의 지속은 시민들이 이러한 이슬람의 가치들을 지지하고 지켜 내는 데 달려 있다.

또 다른 중요한 유사점은 이슬람을 완전한 순수 상태로 지켜 내지 못한 것으로 간주된 기존의 이슬람 정권에 무기를 들고 맞설 수 있는 권리이다. 따라서 이슬람교도임을 공언했던 안와르 사다트를 암살한 것은 그가 무슬림의 이해관계에 배치되게 행동했다는 사실에 근거를 두고 있다. 이는 이슬람 정부라고 공언했을지라도 이슬람적 가치를 위반한 것으로 간주되는 정권을 지하드를 통해 전복한다는 확실한 선례가 되었다. 라바니, 마수드, 헤크마티야르가 이슬람 정당을 이끌어 나갔고 특히 라바니는 이슬람 신학을 가르치기까지 했지만, 그들이 통합된 이슬람 정권을 창출하지 못하자 탈리반은 그들에 대해 군사 행동을 하는 것이 정당하다고 인식하게 된 것이다. 이슬람에 대해 충성을 다짐했는데도 나지불라가 소련의 세속적 가치를 인정했다고 암살한 것은 이러한 원리에 반드시 일치하는 것은 아니다.

샤리아 율법에 대한 무조건적인 의존은 무슬림형제단과의 유사점 비교의 측면에서 더욱 중요한 요소이다. 탈리반의 샤리아 율법 해석이 무슬림형제단의 해석과 꽤 다르기는 하지만 국가와 개인 양자의 행위를 인도하는 것이 법전이라는 사고는 분명히 유사하다.

무슬림형제단의 이념과 탈리반의 신조에서 지도자를 집단적으로 선출하고 복종의 필요성을 강조하는 것도 흥미로운 점이다. 우리는 가톨릭 교회에서도 비슷한 과정이 진행됨을 쉽게 알 수 있다. 교황은 추기

경회에서 선출되고 그 후 무오류성을 인정받는다. 물라 오마르는 슈라를 통치하는 데 책임을 지지만 그의 곁에는 무오류의 신성이 자리한다. 슈라는 많은 점에서 볼 때 종교 학자들을 받아들인 추기경회와 비견될 만하다.

탈리반을 따르는 청년들이 무슬림형제단에 가담한 청년들과 같은 동기를 지녔는지에 대해서는 단언하기 어렵다. 탈리반 군인들은 상대적으로 교육을 받지 못한 사람들이지만, 그들이 탈리반 군에 입대한 것은 그들에게 주어진 여러 가지 불리한 조건들 때문이 아니고 권력을 두고 일어난 갈등 때문이었다. 그러나 파키스탄의 난민 캠프에서 탈리반에 충원된 자들은 그들이 접촉했던 원조 기구나 가까운 도시를 방문했을 때 접한 텔레비전 영상을 통해 서양의 상대적인 풍요로움에 노출되어 있었다. 그들은 또한 난민 캠프에서 식량을 분배할 때 부패가 있다는 사실 또한 알고 있었다. 그들은 난민 캠프에 있는 무자히딘 당에서 군사 교육도 받았고, 난민 캠프 안에 있는 마드라사에서는 기초적인 이슬람 교육도 받았다. 일부는 이미 특정한 무자히딘 당을 위해 싸운 경험도 있을 것이다. 그런데 난민 캠프에서 그냥 그렇게 보낸 수년의 시간들로 인해 정체성 의식이 약화되었고, 그로 인해 좀 더 확실한 길을 제시하는 탈리반 운동에 쉽게 빠져들 수 있었을 것이다.

이미 언급했듯이, 탈리반이 처음 권력을 잡았을 때 그들의 신조에는 범이슬람과 같은 발상은 전혀 없었다. 만약 있었다면 상대적 순수성을 토대로 한 여타 이슬람 운동과의 경쟁이 있었다. 그들의 접근법에는 또한 강한 민족주의적 요소가 있었다. 아프가니스탄으로 알려진 지리적 단위를 지배하는 것이 그들에게는 중요한 초점이었고 북부에서의 위협을 단호히 부정하면서 그들의 신조를 중앙아시아의 무슬림에게 전파할 것을 회구하였다. 그들이 집착했던 정복, 즉 그들의 말로 하자면 아프가니스탄의 해방이라고 하는 것에는 아픈 환자를 낫게 한다는 바람이 있었던 것 같았다. 즉, 침략과 내전의 희생자에게 극단의 조치를 취하지 않으면 병세가 급속히 악화될 위험에 처해진다는 것이다. 여기에서 치료의 수단에 해당하는 것이 이슬람이다. 그러나 탈리반은 오사마 빈 라덴과 연루된 것으로 지목받았고 그 때문에 미국은 1998년 8월 그들을 공습했다. 이에 그들이 범이슬람의 외투를 걸치게 된 것이다. 흥미로운 것은 2001년 9월 세계 무역 센터와 미 국방부 건물에 대한 테러 공격에 뒤이어 탈리반 지도자가 팔레스타인 문제와 미군의 사우디아라비아 주둔 문제에 관한 입장을 개진할 필요를 밝혔다는 것이다.

사우디아라비아의 와하브 운동 또한 탈리반에 영향을 미쳤을 가능성이 크다. 이 운동의 개척자 무함마드 이븐 압둘 와하브(1703~1787년)는 아라비아인들과 아라비아 사회에 만연해 있던 미신에 문제의식을 가졌고 그들이 이슬람의 의례와 실천을 잘 준수하지 않는 것에 대해 불만을 가졌다. 그는 모든 중세적 미신을 버리고 이즈티하드(ijtihad: 변화하는 상황에 기초하여 이슬람을 재해석할 수 있는 권리)를 실행하라고 요구했다. 그의 추종자들은 무장하고 나서서 우상 숭배, 불의, 부패, 간음의 죄가 있다고 보이는 자들에 대한 지하드에 착수하였다. 그들은 자신들을 진정한 신도로 간주했다. 또한 공동체에 대해 음악, 춤, 시 그리고 비단이나 금으로 된 장신구나 보석의 착용을 금지하는 전례 없는 엄격주의를 부과했다. 와하브주의자는 1803년 메카를 점령하여 1819년 오토만 군대에 패퇴될 때까지 권력을 유지했다.

와하브 운동의 이념은 20세기 초에 초기 와하브 지도자의 한 후손인 압둘 아지즈 이븐 압둘 라흐만 알-사우드에 의해 채택되었다. 그는 중부 아라비아 반도에 거주하는 유목 부족들을 이슬람 움마로 통합시켜 내고자 하였다. 그들의 법은 부족법으로 돌아갔고 이슬람 이전에 행해 지던 여러 의례들을 실행하고 있었는데 이제 부족에 대한 충성심을 이슬람과 그 지도자인 이맘(Imam)에 대한 충성심으로 대체하고자 했던 것이다. 압둘 아지즈는 모든 신도의 사회 종교적 평등을 강조함으로써 지극히 위계화된 사회에서 하위 부족들의 지지를 받을 수 있었다. '진정으로 인도되는 이슬람 공동체' 로서의 정체성을 내세우는 와하브주의자들은, 자신들의 관점에서, 무슬림인 척하지만 비이슬람적 행태를 보이는 자들에 대한 공격에 착수했다. 그들은 신도 여부를 판정하는 데 매우 강경한 노선을 취했다. 샤리아법을 위반하는 것은 용납할 수 없으며 이슬람에 대한 와하브주의자의 해석에 반대하는 어떠한 무슬림도 강력하게 처벌해야 한다고 주장했다. 와하브주의자는 신도와 불신도의 세계를 엄격히 구분했다.

압둘 아지즈는 이크완(Ikwan: 형제)이라고 알려진 추종자들의 여러 거주지를 만들었다. 이 거주지는 와하브주의의 종교, 정치, 군사, 행정, 교육의 중심이 되었고, 압둘 아지즈가 중부 아라비아의 모든 부족에 대한 지배력을 행사할 수 있도록 해 주었다. 이 거주지에서 중요한 역할을 맡은 것은 울레마와 종교 경찰이었다. 이들은 음악과 춤 등에 대한 금지 조치에 따를 것을 강압했고 이슬람 의례를 준수하지 않은 자들을 처벌했다. 이러한 조치가 실행에 옮겨질 수 있도록 '선행 증진 악행 방지를 위한 위원회' 가 설립되기도 했다.

7세기 무함마드의 초기 추종자들처럼 와하브주의자들은 자신들의 믿음을 아라비아 반도와 그 너머에까지 전파하기 위해 종교 전쟁을 시작했다. 이크완들의 거주지는 언제든지 충원될 수 있는 자원을 제공하였고 투사들은 대의를 위해 순교할 각오가 되어 있음을 밝혔다. 압둘 아지즈는 1920년대 초 메카를 정복했다. 그는 모든 출정을 종교적으로 이단자, 즉 진정한 이슬람에서 벗어나 방황하고 있는 사람들을 처벌하기 위한 투쟁으로 간주하고 이를 실행에 옮겼다.

1924년 압둘 아지즈는 메카를 점령하기 전에 이미 메카의 지도자가 메카와 메디나를 통치하는 방식이 타락했다고 질타하였고 그를 전복할 것을 이크완들에게 명했다. 그러나 통제권을 장악한 후에는 메카 시민들과 타협하여 이크완 거주지들에 사는 15만 명을 소외시켰다. 압둘 아지즈가 자신이 아라비아의 80퍼센트를 점령한 것을 국제적으로 인준해 줄 것을 요구하는 중에도, 그의 군대는 국경을 넘어 전쟁을 계속하였다. 결국 그는 영국에게 자신의 군대를 통제하기 위한 지원을 요청하기에 이르렀다. 1932년 압둘 아지즈는 자신을 사우디아라비아의 왕으로 선포하고 이슬람에 의해 정당화된 왕조를 세웠다. 이 왕조는 현재까지 지속되고 있다.

탈리반과 와하브 운동 사이에는 많은 유사성이 있음을 알 수 있다. 둘 다 한 나라를 정복하여 비이슬람적이라 간주된 정권을 전복하고 이슬람 국가를 세우는 목표를 위해 기꺼이 순교하도록 사람들을 동원했다. 양자는 또한 자신들의 이슬람 해석(이즈티하드)이 유일하게 옳다고 주장하였다. 와하브주의자가 내세운 이즈티하드에 대한 권리는 탈리반 신조에서 본래부터 있던 요소인 듯하다. 그들은 무엇보다 이란 이슬람 정부의 비판을 거부하면서 이란 정부의 신앙 체계는 이슬람과 일치하지 않으며 자신들의 이슬람 해석이 이란 정부의 해석보다 더 확실한 타당성과 순수성을 가지고 있다고 주장했다. 따라서 이슬람은 이슬람 세계 전역에서 일반적으로 통하는 해석이 있을 수 없고 그것의 정화를 추구하는 자들에 의해 끊임없이 재해석될 수 있다는 명백한 가정이 성립되는 것이다.

와하브 이념에 나타나 있는 극단적인 엄격주의는 음악과 춤의 금지와 종교적 계율 준수의 강요에서 명백히 드러나는데 이것은 탈리반의 경우에도 마찬가지이다. 탈리반이 선행증진악행방지부를 설치한 것, 그리고 규제의 강화를 크게 강조한 것은 직접적으로 와하브 운동의 영향이다. 부패 척결을 지하드의 정당성인 동시에 하나의 목표로서 공공연히 주장한 것도 유사한 점이다. 그러나 탈리반은 부패에 대한 공격에서, 표면상 와하브주의자보다 훨씬 치열해 보인다.

탈리반의 군사, 정치적 전략을 살펴보면, 탈리반은 압둘 아지즈와 그의 추종자들 사이가 결국에는 분열하였고, 그래서 그가 추종자들을 자신의 통제에서 벗어나지 않게 하기 위하여 서양에 지원 요청을 했다는 점을 염두에 두었다는 것을 추측할 수 있다. 탈리반은 자신들이 아프가니스탄을 장악하려는 야망을 실현하기 위해 절대적으로 필요한 군인들의 사기를 떨어뜨리지 않도록 하기 위해 각별히 신경 썼다. 서양의 압력에 대응하여 전략을 수정하는 것을 지지자들이 좌시하지 않을 것이며 이들이 더 이상 지하드의 대의에 따라 순교하려 들지 않으리라는 점을 탈리반은 매우 두려워했다.

탈리반이 아프가니스탄을 비이슬람적 요소들에서 보호하려 한 것에는 모아마르 알 가다피의 영향도 엿보인다. 가다피는 1969년 리비아에서 정권을 획득한 뒤에 국가의 핵심 요소에서 서양의 영향을 완전히 단절시킨다는 이념을 세웠다. 리비아 혁명이 내세운 구호는 '자유, 사회주의 그리고 단결' 이었다. 여기에서 '자유' 란 서양의 경제, 정치, 문화적 지배로부터의 자유를 의미한다. 이는 외국인 소유 자산을 국유화하고 서양 음악, 나이트클럽과 같은 문화적 영향을 뿌리 뽑는 것으로 나타난다. '사회주의'란 경제에 대한 국가 통제와 풍족한 보건 복지 시스템을 결합하는 것으로 보였다. '단결'이란 서양에 대항하는 아랍 세계의 단결, 더 나아가 이슬람 세계의 단결, 그리고 더 나아가 결국 제3세계 전체의 단결을 의미한다.

탈리반은 아프가니스탄을 외부의 영향에서 자유롭게 하려는 노력을 아끼지 않았지만 사회주의가 단지 소련이 아프가니스탄에 이식하려 했던 외래 이념일 뿐이며 사회 정의란 자카트(zakat: 가난한 자를 구제하는 자선금 혹은 세금 — 옮긴이)와 같은 제도를 통해 인민들이 행하는 이슬람적 자선 행위 이상이라는 관점에 대해서 아무 말도 하지 못했다. 하지만 이제 그들은 특히 1998년 8월과 2001년 9월 사태 때 미국이 아프가니스탄을 공습한 결과, 여타 이슬람 세계와의 강한 연대 의식을 갖게 된 것으로 보인다.

1979년 이란 혁명과 비교해 보면 또 다른 유사성을 발견할 수 있다. 서양의 경제, 정치, 문화, 종교에 관한 영향력을 최소화시키고, 고도로 조직된 정부 조직이 이슬람 원리가 삶의 모든 측면을 지탱하도록 보증하는 사회를 만들려 했다는 점이 그것이다. 여기에서 그들이 강조하는 사회 정의의 추구가 나오는데, 예를 들어 그들은 건강과 교육 프로그램 그리고 기초 생활을 위한 보조금 지급을 우선적으로 실현하고 있다.

이란 혁명을 이끈 요소들 가운데 샤리아법에 대한 기존의 해석에 도전하는 샤의 시도가 있었다. 이 시도들은 울레마의 심한 저항에 부딪혔고 대규모의 거리 시위로 이어졌다. 시위는 잔혹하게 진압되었다. 울레마의 일부는 샤를 비이슬람 정권으로 간주하고 그에 대한 지하드를 촉구하였다.

이란 혁명의 지도적 이론가는 아야톨라 루홀라 호메이니였다. 그는 울레마가 부패한 관리를 쫓아내고 이를 이슬람 율법가들이 이끄는 체제로 대체하는 데 앞장서야 한다고 말하면서 울레마들이 대중 운동을 펼칠 것을 촉구하였다. 그는 정치권력이 이슬람의 계율과 기준, 목표에 종속되어야 하며 울레마가 입법, 행정, 사법 조직에 참여해야 한다고 주장했다. 그는 이슬람 국가에는 샤리아법에 대한 완벽한 지식을 가진 종교 율법가인 이슬람교도 지배자가 있어야 한다고 주장하였다. 지도자는 입법, 행정, 사법 체제의 다양한 수준에서 법률에 의존할 것이다. 이슬람의 이념을 구체화하는 과정에서 발생할 수 있는 여러 가지 갈등은 대중이 선출한 의회가 해결하고, 행정부는 법의 실제 기능에 익숙한 공무원들이 운영할 것이다. 그렇지만 법률가만이 사법 과정에 관여할 것이며 이들은 또한 국가의 입법, 행정 업무를 감독할 것이다. 호메이니의 정책에서 핵심적인 측면은 이란이 외세에 의존해서는 안 된다는 단호한 결정이다. 미국이 이란의 독립에 대한 가장 큰 위협으로 지목되었다.

팔레비 왕조를 전복시키기 전에 운동을 활성화하기 위하여 호메이니는 자신이 목표로 하는 이슬람 사회의 중심 기관으로서 이슬람 사원에 상징적 중요성을 부여하였고 그것을 혁명 위원회의 네트워크를 이루는 기반으로 활용하였다.

이란 혁명은 탈리반 운동과 유사성을 보여 준다. 양자는 상대적으로 권세 있고 부유한 엘리트가 인민을 소외시키고 지배력을 행사하는 상황 속에서 인민들의 대규모 추종 세력을 만드는 일에 착수했다. 이란에서는 풍요롭고 서구화된 중산층과 도시 및 지방 빈민 간의 대조가 워낙 뚜렷했다. 아프가니스탄에서는 무지히딘 정당 가운데 일부가 외부의 배후 세력과 지하 경제를 통해 상당한 재력을 축적했다는 소문이 횡행했다. 이란과 아프가니스탄 두 나라에서는 이슬람이야말로 모든 것을 두루 포괄하는 종교이므로 이슬람 국가는 사회, 경제, 정치, 사법 영역을 포괄해야 한다는 견해를 제시하였다. 또한 이란 혁명과 탈리반 운동, 그리고 무슬림형제단에서는 젊은 층이 대거 참여한 점이 돋보인다. 그 결과 이 운동들은 청년 특유의 급진주의와 열정, 비타협적 순수성 덕을 보았다.

또한 이란에서 이슬람 학자들의 조언에 의지하는 종교 지도자를 강조하는 것과 물라 오마르를 아미르 알-무미닌으로 임명한 것, 그리고 한 예로 그가 교육 과정을 고안하는 것에서 울레마에 의존하는 것 등을 보면 상호 연관성을 찾아 볼 수 있다. 물라 오마르의 극도로 검소한 생활 방식은 이란의 아야톨라 호메이니와 유사하다. 양자의 주요한 차이점은 물라 오마르가 쿠란을 공부하긴 했지만 호메이니와 같은 학자도 아니고 그렇게 주장하지도 않았다는 점이다. 물라 오마르가 샤리아법에 대한 안내를 받기 위해 울레마에 의지하는 것은 그런 연유에서이다.

이란 혁명과 탈리반 운동이 갖는 또 하나의 유사점은 이슬람 사원에 대한 강조이다. 탈리반은 비록 혁명 위원회를 세울 계획은 밝히지 않았지만 사람들은 따로 떨어져 기도하기보다 사원에 와서 기도해야 한다고 주장함으로써 그들이 세우려는 이슬람 국가 안에서 강한 연대 의식을 구축하는 것을 목표로 삼았다.

양자의 명백한 차이점은 정부 운영을 위한 사전 계획을 마련한 정도에 있다. 아야톨라 호메이니는 권력을 쟁취하기 이전에 이미 국가가 어떻게 구성되고 조직될지에 관한 매우 세부적인 청사진을 마련했다. 탈리반은, 이와는 대조적으로, 비록 배후 세력이 사전과 사후에 정부 조직에 관한 많은 조언을 했지만 그래도 거의 우연에 가깝게 권력을 얻었기 때문에, 주로 군사 전략과 법 질서의 유지에 치중한 것으로 나타난다. 정부 행정의 개선책에 관한 많은 의견이 있었지만 여태까지 별로 반응이 없었다. 또한 어떻게 주민들에게 탈리반 신조를 설득할 것인가에 관해서도 뾰족한 수가 없었다. 그러나 이란에서 이념이 추진되는 과정은 아주 세심했다. 탈리반은 그 대신 자신들의 신조를 관철하기 위해 부분적으로는 전통적 신앙과 체제를 강화하고, 부분적으로는 물리력과 공포심을 조장하는 방식을 택했다. 이 방법은 물론 이란에서도 사용된 것이긴 하지만 이란에서는 그 밖에 미디어나, 특수 기관, 그리고 교육 체계가 국가가 옹호하는 이념을 장려하기 위해 활용되었다.

요약하자면, 탈리반이 어떤 특정 운동에서 영감을 받아 일어난 것이라고 말하는 것은 옳지 않다. 그러나 그 구성원들은 여러 이념들이 교류하는 환경 속에서 성장하고 교육받았다. 선행증진악행방지부 등은 와하브 운동이 미친 명백한 영향력을 드러내는 예이다. 따라서 탈리반이 이슬람과 관련하여 비록 아프가니스탄의 전통과 관습을 특별히 많이 드러내고 있다지만 그들이 다른 이슬람 운동에서 영향을 받았다는 사실을 간과해서는 안 된다.

7장 아프가니스탄의 이슬람 전통

지구상의 다른 지역과 마찬가지로 아프가니스탄에서 대중적 신앙은 미신, 심령술, 성인(聖人) 숭배, 신비주의, 체계화된 종교 등이 혼합된 형태에 기초하고 있다. 그러므로 이슬람 역시 이슬람 도입 이전의 믿음과 파슈툰 족의 부족 규범 등과 뒤섞여 있다.

아무튼 이슬람 신앙은 정신적인 수행을 제공한다는 것뿐 아니라 지역의 주민들에게 정체성을 부여한다는 점에서 사람들에게 중요했다. 사실 20세기 초 이전에, 현재 아프가니스탄이라고 부르는 그 지역의 사람들은 스스로를 한 국가의 국민으로서가 아니라 영국과 러시아라는 이교도들의 제국과 시아파 국가인 이란 사이에 끼어 있는 수니 무슬림의 일부분으로 인식했다. 아프가니스탄 사람들이 가지고 있는 무슬림으로서의 우선적인 자아 정체성은 강한 뿌리를 가지고 있다. 그들은 종교 행사에서 상대적으로 유연한 태도를 취했으며 예술과 음악, 시에 대한 인식역시 상대적으로 덜 엄격했다. 하지만 아프가니스탄은 항상 지극히 보수적인 사회였다. 카불은 농촌 지역보다는 자유로운 곳이었지만 이 지역조차도 전통적 관습의 지배를 받아 왔으며 이슬람이 강력한 영향력을 행사했다.

이슬람은 특히 외부의 영향에 아주 민감했다. 이슬람은 동쪽으로 전파되면서 힌두교, 불교와 경쟁을 해야 했고, 이슬람 학자들은 이슬람을 다른 종교에 순응시킬 것인가 아니면 스며들어 오는 힌두교와 불교의 영향력을 소멸시킴으로써 이슬람의 순수한 형태로 회귀할 것인가를 결정해야만 했다. 16세기 이후부터는 일련의 신비주의적 수피 신학자들이 속해 있는 낙샨디(Naqshandi) 교단을 중심으로 이슬람 부흥 운동이 일어났다.

현재의 아프가니스탄 국경 지역에 서구의 영향력이 미칠 수 있었던 것은 영국령 인도의 존재와 아프가니스탄에서의 영국의 지배적 역할로 인해서였다. 이슬람은 수많은 저항 운동의 집합 신호가 되었고, 북서 변경 지역의 파슈툰 족은 준비된 인력을 제공하였다. 이러한 과정에서 가장 결정적인 역할을 한 사람은 인도 북동 지방에서 온 사이야드 아흐메드 바렐르비(1786~1831년)였다. 그는 인도아대륙을 여행하면서 하나의 운동을 만들어 냈고 북서변경주를 영국 공격의 근거지로 정하였다. 그는 부족장들을 무시하고 울레마를 운동의 권력 기반으로 삼았고 인민들에게 영국에 대항해 지하드를 수행할 것을 촉구했다. 그는 또한 전통적인 부족의 율법을 샤리아로 대체할 것을 주장했다. 바렐르비는 운동을 나타내는 용어로 사회라는 뜻의 자마아트(jamaat)를 사용하였고 이것은 이슬람에 기반을 둔 정당의 초기 형태가 된다. 그 운동의 생존자들은 1857년 인도에서 발생한 영국에 대한 대규모 반란에 참가했다.

이후로 1867년 델리 근교의 데오반드에서 이슬람 학부의 설립을 계획하기 시작한다. 개교 후 몇 세대에 걸쳐 아프가니스탄의 종교학자들이 이곳에서 수학하였다. 그들은 쿠란과 하디스 그리고 이슬람 율법을 연구하였고, 이슬람에 부합하는 행위에 대해 조언을 하는 위치에 있게 되었다. 법을 집행하는 것은 바로 이들이었으며, 그들은 논의해야 할 중요한 일이 있을 경우 통상 슈라라고 하는 전통 회의에 집단적으로 참석하였다. 1930년대와 1940년대는 그들의 권력이 정점에 이르렀던 시기였으며 그들은 종교적인 문제에 대해 정부의 사법부와 행정부에 대한 자문을 담당하였다. 그들은 법원과 학교에 대한 통제권을 가지고 있었으며 공공 및 민간의 도덕 체계와 관습에 대한 감독권도 가지고 있었다. 당시 이들은 정부에서 급여를 받았다. 이 울레마들은 물라와는 별개의 존재였는데, 물라는 이슬람의 기본 요소에 대한 교육을 받고 지방의 사원에서 신도들을 지도하고 이슬람을 준수하는 데에 일정한 지침을 제공하는 역할을 하였다. 이들은 보통 성인 숭배와 같은 관행에 꼬박꼬박 참석하는 반면 울레마들은 이런 것들을 무시하는 경향이 있었다.

데오반드 이슬람 학부에서는 주로 아프가니스탄의 수피 전통을 원용했으며 이슬람의 해석에 대해 매우 정통적인 입장을 취했다. 그들은 민족, 언어, 부족 혹은 또 다른 정체성의 원천들을 넘어서는 것으로서의 범이슬람에 분명한 강조점을 두었다. 영국에 대항하는 이슬람 차원에서의 성전에 동참해야 하는 필요성은 이런 차원에서 매우 중요한 요소였다.

데오반드에서 수학했던 이들은 북서 변경 지역의 부족들에게 영국에 대항해 무기를 들 것을 촉구했다. 마드라사라고 불리는 이슬람 학교를 국경 지역을 따라 연쇄적으로 설립하는 일에 주도적인 역할을 한 사람들이 바로 그들이었고, 그들은 1947년부터 수많은 아프가니스탄의 울레마를 배출했다. 마드라사는 1950년대 이후에도 이슬람주의 정당들과 와하브주의자들에 의해 추가로 설립되었다.

실패하긴 했지만, 19세기에 아프가니스탄을 장악하려 했던 영국의 시도와 러시아에서 소련으로 이어지면서 계속된 북방으로부터의 압력은 외부의 간섭에 저항하고 아프가니스탄 정부의 성격을 더욱더 순수한 이슬람에 근접하도록 하려는 울레마의 결의를 더욱 강화시켰다. 또한 국가에 대한 다수 국민의 저항 운동도 성장하였는데, 이는 특히 농촌 지역을 중심으로 이루어졌다. 처음에 국가는 지금의 아프가니스탄 지역의 대부분을 점령하였던 파슈툰 족이 그들의 통제력을 강화하는 장치로 등장했다. 19세기의 아프가니스탄 왕조들에게 샤리아 율법은 사회를 지배 가능한 단위로 결합시키는 유용한 수단으로 보였다. 그렇지만 부족 및 촌락 공동체는 국가 관리들의 어떠한 강요에도 끊임없이 대항했다.

아미르 압두르-라흐만은 행정의 효율성을 높이기 위해서 재임 기간 동안(1880~1901년) 정부에 점진적인 변화를 도입했지만 주민들의 기존 사고에 대해서는 문제를 제기하지 않았다. 그러나 1919년부터 1929년까지 통치했던 아마눌라 왕은 아프가니스탄이 낙후되었기 때문에 외부 세력에 대한 저항력이 없다고 판단하여 비이슬람 세력에 저항하는 능력을 배양하기 위한 수단으로 아프가니스탄의 근대화를 강력하게 추진했다. 그는 스스로 시대에 뒤떨어진 사고라고 인식되는 것들에 대항하기 위해 그리고 서양의 여러 개념들을 국가 정신으로 도입하기 위한 노력의 일환으로 교육에 역점을 두었다. 그 결과 당시의 교육은 이슬람의 영향력을 줄이려는 시도로 보였다. 그의 개혁은 전제적인 것이면서 서양 문화의 여러 가지 부속물들을 동반하는 것으로 보였고, 전통적 지도부인 울레마를 심하게 화나게 했다.

결국 1929년 1월 그의 개혁에 대항하는 세력들이 울레마들의 적극적인 지지를 받고 있는 타지크인 하비불라 2세를 중심으로 모였다. 하비불라는 북부에서 출발하여 카불을 포위 공격하면서 아마눌라에게 개혁을 철회할 것을 요구했다. 아마눌라는 그 요구를 받아들였지만 며칠 후 바차-이-삭카오란 인물에게 축출되었다. 바차는 샤리아 율법을 제정할 것을 약속하면서 교육부와 법무부를 폐지하고 교육과 법률 체계에 대한 책임을 울레마에게 부여하였다.

그러나 그는 권력을 계속 이어가지 못하고 1929년 10월 아마눌라의 셋째 사촌인 무함마드 나디르 칸에게 정권을 내준다. 그가 축출된 원인을 현 상황과 관련하여 보면 흥미롭다. 파슈툰의 부족의 지도부는 파슈툰 족이 비록 울레마와 적대적인 관계에 있다 하더라도 타지크인이 자신들을 지배한다는 것은 참을 수 없었던 것이다. 결국 그들은 샤리아 율법에 근거한 이슬람 국가 건설이라는 목표를 수정하지 않는다는 조건으로 하비불라 2세에게 보낸 지지를 파슈툰 족으로서 새 지도자로 임명된 자에게 보낼 것을 울레마와 합의했다. 그래서 울레마가 새로운 왕에 대한 확실한 영향력을 가지게 되었고, 샤리아 율법에 대한 일관성을 확실히 보장하기 위해 울레마 집단이 모든 법과 규율을 통제하는 구조가 만들어지게 된 것이다.

1933년 11월 나디르 칸은 암살되고, 왕위는 아들인 자히르 샤에게 넘어간다. 이때도 울레마는 여전히 강력한 영향력을 유지하였다. 1944년에 샤리아 율법을 교육하기 위한 학교가 설립되었는데 이것은 1950년에 카불대학의 신학부로 발전하였다. 이전에, 울레마들은 데오반드나 카이로에 있는 알-아자르(Al-Azhar)에서 교육을 받아 왔다. 그렇지만 이제 아프가니스탄에서도 울레마들이 이 학교에서 교육을 받을 수 있게 되었다.

당시의 많은 종교 지도자들은 1941년 인도에서 이슬람 정당 설립을 추진한 파키스탄의 이슬람 신학자인 압둘 알라 마우두디의 사상에서 영향을 받았다. 그가 인도에서 설립한 정당인 자마아트-이-이슬라미는 1947년에 파키스탄의 자마아트-이-이슬라미 당이 되었다. 그는 사회의 변화를 추진하는 수단으로 사회에서 권력을 쥔 사람들에게 영향을 주는 방식으로 접근하는 최고 엘리트주의자였다. 이는 대중 운동의 발전을 통해 아래에서부터의 변화를 추구하는 무슬림형제단의 정책과는 다른 것이다. 그는 서양을 도덕적으로 타락하고 부패한 것으로 묘사했고, 이슬람은 자립할 수 있고 꽤 독립적이며 서양적이고 사회주의적인 생활 방식과는 전적으로 반대되는 것이라고 주장하였다. 그는 상황 변화에 따른 적절한 해석의 필요성을 인정하긴 했지만 샤리아법에 대한 전적인 의존을 옹호했다.

마우두디의 영향력이 탈리반이 표방하는 것들의 많은 부분에서 나타나는 것은 분명하다. 이슬람은 서양의 가치와 타협하는 일이 없어야 하고, 대신 서양은 탈리반 운동이 채택한 가치 체계를 존중하고 거기에 적응해야 한다는 탈리반의 주장에는 확실히 유사성이 있다. 샤리아 율법을 전폭적으로 신뢰하고 자신들은 이슬람을 새롭게 해석할 권리를 가지고 있으며 자신들의 해석은 옳다는 탈리반의 주장 역시 마우두디의 주장을 되풀이한 것이다. 다음 장에서 살펴보겠지만, 여성을 사회에서 격리시키는 것에 대한 마우두디의 극단적으로 보수적인 시각 또한 탈리반이 이 문제에 대해 취했던 태도에 이념적 정당성을 제공했다.

소련의 아프가니스탄 침공은, 최근 숙청으로 세력이 많이 약해진, 이슬람주의 운동 세력에게 기회를 제공했다. 그들은 침략자들에 대항하는 것으로 지하드를 부르짖었고 이는 흩어져 있는 이슬람 저항 운동 세력을 하나로 결집시키는 원동력이 되었다. 성전의 외침은 저항 운동가들이 무자히딘의 이름을 내세우면서부터였다. 앞서 언급한 바와 같이, 파키스탄과 미국 그리고 사우디아라비아에서 지원을 받은 일곱 무자히딘 정당들은 주요한 두 세력으로 이루어져 있다. 우선, 이슬람주의 정당들은 쿠란과 하디스의 재해석을 기반으로 하고 그 위에 새로운 정치 이념을 정립하기 위해 서양의 정치사상을 차용했던 지식인들에 의해 주도되었다. 그 다음으로 울레마, 물라, 부족장들이나 다른 지도자들에게서 지지를 유도하는 소위 전통주의자들이 있다. 이들은 긴 역사를 가진 쿠란의 학문적인 해석에 근거하여 이슬람을 이해하였으니 여성의 행위에 대한 해석 같은 것이 이에 포함된다.

그러나 이 두 진영의 내부에는 여러 세력이 존재하였다. 이슬람주의자 진영의 한쪽 끝에 히스브-이-이슬라미(헤크마티야르)가 있었는데 이들은 사회 구조의 급진적인 개편을 추구하였다. 이들은 사회가 울레마에 의해 지배되고 그에 따라 전통 법 체계에 의존하는 것은 고답적이며 근대 사회에 합당하지 않다는 시각을 지니고 있었다. 이러한 입장에서 이들은 쿠란과 하디스의 재해석을 역설하는 정치 이념을 정립시켰으나 오랜 세월에 걸쳐 만들어진 복잡한 법 체계를 쉽게 무시해 버렸다. 이들은 또한 소련공산당이나 세계의 다른 지역의 혁명적 운동의 구조를 모델로 한 정당 구조를 세움으로써 그들의 정치 이념을 전파하려고 했다. 이들은 고도로 훈련된 조직원들의 네트워크를 통해 자신들의 세력을 키우고 권력을 획득하며 결국 이슬람 국가를 건설할 수 있다는 희망을 가지고 있었다. 또한 이와 같은 조직 구조로 자신들의 이념을 따르는 많은 추종자들을 확보할 수 있고, 현존하는 신앙, 구조 그리고 관계 등을 대체할 수 있다고 믿었다.

이슬람주의자 사이에서 또 다른 한쪽 끝에는 자미아트-이-이슬라미와 히스브-이-이슬라미(할리스)가 있다. 이들은 히스브-이-이슬라미(헤크마티야르)와 목적상으로는 크게 다른 점이 없었으나 방법론에서는 상당히 다른 시각을 가지고 있다. 그들은 그러므로 울레마의 형식적인 전통이 아닌 이슬람의 필수적인 개념을 수용하면서 새로운 정치 이념에 기반을 둔 이슬람 국가를 건설한다는 궁극적 목적에는 이의를 달지 않았다. 그러나 사회 및 사회와 국가 사이의 관계를 변화시키기 위해서는 울레마와 손을 잡아 그들과 부족 지도자들의 지지를 이끌어 내는 것이 필요하다고 생각했다.

소위 전통주의자들의 정당 내부에도 분명한 스펙트럼이 존재하였다. 전통에 굳건한 뿌리를 두고 있는데도 전 생애에 걸쳐 이슬람주의자들의 접근 방식에 명확하게 공감을 표명한 무자디디부터 가일라니의 자유주의 그리고 그 사이에 위치하고 있으면서 울레마와 부족 지도자들을 대변하는 하라카트 등이 있다. 이들 세력은 엄밀한 의미에서의 정당이라고 볼 수는 없으나 그저 무자히딘의 주요한 후원자 세 명이 제공하는 자원을 확보하기 위해서 자신들을 정당이라고 불렀다.

결국 이슬람주의 정당은 전반적으로 울레마의 역할과 그들의 통찰력, 또한 전통 사회의 합의적 의사 결정 과정을 존중하는 접근법을 채택했다. 올리비에 로이는 이슬람주의 정당들의 정치 강령에 대해 다음과 같이 정리하고 있다.

주권은 신에게만 귀속된다. 아미르는 유일한 대리인이며 진정한 권력의 유일한 원천은 종교이다. 아미르는 전체 공동체의 합의에 의해 선출되는데 이는 선거에 의해 분명하게 표현된다. …… 아미르의 권력은 무시할 수는 없으나 그 또한 슈라, 즉 입법 회의의 지원을 받는다. 울레마 조직은 정치력에 관해서는 자치를 유지하며 아미르를 면책 또는 파면할 수 있다. 시민 사회는 울레마가 통제하는데, 울레마는 샤리아 율법이 정한 범위 내에서 활동해야 한다(Roy, 1986: 82).

주요한 시아파 정당인 히스브-이-와다트는 아야톨라 호메이니의 사상을 모델로 하면서 아마 하자라 지역에 이슬람 정권을 세울 때 이보다 훨씬 더한 접근법을 취했을 것이다. 그러나 군(district) 단위에서의 의사 결정 과정은 세포 조직에 기반 한 반면 촌락 수준에서는 오랜 합의제 전통이 여전히 유지되었다.

전쟁은 아프가니스탄에 또 다른 종교적인 영향을 미쳤다. 아프가니스탄의 지하드는 이슬람 세계 특히 과격 이슬람주의 추종자들에게 엄청난 상징적 중요성을 가지고 있었다. 따라서 무자히딘과 함께 성전을 수행하기 위해 중동을 비롯한 다른 여러 지역에서 수많은 자원병들이 모여들었다. 이 가운데 많은 사람들이 지하드에 참가하면서 생애 처음으로 군사 훈련을 받았다. 어떤 이들은 자신들의 출신 국가에서 이슬람 운동 세력을 조직하거나 보스니아로 건너가 전쟁을 계속하기도 했고 그 가운데 일부는 테러 전술을 사용함으로써 아랍과 다른 많은 이슬람 국가들은 적지 않은 우려를 하였다.

아프가니스탄과 파키스탄 내부에서는 아랍의 존재와 다른 이슬람 국가들의 존재에 대해 상당한 애증이 교차하였다. 이러한 애증은 북부 아프가니스탄보다 외세의 개입에 대한 저항이 전통적으로 강하게 나타난 부족 지역에서 더욱 확연하게 드러난다. 이 지역은 급진주의가 더 쉽

게 자리 잡은 카불 북쪽에 위치한 쇼말리 지역을 포함하고 있다. 쿤두즈
는 이슬람 전사들에게 특별한 근거지가 되어 왔는데, 이곳의 전사들 가
운데 많은 이들이 1993년부터 1997년까지 타지크 정부에 맞서는 침략
운동에서 싸웠고 그 후 탈리반에 지원군을 보냈다. 1998년의 미국의 아
프가니스탄 공습 이후에 반대 세력은 성명서를 통해 다른 국가에서 유
입된 자원병들도 아프가니스탄을 식민화하려는 파키스탄의 기도에 연
루된 것으로 간주하겠다는 점을 분명히 하였다.

와하브 운동 역시 아프가니스탄에, 특히 쿠나르 주에서 두드러진
영향을 미쳤다. 그렇지만 이러한 영향이 아프가니스탄인민민주당 쿠데
타 이전부터 이미 감지되었다는 점을 지적하는 것이 중요하다. 따라서
쿠나르 주에서는 이 특별한 이데올로기가 가지고 있는 극단적인 급진주
의와 엄격주의를 잘 받아들일 수 있었다.

전쟁은 또한 급진주의 이슬람, 즉 이슬람주의자들의 이념에 추종하
는 새로운 세대를 양성하는 기회를 제공하였다. 사우디아라비아는 아프
가니스탄에서 이슬람 대학교, 마드라사 그리고 사원들을 발전시키는 데
아주 적극적이었으며, 파키스탄에 있는 아프가니스탄 난민 캠프에 대해
서도 적극적이었다. 히스브-이-이슬라미(헤크마티야르)는 부속 교육
시설과 훈련 장소를 가지고 있었다. 파키스탄에 있는 급진 정당들 역시
이슬람에 대한 자신들의 독특한 접근법을 개발하는 데 일정한 역할을
하였다. 고아원은 청년들에게 영향을 미치는 데 중요한 기구였다. 이들
은 많은 가족들이 극빈 상태에 있었기 때문에 여러 정당이나 세력들이
운영하는, 숙식과 기타 편의를 제공하는 고아원을 이용하게 되었다. 그
래서 탈리반에 가담한 청년들 가운데 상당수가 이슬람주의 정당들이
세운 교육 체계를 통해 교육을 받는 것이 충분히 가능했던 것이다. 그

러나 이슬람주의자들의 입장과 탈리반의 입장 사이에는 명백한 차이가 있다.

탈리반은 정치적 이데올로기를 정립하는 것을 추구하지는 않는다는 점에서 이슬람주의 무자히딘 정당들과 전혀 다른 것으로 보일 수 있다. 오히려 국가 통치를 위해 샤리아법을 유일한 행동 지침으로 삼음으로써 울레마가 어떤 주어진 상황에서 자신들이 어떻게 전진해야 할 것인지에 대한 지침을 제공해 줄 것으로 기대하고 있었다. 그러므로 탈리반이 1950년대 후반에 다우드가 개혁 프로그램을 시작하기 전의 상황, 즉 아마눌라 왕이 도입한 근대화가 실패한 뒤에 울레마가 지배권을 쥐고 있었던 시기로 회귀하고자 한다고 우리는 말할 수 있다. 앞서 지적한 바와 같이 탈리반의 신조는 무자히딘 내의 하라카트 당의 신조와 매우 유사하다. 소련 침공 이전에 탈리반은 울레마와 물라의 사상에서 영향을 받았기 때문에 이슬람주의 정당의 정책에서 영향을 받은 것은 필연적이다. 예를 들어, 앞서 인용한 올리비에 로이의 글처럼, 이슬람주의 정당들이 제안한 사회 체계는 탈리반이 세운 사회 체계와 아주 많은 부분에서 부합한다.

그러나 많은 부분에서 탈리반은 무자히딘 정당들보다 훨씬 경직되어 있었다. 무자히딘의 지도자들은 언제나 울레마와 물라의 비위를 건드리지 않기 위해 조심하면서 복장 규정이나 음악 연주에 대한 규제를 덜 가혹하게 하였다. 또 인간이나 동물의 형상을 표현하는 것에 대한 금지가 보수적 이슬람 사고와 일치하긴 하지만 이에 대해 전혀 개의치 않았다.

파슈툰왈리(파슈툰 지역의 전통 규범으로 탈리반 신조의 일부를 구성하고 있다)가 탈리반에 미친 영향 역시 아주 중요하다. 예를 들면, 파슈툰왈리는 같은 무슬림에 대해서조차도 피의 복수가 필요할 수 있다고 역설한다. 이는 "실수가 아닌 이상, 같은 신도를 죽이는 것은 신도가 할 일이 아니다"라는 쿠란의 구절을 부인하는 것이다. 그리고 복수에 필요한 비용을 희생자의 가족들에게 징수하기도 한다. 파슈툰 지역의 전통 규범은 친절, 용기, 기사도, 그리고 명예 수호, 특히 여성의 명예 수호를 크게 중시하고 있다.

파슈툰왈리와 샤리아법은 일부 사항에서 일치하지 않는 면이 있다. 예를 들면 샤리아법에서는 간통이 입증되려면 목격자 네 명의 증언이 있어야 한다. 하지만 파슈툰왈리에서는 간통은 소문만으로도 충분한 증거가 될 수 있는데, 그것은 간통에서 문제가 되는 것은 가족의 명예이지 그 상황에서의 도덕이 아니기 때문이다. 파슈툰 사회에서 여성은 재산을 상속받을 수도 없는데 이에 반해 쿠란은 여성도 남성의 절반의 유산을 상속받을 수 있다고 한다.

역사적으로 파슈툰왈리와 이슬람—그리고 이슬람 중흥의 주요 매개체인 울레마—사이에는 긴장 관계가 형성되어 있었다. 그것은 이슬람이 내부 지향적인 부족주의를 탈피하여 부족, 인종, 국가에 대한 충성을 초월하는 운동임을 표방하기 때문이다. 이러한 사실은 물라의 지지를 받는 부족 지도자와 울레마 사이에 권력과 영향력 확보를 두고 벌인 투쟁에서 잘 나타난다. 주기적으로, 울레마는 부족 사회의 남성들에게 지하드에 동참할 것을 요구했는데, 이러한 요구는 그 부족 지도자의 의견이나 권위와는 관계없이 이루어졌다.

파슈툰 문화를 이루는 중요한 요소 가운데 하나는 파슈툰왈리의 추종자는 자신이 국가나 파슈툰 공동체의 구성원이라는 사실보다는 파슈툰왈리가 구체화하고 있는 가치 체계에 훨씬 큰 중요성을 부여한다는 것이다. 우리는 여기서 탈리반이 가치를 강조하고 있다는 사실과 유사한 점을 발견할 수 있으며 또한 이러한 가치를 보존하고 장려하는 것이 물질적인 것에 대한 고려보다 우선한다는 분명한 관점을 확인할 수 있다.

탈리반이 파슈툰 족의 핵심 근거지에서 유래하였기 때문에 딜리반의 철학이 파슈툰왈리의 철학에 상당 부분 빚지고 있다고 주장하고 싶은 생각이 들 수 있다. 탈리반은 외부에서 들어오는 공동의 적에 대항하기 위한 지하드에 사람들을 동원하기 위해 파슈툰왈리를 무시하고 대신에 샤리아법을 가장 우선시하라고 요구하곤 했던 울레마의 전통에서 기인했다고 말할 수 있을지도 모른다. 그렇지만 탈리반은 북부 지역에서 나왔다고 하기보다는 파슈툰 지역에서 나왔다고 보는 것이 더 나은데, 파슈툰 지역은 종교적 전통이 매우 다르고 남부 지역에서와 같이 전통 가치를 보호하기 위해 지하드 참여를 열정적으로 호소하는 곳보다 이슬람주의에 더 개방적인 곳으로 보인다. 또한 물라 오마르가 일곱 개의 주요 무자히딘 정당 가운데 울레마와 부족 지도자들의 가치를 가장 잘 반영한 히스브-이-이슬라미의 일원이었다는 것도 주목할 점이다. 그러므로 우리는 1929년에 전통적인 파슈툰 족 지도자가 타지크 족 지도자인 바차-이-삭카오에게 축출되는 것과 똑같은 장면을 타지크 족 출신 지도자 라바니와 북부 파슈툰 족인 굴부딘 헤크마티야르가 탈리반에게 축출되는 상황에서 다시 볼 수 있는 것이다. 라바니와 헤크마티야르 모두 이슬람주의자라는 사실 또한 눈여겨볼 만한 대목이다.

요약하자면, 이 글을 통해 독자들은 중동, 이란, 인도 그리고 아프가니스탄에서 이슬람 부흥 운동이 탈리반의 신조에 얼마나 많은 영향을 미쳤는지 알 수 있다. 그러나 울레마의 영향이 지배적인 것으로 보이는 데, 이들은 1950년대와 1960년대의 지식인 운동에서 시작되어 오늘날의 아프가니스탄이 여전히 얽혀 있는 일련의 사건들이 일어나기 이전의 상태로 회귀하려는 시도로 간주될 수 있다.

8장 탈리반의 성 정책

여성은 …… 한 국가의 생물학적인 재생산자일 뿐 아니라 문화적 재생산자이기도 하다. 그리고 종종 '문화'의 수호자로서 역할을 하기도 한다. 여성들은 아이들에게 문화를 전하고 특정한 문화적 방식으로 '가정'을 꾸리는 책임을 진다(Nira Yuval-Davis, 1997: 116).

아프가니스탄에서 여성들이 동등한 권리를 쟁취하는 과정은 쉽지 않았다. 사실 대부분 농촌에 살고 있는 아프가니스탄 사람들에게는 여성의 취업과 교육에 대한 문제는 현안이 되지 못했다. 여성들은 언제나 땅에서 일해 왔고, 땅에서 일할 능력과 부모로서의 역할을 위한 최소 수준의 교육만을 받아 왔다. 심지어 20세기 말까지도 도시 여성들은 상당 수준의 교육을 받긴 했지만 일단 결혼을 하면 불가피한 경우를 제외하고는 일을 하지 않는 것이 관례였다. 1950년대 카불에서는 여성들이 점차 산업 인력으로 활동하였으나, 비서, 간호사, 호텔이나 회사의 안내원, 항공기 승무원 등과 같은 서비스 직종에서 일을 하는 것이 일반적이었다. 의사, 변호사, 기술자, 언론인과 같은 전문 직업인이 되기 위해 공부하는 경우는 극히 드물었다. 그런데 아직도 전통적인 지도자나 울레마는 심지어 이런 느린 변화마저도 반대하는 데 혈안이 되어 있다. 그들의 보수주의의 뿌리에는 두려움이 있는데, 즉 여성들이 교육받고 일을 하게 되면, 여성들은 서양과 세속주의의 영향을 받게 될 것이고 이러한 사상들이 그들의 자식들에게 스며들게 될 것이라는 것이다.

탈리반의 신조를 어떤 식으로 정의하더라도, 그 신조는 분명히 스펙트럼의 보수적인 극단에 놓여 있다. 탈리반의 정책에는 네 가지 주요 요소가 있다. 보건 분야를 제외한 분야에 여성의 취업 금지, 적절한 교과 과정을 마련할 때까지 공적 여성 교육의 일시 유보, 남녀 모두에게 의복 착용에 대한 강력한 규제(여성은 부르카를 착용하고, 남성은 수염을 기르고 손질하지 않은 머리에 터번을 쓰고 샬와르 카미즈를 착용해야 한다), 여성의 집 밖 외출에 대한 강력한 통제를 통해 여성을 낯선 남성에게서 격리하고 남성 친인척에게서 보호. 탈리반은 남성과 여성이 따로 일하고 따로 이동할 수 있는 여건이 갖추어지면 여성이 일하는 것을 허용하는 것에 대해 고려하고 있다고 발표한 바 있다.

그렇지만 탈리반 내부에서 허용된 요소들은 다음과 같다. 인도주의 기구들에 한해서는 특정 역할에 한하여 여성을 고용할 수 있다고 했는데, 그곳은 여성들과 접촉하는 것이 필요한 부분이거나, 남성들과 따로 분리된 상태에서 일할 수 있게 되어 있어야 하고 반드시 여성 감독을 둔 곳이어야 했다. 이것이 탈리반 운동 전체가 승인한 상태에서 나온 결과인지는 확실치 않다. 게다가 이에 대한 선행증진악행방지부의 반발이 뒤따르기도 했다. 여성 취업 금지에 대한 가장 큰 영향은 교육 부문에서 나타났다. 왜냐하면 여성들이 교사로서 더 이상 일을 할 수 없게 됨으로써 여학교뿐만 아니라 남학교도 문을 닫아야 했기 때문이다.

거리에서 일하는 어린이들의 수가 늘었다는 것 또한 다른 중요한 영향이었다. 이로 인해 이전에 취업 중이던 여성들이나 행상으로 연명했던 여성들이 가장 중요한 가계 수입원을 잃었다. 비록 대가족제를 영위하고 있지만 여성들이 일자리를 잃음으로써 많은 가족들은 경제적으로 살아남는 데 심각한 타격을 받았다. 여성들의 수입에 전적으로 의존하는 가족이나 대가족의 지원이 없는 가족은 벼랑 끝으로 몰리게 되었다. 상당수는 자식들에게 거리에서 물건을 팔게 하거나, 식량과 돈을 구걸하게 하였다. 탈리반이 카불을 점령한 후 파키스탄으로 피난 간 5만 명의 난민 가운데 대부분은 여성들이 갑자기 수입원을 빼앗겨 버림으로써 난민으로 전락한 사람들이었다.

이런 맥락에서 탈리반이 때에 따라서는 파키스탄에 있는 난민들의 강력한 지지를 받았다지만, 사실 많은 난민들은 자신들의 딸이 아프가니스탄으로 돌아가 교육을 받는 것이 확실해지지 않거나 취업을 하는 것이 허용되지 않는다면 아프가니스탄으로 돌아가지 않을 것이라고 생각하고 있었다. 여성 취업은 난민 캠프에 있는 많은 가족들에게 필수 요소였다. 난민들이 귀환을 하지 않으려는 것은 여성 취업이 불가능한 상황에서 아프가니스탄의 몰락한 경제 상황에서 생존해야 한다는 두려움과도 관련이 있다. 그러나 9.11 사건 이전에 파키스탄 내의 난민들에 대한 압력이 증가함으로써 이 문제에 관해서는 다른 선택을 할 여지가 갈수록 줄어들 수밖에 없었다.

여성 교육의 금지는 제대로 된 교육 과정을 마련하는 것과 관련 있었는데, 그것은 다음 세대가 제대로 된 신앙 체계 아래 양육되도록 하기 위해서였다. 새로운 교육 과정을 수립하기 위해서는 우선 탈리반이 아프가니스탄 전체를 장악하고 그 후 교육 과정의 내용을 결정짓기 위해 울레마들의 모임을 소집하는 조건 아래에서 가능한 것으로 알려져 있다. 무자히딘 정당들이 만들었기 때문에 이미 이슬람과 부합하는 것으로 간주될 수 있는 현행 교육 과정은 수용될 수 없는 것으로 간주되고 있다.

자신들을 비판하는 자들에 대한 답변으로 탈리반은 남성과 여성 모두의 교육이 천부적으로 동일하다는 점을 받아들이고 있긴 하지만 그러한 교육이 이루어지기 위해서는 그에 상응하는 교육 조건을 제대로 준비해야 한다고 주장한다. 그런데도 탈리반 내부의 고위 간부들이 발표한 성명서에서는 카불의 여학교가 1997년 봄에 문을 열 것이라고 했다. 그리고 팍티아, 가즈니, 칸다하르 같은 지역에서 여학교가 이미 운영되는 작은 진전들이 있어 왔다. 그렇지만 1997년 봄이 와서 지나갔지만 오직 남학교만 운영이 허용되었다.

탈리반이 특정한 복장 규정을 주장하는 것은 이슬람 세계에서는 그다지 유별난 것이 아니다. 그러나 이 법을 강제하는 수준에서 그들은 지나치게 극단적이다. 종교 경찰이 규범을 위반한 여성들을 거리에서 매로 때리는 것과 같은, 특히 종교 정책에서 탈리반 내의 어떤 요소들 때문에 종종 일어나는 관행들은 여성 인구의 이동에 엄청난 영향을 미쳤다. 너무나 뚜렷하게 공포 분위기가 조성되었고, 그로 인해 여성들은 자신들이 아프가니스탄에서 꼭 살아야 할 필요성이 없다면 고향을 떠나서 살 수밖에 없었다. 심지어 보건 분야에서 일하도록 허용되었다지만, 탈리반 군에 노출되는 것을 최소화하기 위해서 일하는 동안 내내 계속 병원에서 살거나 일을 그만둘 수밖에 없었다. 이로 인해 여성과 어린이들이 보건 시설을 이용하는 것이 줄어드는 것은 당연한 결과였다. 결국 카불에서 여성들이 사용할 수 있도록 지정된 단 하나의 병원에 가는 것도 여성들을 괴롭히는 일이 될 뿐이었다.

언급하는 바와 같이 이러한 현상은 도시 간에 큰 격차가 있었고 특히 카불, 헤라트와 탈리반이 통세하고 있는 다른 지역 간에 그 차이는 매우 심했다. 다른 지역에 비해서 탈리반 군대가 있는 카불과 헤라트가 보통 훨씬 가혹한 편이다. 헤라트에서는 장을 보러 나갔다가 매를 맞은 여성들에 대한 보고들이 많았는데 이러한 행위는 종교 경찰 책임자가 1997년 4월에 일단 다른 곳으로 전근을 가서야 중지되었을 뿐이다. 1997년 1월에는 한 서양 여성 지원 활동가가 헤라트에서 부르카를 쓰지 않았다는 이유로 매를 맞았다고 보고되기도 했다. 탈리반은 이 사건에 대해 사과했다.

종교 경찰이 여성을 그렇게까지 다루는 것을 탈리반 지도부가 승인했는지의 여부는 분명하지 않다. 칸다하르에서 발표된 많은 성명서들은 그러한 행위를 강도 높게 비판하였다. 그러나 그러한 사건들이 어떠한 분명한 유형은 없었지만 지속적으로 일어난 것도 사실이다. 그러므로 어느 시점에서 상황이 나빠졌다고 말하는 것도, 경찰이 좀 더 방관하는 태도를 취하고 있다고 말하는 것도 쉽지 않은 일이다.

하나의 문제는 일반 병사들이 탈리반의 성 정책에 대해 단순하게 생각한다는 점이다. 일반 병사들은 여성이 특정 부문이나 외국 기구에서 일하는 것이 적합한지 여부에 대해 깊이 고려하지 않은 채 여성 취업을 아주 쉽게 금지했다. 비교적 보수적인 그 군인들 대다수에게 카불은 퇴폐적이고 부패한 곳으로 보였다. 하물며 그들의 눈에 비치는 외국 기구들이나 일하는 여성들은 두말할 필요도 없었을 것이다.

144

탈리반은 여성들의 얼굴은 절대로 드러나지 않아야 한다고 극단적으로 믿고 있다. 비록 무자히딘 정당들이 점령하고 있는 지역에서 부르카 착용이 널리 퍼져 있긴 하지만 무자히딘이 여성들에게 부르카를 착용하도록 강요한 적은 없다. 이슬람 세계의 다른 지역에서는 기껏해야 눈 위까지 가리개로 가리거나 눈만 내놓고 가리거나 하는 식으로 얼굴의 일부를 가리도록 한다. 사실 아프가니스탄 내에서도 부르카는 도시적인 현상이다. 시골 여성들은 읍내에 갈 때를 제외하고는 머리 스카프를 쓰는 것이 보통이다. 물론 부르카를 가지고 있는 사람은 부르카를 걸치기도 한다. 부르카는 경제가 악화된 도시의 가정에 경제적인 부담이 된다. 많은 가정들은 부르카를 살 능력이 없고 여성들은 외출을 해야 할 경우 다른 사람에게 부르카를 빌리기도 한다. 심지어 그런 이유로 이동에 제약을 받기도 한다.

남성도 외출하는 경우에는 강력한 복장 규정에서 자유롭지 못하다. 경제적으로 곤란할 때도 남성들은 새 옷과 터번용 천 등을 사야 했다. 모든 남성이 수염을 길러 멋을 부릴 수 있는 것은 아니다. 남성들은 복장 규정을 지키지 않으면 혹시 탈리반에게 자신이 다른 파에 속한 것으로 의심을 받아 체포되거나 부패 혐의에 연루되어 체포될 수 있는 가능성을 없애기 위해 수염을 기르는 것이기도 하다.

탈리반의 성 정책을 이해하기 위해서는 20세기 초부터 성과 관련된 정책의 발전이라는 맥락에서 살펴볼 필요가 있다. 그에 관한 것으로는 무자히딘 정당들이 성을 핵심 고리로 사용한 것 그리고 이슬람 급진파 내에서 일어난 여러 가지 형태의 성 정책이 있다.

전통 사회 내에서 여성들은 대부분 아내와 어머니로서의 역할을 수행하였다. 여성들은 일상적인 농사일, 특히 파종, 김매기, 목축, 가내 수

공업에 참여하며 경제적으로 중요한 역할을 담당하였다. 남성들은 농사일에서 다른 부분을 담당하고 육아를 담당하기도 한다. 그들은 장보는 일을 책임지기도 하였다. 하지만 여성들은 한 세대에서 다른 세대로 이슬람을 전파하는 가장 우선적인 수단으로 여겨졌다.

이 외에도 여성들은 사회의 핵심 혹은 심장으로서 중요한 상징적인 역할을 한다. 이는 여성의 보호가 곧 사회의 보호로 여겨지는 파슈툰 족의 율법 규범인 파슈툰왈리에서 특히 그렇다. 이러한 맥락에서 그 사회의 명예는 여성의 명예에 달려 있다. 예를 들어서, 파슈툰 부족 사회에서는 만약 어떤 여성이 다른 부족 사람들에게 강간당하는 치욕을 입으면 그 여성이 속한 부족은 그에 대해 똑같은 복수를 할 권리를 갖는다.

여성을 보호하려는 파슈툰 사회는 전통적으로 여성의 이동을 제한해 왔다. 정도의 차이는 있지만, 여성은 가정 혹은 마을 공동체 밖에서 남성들과의 접촉을 최대한 제한받아 왔다. 만약 여성이 남성과 접촉하려면 반드시 규정된 법에 따라야 한다. 여성의 외부 세계와의 접촉을 제한하는 것을 푸르다라고 이름지었다.

하지만 아프가니스탄의 중부와 북부에서 파슈툰 전통과 다른 전통들은 여성의 이동을 지지해 왔다. 이는 그곳에 이주해 온 주민들의 고향인 중앙아시아의 영향을 크게 받은 때문이다. 투르코만 여성들은 이동을 크게 제한당했고, 하자라, 우즈베크, 타지크 사회의 경우도 파슈툰 사회의 전통 정도는 아니지만 여성들의 이동이 제한당했던 것이 사실이다. 하지만, 유목 생활을 하는 여성들은 원칙에서 예외로 인정받는다. 유목민 사회에서 여성들은 불가피하게 아주 많이 이동할 수밖에 없고 그래서 파슈툰 사람들이나 그 하위 문화에 존재하는 것과 같은 이방인과의 접촉에 대한 엄격한 터부에 직면하지 않는 것이다.

아프가니스탄 전체에서 전통적으로 여성과 남성은 소박하다고 여겨지는 특정 복장 규정을 따랐다. 여성들은 일반적으로 샬와르 카미즈를 입었고 부르카나 차드리(Chadri)라고 하는 얼굴을 포함한 몸 전체를 가리거나 몸을 감싸고 머리카락을 가리는 헐렁한 옷을 입는다. 전통적인 농촌 사회에서는 부르카를 거의 입지 않는다. 왜냐하면 농사를 하거나 가축을 치는 여성들의 일에 방해가 되기 때문이다. 부르카는 도시 지역에서 시작되었다. 모든 여성들을 동일한 조건에서 사람들 앞에 두는 것 때문에 다른 남성이 여성을 탐할 수 없도록 한다는 차원에서 고안된 것이다. 그러나 마을이 도시로 커 가고 시장이 발전하면서 마을에서 떨어진 지역 출신 여성들은 부르카를 쓰는 것이 교양을 드러내는 것이라고 느꼈다. 그러다 보니 부르카 사용은 시골 지역에서는 증가하는 반면에 도시 여성들은 서양 스타일로 기울고 있다. 부르카는 남부 지역에서 더 일반적인 반면에 북부 지역에서는 그렇지 않다.

남성들은 전통적으로 샬와르 카미즈와 지역에 따라 특정한 형태의 두건을 쓰도록 되어 있다. 어떤 지역에서는 남성들은 수염을 기르도록 되어 있다. 아프가니스탄의 특정 지역에서 머리를 기르는 풍습도 있지만 짧은 머리가 일반적이다. 서양의 옷은 소수의 인구만이 그것도 비교적 최근에 들어서야 입기 시작하였다.

아마눌라 왕의 개혁은 여성과 소녀의 지위를 향상시키고 성과 관련된 여러 풍습들을 바꾸기 위해 고안된 여러 조치들을 포함함으로써 보수적인 여론의 심기를 불편하게 했다. 그는 유아 결혼을 금지했고, 가사에 관한 규율을 관장하는 주체를 성직자에서 국가로 이전시켰으며, 공무원들의 일부다처제를 금지하였고, 여성들이 얼굴 가리개를 쓰지 않는 것과 남성들이 유럽식 모자를 쓰는 것과 같이 서양식 옷을 입고 카불에서 살거나 카불을 방문하는 것을 허용했다. 1928년에 왕비를 필두로 백여 명의 여성들이 얼굴 가리개를 벗어 던지고 공식 행사에 나타났다. 이러한 아마눌라의 조치는 하비불라 2세가 권력을 잡았을 때 그리고 그후 하비불라 2세 후계자 아래에서 울레마가 샤리아법에 대한 그들 특유의 해석에 기초하여 여성들에게 선거권은 허용되지 않는다 — 사실 여성들은 단 한 번도 선거권을 행사해 본 적이 없다 — 는 법령을 반포하면서 폐기되었다.

여성들의 지위를 개선시키기 위한 추가 조치들은 다우드 칸이 총리가 된 1953년에 이르러서야 만들어졌다. 1957년에 여성 가수들과 앵커가 카불 라디오에 출연하였다. 그리고 그 이듬해에 정부는 뉴욕에 있는 유엔에 여성 대표를 파견하였다. 동시에 여성들은 국립 항공사에 승무원과 안내원으로 채용되었다. 물론 그들은 얼굴 가리개를 쓰지 않았다. 1959년에는 다우드가 정부 고위 공직자의 처와 딸을 독립 기념일 행사장에 얼굴 가리개를 벗은 채 참여하게 함으로써 아마눌라의 이전의 조치들을 되살렸다. 이에 대해 울레마가 반대하자 다우드는 얼굴 가리개를 정당화시키는 근거를 샤리아법에서 명백하게 찾아내라며 울레마에게 도전하였다. 그들은 샤리아법에서 근거를 찾아내지 못하였지만 소련의 고문관들의 존재가 갈수록 커지면서 그로 인해 이슬람이 전복당할지 모른다는 두려움에 다우드 칸 총리를 극렬하게 반대하는 운동을 대대적으로 전개하였다. 그러나 다우드는 그를 지원하고 있는 군대로 자신의 위치를 다질 수 있었다.

그는 1960년대의 세계적인 지식인 운동의 도움을 받았다. 그 운동은 기존 가치관에 도전했고 여성들이 좀 더 많은 권리와 자유를 가지도록 하는 운동이다. 이제 기초 교육 이상의 교육 혜택을 받은 소녀들의 수가 상당히 증가하였는데 이에 대해 울레마는 비전통적인 교육의 팽창이 청년들의 도덕 관념을 침식하고 사회적 가치를 잠식시킨다고 주장하면서 크게 반발하였다. 그들은 파키스탄의 이슬람 이론가인 압둘 알라 마우두디의 저작에서 이념적 정당성을 끌어왔는데, 압둘 알라 마우두디는 여성들은 집을 나설 때 얼굴을 가리개로 완전히 가려야 하고, 남성과 여성은 분리되어야 한다고 주장하였다. 그 기간에 울레마들은 아프가니스탄에 있던 서양의 히피 때문에 도덕 기준이 무너진다면서 심각하게 우려하였다.

1978년 4월 쿠데타를 통해 세워진 아프가니스탄인민민주공화국 정부는 높은 문맹률을 낮추기 위해 전국적으로 여성 교육을 실시하는 방법을 찾는 등 실질적인 노력을 통해 개혁을 전개해 나갔다. 그러나 정부의 이러한 노력들은 농촌 지역의 전통적 지도자들에게서 심각한 반대에 부딪혔고, 이는 아프가니스탄인민민주당 정권에 대한 저항으로 연결되었으며, 결국 소련의 침공을 유발했다. 예전처럼 소녀들이 마을의 나이 많은 여성이 행하는 종교적 가르침을 통해서가 아니라 이상한 외래 가치 체계에 기초한 교육을 받는 것에 대한 우려가 특히 많았다. 교육 제도에서 마을의 물라들을 배제한 것 또한 종교 지도자들과 전통적 지도자들에게 상당한 경각심을 불러일으켰다. 이러한 저항은 일곱 개의 무자히딘 당, 특히 이슬람주의 당이 구축한 것이다. 이 정당들은 여성 보호를 최우선적인 목표로 했고 그들의 사상적 위치를 강화하기 위해 마우두디와 같은 급진적 이슬람주의자들의 사상을 끌어들였다.

아프가니스탄인민민주당의 쿠데타와 연이은 소련의 침공으로 인해 파키스탄이나 이란으로 피난 간 6백만 명의 난민 대부분에게 자신의 딸들이 세속적인 사상에 영향을 받을지도 모른다는 두려움은 그들이 아프가니스탄을 떠나기로 결정하는 데 주요한 요인이었으며, 이는 지하드 선언과 일맥상통하는 것이었다. (반면 세월이 흘러, 1992년에 나지불라 정부가 무너지고 무자히딘 정부가 출현한 후, 아프가니스탄을 떠나 피난길에 오른 도시 거주자들은 역으로 자신들의 딸들이 이슬람의 엄격한 해석에 따라야 한다는 것을 우려하여 떠났다.)

그러므로 소련의 침략에 대한 저항은 서양의 영향과 사회주의의 영향 모두에 대한 저항으로 나타났다. 사회주의 제도는 사회주의의 세속적인 속성상 잠재적으로 이슬람을 침식시키는 것으로 보였다. 서양 사회도 이와 유사하게 비쳐졌는데, 일부는 종교와 국가가 분명하게 분리되어 있고 종교가 단지 사적인 공간으로 격하되었기 때문이고, 또 다른 부분에서는 서양 사회가 퇴폐적인 모습으로 대중에게 나타났기 때문이다. 이런 이유들 때문에 여성들은 잘해 봐야 자신들의 무슬림 가치를 포기할 것이고 최악의 경우 비도덕적 행태로 추락할지 모른다는 두려움이 있었다.

이는 서양의 인도주의적 원조 기구들에 대한 아프가니스탄 주민들의 이중적 태도로 나타났다. (흥미로운 유사점은 새로운 지역을 차지해 가던 이슬람의 초기 역사에서도 찾아볼 수 있다. 무슬림 정복자들은 행정 통치를 원활히 하기 위해 기독교인들에게 의지했고 이로 인해 기독교가 그들이 추구하고 있는 가치들을 잠식시키는 것은 아닌지에 대한 내부 논쟁이 가열되었다.) 아프가니스탄 여성이 원조를 받는 사람으로 혹은 피고용인으로 이들 원조 기구와 접촉했다면, 이 여성들은 타락한 것이라는 두려움이 있었다. 원조 기구에서 일하는 서양 여성들은 적당하다고 여겨지는 옷을 입는 데 주의를 기울여야 했다. 그들은 일반적으로 샬와르 카미즈를 입고 머리에 스카프를 둘러야 했다. 이 기구들은 문제를 최소화하기 위해 아프가니스탄인이 아닌 여성 직원들을 아프가니스탄 여성 수혜자나 아프가니스탄 여성 직원들과 함께 일하게 하는 경향이 있었다.

어떻게 보면 무자히딘 정당들은 외국 기구들의 존재를 자신들의 지위를 강화하는 데 이용하였다. 그들이 아프가니스탄 여성들을 타락시킬지도 모른다는 것을 통해 외국의 인도주의 기구를 이슬람과 아프가니스탄 사회에 대한 잠재적 위협으로 표현함으로써 이들 기구들에게 공적 시각 안에서 상징적 중요성을 부여하였다. 난민 캠프 한 곳에서 설교를 하면서 어떤 외국 기구가 아프가니스탄 여성을 기독교인으로 개종시켰다는 소문이 돌았을 때, 어느 물라가 캠프 내에서 그 기구가 소유하고 있던 모든 건물을 공격하도록 군중을 자극하였다. 그 결과 모든 것이 불타 아무것도 남지 않게 되었다.

소련군이 떠난 이후 초기 몇 년 동안 인도주의 기구들은 자신들이 몇몇 무자히딘 정당들과 이슬람의 비주류 운동에서 잦은 언어 폭력을 당하고 있다는 것을 발견했고, 그런 기구에서 일하는 아프가니스탄 여성들이 협박을 당하는 것은 아주 흔한 일이었다. 몇몇은 그러한 협박 때문에 일터를 떠났다. 다른 사람들은 계속 일을 하긴 했으나 그것은 그런 도전에 대한 반항의 차원에서이기도 하고, 가정을 유지하는 데 필요했기 때문이다.

아프가니스탄에서 진행되었던 논쟁들은 이란에서 반향을 얻은 것이기도 했다. 아야톨라 호메이니가 정권을 잡았을 때 여성들에게 전통적인 부르카를 입도록 강제해야 하는가 아니면 긴 헐렁한 옷에 머리 스카프를 쓰는 것을 허용할 것인가에 대한 많은 논쟁이 있었다. 부르카는 채택되지 않았다. 여성 교육에 대해 우선권을 줄 것인가에 대해서도 논쟁이 있었다. 결국 높은 수준의 규정이 만들어졌다. 여성들은 남편의 허가를 받은 곳에서만 일할 수 있는 것으로 타협이 이루어졌다.

소련 침공 이전 아프가니스탄 사회에 이슬람주의 운동으로 중요한 영향을 미친 무슬림형제단의 이데올로그인 무함마드 가잘리의 입장에 주목하는 것 또한 흥미로운 일이다. 그는 1948년에 쓴 『지혜로운 우리의 시작』에서 여성의 유혹적인 옷차림과 외모 그리고 보호자 없이 여성홀로 하는 외유와 외출을 금지할 것을 제안하였다. 그는 여성들이 자녀를 양육하기 위해 정해진 역할에 배타적으로 연결되는 여성 교육에 대해서만 찬동하였다.

다른 이슬람 세계에서는 여성들이 어떻게 옷을 입고 사회에 참여할 것인가에 대해 쿠란과 하디스에 대한 광범위한 해석이 시도되어 왔다. 그에 관해서는 상당한 모순이 발견된다. 예를 들어 보면 여성들이 반드시 얼굴 가리개를 써야 하고 운전도 절대로 허용되지 않는 사우디아라비아와 공공 부문에서 서양과 비교해 볼 때도 나름대로 완전한 역할을 할 수 있는 중동의 다른 지역은 뚜렷하게 대조된다. 한 나라 안에서도 도시와 촌락 사이에 그리고 급진적 이슬람 이념에 노출된 곳과 좀 더 온건하고 자유주의적인 입장을 가진 곳 사이에 유사한 대조가 나타난다. 이슬람에 대한 여성들의 충심을 확인하기 위한 것으로 이슬람 세계 전역을 통해 여성들은 마치 수녀들이 하는 것과 비슷한 모양의 두건과 긴옷을 입는 경향이 있어 왔다. 알제리에서 이슬람 극단주의자들은 그러한 복장 규정을 따르지 않는 여성들을 표적으로 삼기도 했다.

아프가니스탄 사회와 이슬람 내에서의 여성의 역할에 대한 아프가니스탄 여성들 사이의 반응 또한 위의 경우와 유사하게 다양한데, 그 안에는 급진적인 이슬람에서부터 세속적인 입장까지가 모두 포함되어 있다. 예를 들어 아프가니스탄여성혁명위원회(Revolutionary Afghan

Women's Association)는 아프가니스탄에서 여성들이 정치적인 삶에서 완전한 역할을 수행해야 하고 남성과 동일한 수준에서 교육, 훈련을 받아야 하고 취업 기회를 가져야 한다는 주장에 중도적 입장을 취하면서, 여전히 이슬람 세계 안에 자리 잡고 있다. 따라서 이 기구의 경우는 여성들이 적당하게 단정한 옷을 입기를 기대하지만 부르카를 고집하지는 않는다.

여성들이 어떻게 행동할 것이며 어떻게 사회에 참여할 것인가에 대한 논쟁은 아주 긴 시간 동안 진행되어 왔다. 그리고 20세기 초부터 어떤 다른 쟁점보다 더 많은 논쟁의 원인이 되었을 것이다. 1994년 10월 탈리반이 칸다하르에서 정권을 잡았을 때 그들은 단지 기존의 여러 입장 가운데 하나를 적용하고 있었다.

탈리반은 그 다수가 파슈툰 족이면서 농촌 중심이기 때문에 파슈툰 법에 명기된 명예의 규범에 영향을 받는 것을 피할 수 없었다. 여성은 푸르다 속에서 살면서 외부 세계로부터 보호를 받아야 한다. 헤라트의 탈리반 주지사는 10월 8일에 파슈토 어로 방송되는 테헤란의 국외 방송인 '이란의 소리' 통신원과 가진 인터뷰에서 자신들의 입장을 다음과 같이 분명하게 밝혔다.

여성들을 집안에 가둬 둔 것은 모든 아프가니스탄인들이 자랑스럽게 생각할 일이다. …… 샤리아법은 모든 이의 행동 양식을 규정해 왔다. 나는 샤리아법은 여성이 아플 때 남성 의사에게 진찰을 받을 수 있도록 허용하고 있다고 생각한다. 이 문제에 대한 사실은 그 어느 나라도 우리가 우리의 여성들에게 준 권리를 여성들에게 주지 않았다는 것이다. 우리는 신과 그 유일 사도가 지시한 권리를 여성들에게 부여했으니 이는 여성은 집에 머물며 히잡(격리) 속에서 종교 교육을 받아야 한다는 것이다.

탈리반은 무자히딘의 하라카트 당과 20세기 초 아마눌라 정부에 반대하는 보수파 쪽의 울레마와 물라들이 채택한 입장에 영향을 받았다. 여러 가지 점에서 그들은 1960년대 이전의 상황으로 돌아갈 방법을 모색하고 있었다. 그리하여 여성들이 일하는 것을 금하면서 탈리반은 자신들이 다우드의 개혁, 아프가니스탄인민민주당의 쿠데타, 14년 동안에 걸친 소련의 배후 조정을 받은 정부, 이슬람주의 정당들의 집권 그리고 서양의 기구들의 활동 등의 결과로 서서히 스며든 부패의 영향에서 사회를 해방시키고 있다고 생각하고 있었다.

탈리반은 20세기 동안 아프가니스탄 내에서 무엇이 발전하였는가를 깨달으면서 여성 교육에 대한 그들의 입장을 택한 것 같다. 교육은 아마눌라 왕이 교육 제도를 통해서 아프가니스탄을 근대화하려 노력했던 것처럼 특정 이념을 전파하는 수단으로 활용된 것이 명백하다. 다우드, 아프가니스탄인민민주당, 이슬람주의 무자히딘 정당들은 아마눌라 왕의 예를 따랐다. 사우디아라비아(교육 기관에 대한 자금 지원을 통해), 파키스탄의 이슬람주의 정당들과 여러 지역에서 일어난 수많은 작은 정치 운동들도 교육 기관과 고아원을 통해 자신들의 이념을 확산시키기 위해, 갈등으로 조성된 기회를 놓치지 않았다.

탈리반이 이슬람에 대해 해석하는 것과 같은 식의 가장 순수한 이슬람의 가르침 때문에 소녀들이 수준 이하로 전락할 것이라는 우려가 있다. 즉, 그들은 여성들의 중요한 역할을 다음 세대를 순수한 무슬림으로 양육하는 것에만 초점을 맞출 뿐이다.

정치적 혹은 전략적 이유로 탈리반에 반대하는 이슬람 세계 내의 몇몇 요소들은 탈리반을 공공연히 비판하기 위해 탈리반의 성 정책에 대한 국제적 반응을 좋은 기회로 활용해 왔다. 10월 2일에 무자히딘의 이슬람주의 정당들을 지원하는 데 가장 큰 역할을 하던 파키스탄의 자마아트-이-이슬라미의 대표가 여성의 교육과 취업을 금지하고 얼굴 가리개를 쓰게 하는 것과 남성들에게 수염을 기르게 하는 탈리반의 법령은 이슬람의 이미지를 부정적으로 만들 수 있다는 성명서를 발표하였다. 그는 탈리반이 발표한 많은 대책들은 이슬람법 내부에서 그 어떠한 정당성도 없는 것이라고 하였고, 여성들이 의복과 행동에 관한 이슬람의 규범을 준수하는 한 누구든 교육을 받고 일할 수 있고 따라서 여성 교육은 천부적인 것이라고까지 했다. 자마아트-이-이슬라미를 형성하는 데 마우두디가 핵심적 역할을 한 것을 고려해 볼 때 자마아트-이-이슬라미가 이러한 입장을 취한 것은 매우 흥미롭다. 파키스탄 내에서 다른 작은 종교 운동은 비슷한 관점을 표명하였고 남성과 여성은 서로 다른 학교에서 교육을 받지만 그 교육 자료는 동일해야 한다고 지적했다.

탈리반의 정책들은 서양의 기구들과 국제 사회에 특정한 딜레마를 낳았는데, 기구들과 국제 사회는 유엔 인권 조약의 토대에서뿐 아니라 서양의 관점에서 그들에게 반응할 수밖에 없었다. 서양 사회는 비교적 개인주의적이기 때문에, 남성과 여성은 각각의 개인으로, 개인의 삶의 선택에 근거하여 일반적으로 자아실현을 추구한다. 대부분의 경우 이러한 삶의 선택은 취업의 선택과 관련 있다. 삶의 선택은 또한 아이를 낳을 것인가 말 것인가, 만약 낳는다면 몇 명을 낳을 것인가에 관한 것도 포함하고 있다. 서양에서는 이러한 선택에서 여전히 사회적인 압력이 영향을 미친다. 즉 사회는 여성이 아이를 출산하기 바라지만 여성들은 점차 30세가 될 때까지 첫아이를 낳지 않거나 낳을 아이의 숫자도 제한하는 것이 보통이다. 아이를 가질 것이냐 그렇지 않을 것이냐에 관한 압력은 로마 가톨릭을 제외하고는 문화나 종교의 영속성과 맞물리는 문제가 아니다. 그리고 민족의 발전과도 관련이 없다. 사회적 지위와 관련이 있기는 하다. 삶에 대한 그러한 접근법은 아프가니스탄에도 존재해 왔다. 다만 그것은 비교적 짧은 기간이었고 극소수의 사람들에게만 해당되었을 뿐이며 그들 중 대다수는 서양으로 떠나기를 갈망해 왔다. 어쨌든 서양인 관찰자들은 자연스럽게 이 소수의 사람들과 입장을 같이 한다.

아프가니스탄 사회가 동질적이지 않은 것과 마찬가지로 서양 사회도 동질적이지 않다. 서양의 여성들이 국적, 계급, 나이, 수입, 환경에 따라서 중요한 차이가 있는 것처럼 아프가니스탄 여성들 또한 민족, 종교, 수입액, 도시/농촌 거주 여부에 따라 그 차이가 존재한다. 개인의 성격 또한 아프가니스탄과 서양 양쪽 사회에서 중요한 역할을 한다. 그러므로 어떠한 대화라도 그 대화에 참가하는 사람들이 지키고자 하는 가치관에 기초하여야 한다. 서양인들이 아프가니스탄 사람들이 가지고 있는 가치관을 부정하는 것은 이제 더 이상 바람직하지 않다. 차라리 아프가니스탄 사람들이 자신들의 사회적 가치를 스스로 부정하도록 하는 것이 낫다. 대화를 할 때 한쪽 혹은 양쪽이 극단적이고 경직된 입장을 고수할 때는 어려움이 생긴다. 한쪽은 상대방에게 왜 그러한 입장을 택하였는지, 그러한 입장을 고수하게 한 역사적 원인은 무엇인지, 그리고 그러한 가치관에 대한 단순한 의문에 추가할 만한 요인들이 있는지 등에 대해 물음을 던져야 한다.

이런 상황에서는 타자라는 개념을 설정하고 그 위에서 문제를 심사숙고하는 것이 유용할 것이다. 타자라는 개념 안에서 여러 집단들은 자신들을 다른 집단들과 차별화시키려고 한다. 아프가니스탄의 최근 역사는 이러한 과정을 아주 날카롭게 보여 주고 있는데 사실 그러한 사건들은 유럽과 미국의 역사에서도 비슷하게 일어났던 것들이다. 현재 서양 사회는 이해와 정체성에 관한 차이뿐 아니라 권력에 대한 차별적인 접근에 기초한 여러 집단 간의 관계에 의해서 그 성격이 규정되고 있다. 어떤 집단은 외부에서 위협을 받을 때 내부에서 태도가 강경해지는 경향이 있고 나아가 스스로의 정체성을 다른 집단들과 차별화하기 위하여 몇 가지 측면들을 좀 더 분명하게 정의하려 한다. 민족적 정체성 혹은 종교적 정체성이 문제될 때 여성은 종종 그 정체성을 재생산하는 존재로서 상징적 중요성을 부여받아 왔다. 이러한 것은 무슬림 사회가 위협에 놓일 때 나타나는 특징이다. 우리는 그 좋은 예를 알제리나 유럽의 여러 도시 안에 있는 무슬림 공동체에서 찾아볼 수 있다. 그렇지만 또한 언론 매체가 만들어 낸 위협이 이보다 훨씬 널리 퍼져 있다. 언론 매체는 서양 문화의 이미지를 전 세계 가정에 보급하고 종종 매우 교활한 형태로 다른 문화를 잠식하고 있다.

아프가니스탄은 서양의 언론 매체가 상당한 수준으로 침투하지 못한 채 남아 있는 몇 안 되는 곳 가운데 하나이다. 탈리반이 취한 성 정책의 경직성은 사회를 내부에서 약화시킬지 모르는 외부의 영향력과 거리를 두고, 그것에서 여성들을 보호하기 위한 절망적 시도로 해석할 수 있다.

9장 인도주의 기구들과의 대화

소련군이 고속도로를 폭격하여 도로가 깊게 파인 장애물이 되고 계속된 폭격 세례로 농촌이 황폐해짐에 따라, 소련, 미국, 유럽이 전후에 제공했던 경제 원조 혜택이 급격하게 소실되어 버렸다. 1989년 2월 소련군이 철수하면서 국내에 흩어져 있던 사람들이 원래 살던 마을로 돌아가기 시작했고 이내 재건의 긴 과정이 시작되었다. 여러 가지 당면 과제 가운데 최우선 과제는 수없이 많은 지뢰를 제거하는 일이었는데, 할 수 있는 한 최선을 다했지만, 전문가의 지원이 크게 부족하여 인명 피해는 불가피했다. 무너진 집들을 재건하는 것 역시 우선순위에 있었다. 사람들은 서로 도우면서 수로를 청소하고 경작을 위해 토지를 정비했다.

그러나 외부의 전문 기술 지원이 필요한 곳이 등장했다. 다양한 종자 개발이 필요했다. 한계 생존 수준에서 벗어나 자급 자족 경제로 도약할 수 있는 공동체를 만들기 위해 관개 체계와 홍수 방지 구조 설계에 기술자가 필요했다.

유엔 기구들과 비정부 기구들은 소련군 철수 직후부터 지원을 할

태세에 이미 들어가 있었다. 비정부 기구들은 이미 아프가니스탄 농촌 지역의 빈곤층 주민들이 생존할 수 있도록 지원을 제공한 오랜 경험을 가지고 있다. 1979년 소련의 침공은 1956년 헝가리 침공을 상기시켜 국제 사회의 강한 반발에 부딪쳤다. 그것은 또한 제2차 세계 대전 동안 나치의 점령을 경험했던 사람들 사이에서 동정심을 불러일으켰다. 유럽 본토와 영국, 북미에서 연대 기구가 생겨났다. 소련의 아프가니스탄 점령은 이슬람권에서도 강한 반응을 일으켰는데, 이는 세속 군대가 형제 무슬림을 공격한 것에 대한 반발이었다. 이슬람 사원에서 무자히딘을 지원하기 위해 모금 활동이 조직되었다. 연대 위원회의 상당수가 아프가니스탄에 구호 물자를 전달하기 위해 자발적으로 조직되었으며, 여기에 이슬람권과 서양 양쪽에서 설립된 지원 조직이 가담하였다.

인도주의적 지원 기구들은 대부분 무자히딘 지도부를 통해 아프가니스탄 내의 공동체에 배분되는 현금과 밀을 제공하는 일을 하였다. 1986년 초부터 새롭게 미국국제개발처(USAID)가 도착하고 인도주의적 지원 프로그램을 위해 비정부 기구에 허가증이 교부되면서 확보할 수 있는 기금이 눈에 띄게 증가하였다. 이것은 무자히딘에 대한 미국의 군사적 지원이 늘어나는 것과 극적으로 일치한다. 서양과 이슬람 세계의 지지자들은 급진적 이슬람을 매개로 무장 결집한 저항 운동을 적극적으로 지원하고 나섰다. 따라서 그들은 자신들이 꼭 동의하지는 않는 이데올로기에 적응해야 했다. 그것은 세계 대부분의 지역에서 통용되는 기준보다 여성에게 더 규정적이고 제한된 역할을 설정하는 이데올로기였다.

소련의 철수가 진행됨에 따라, 이 기구들은 나지불라 정부도 소련의 철수와 함께 바로 몰락할 것이라 믿어 파키스탄과 이란에서 600만 명의 난민이 대량 송환되는 것을 원조하기 위한 이주 계획을 수립했다. 그런데 나지불라 정권이 곧바로 몰락하지 않자 이 기구들은 난민들이 원래 살았던 지역의 재건을 통해 궁극적인 귀환에 대비하는 좀 더 점진적인 정책으로 선회하였다.

지원의 대부분은 농업 기반 복구에 맞추어졌다. 관개 수로 수리, 홍수 방지 시설의 보수, 개량 밀 종자와 묘목 공급이 우선적으로 진행되었다. 보건과 가축 사육을 위한 대규모의 사업 계획이 수립되었다. 동시에 도로와 강, 농경지에 남아 있는 지뢰를 조사하고 제거하기 위한 대규모 사업도 수립되었다. 여러 기구들은 도시 지역에서 용수 공급, 하수, 보건, 구호 사업 등도 수행하였다.

기구들은 농촌 지역에서 지원 활동을 하기 위해 무자히딘의 사령관, 군벌 등과 협상을 해야 했다. 시간이 지나면서 기구들은 좀 더 넓은 지역을 포함시키는 것으로 협상 과정을 확대해 갔다. 그래서 지원 사업의 수행을 위해 가장 선호하는 파트너는 기구와 함께 공급을 책임지는 구호의 수혜자 역할을 할 수혜자를 갖추고 있는 촌락 조직이었다. 기구들은 도시에서도 마찬가지 방식으로 사업을 진행하였고, 기구들이 개입하는 것은 지방 행정에서 계획하고 우선시하는 사업과 일치한다는 것을 확신시키기 위해 중앙 정부 부처 및 각 지자체 가운데 생존해 활동하고 있는 사람들과 공동으로 작업을 하였다. 가능한 곳에서는 촌락 조직과 함께 했던 것과 같은 근거에서 지역 조직과 함께 작업을 하기도 했다. 프로그램을 계획하고 수행하는 데 행정 조직, 촌락 조직 그리고 지역 조직과 논의하는 것은 보통 상당 기간 동안 지속된다. 그래서 프로그램을 고려하는 데는 문화적·종교적 요소가 피할 수 없는 중요한 요인이 되었다.

160

무자히딘 지도자들뿐 아니라 정부 조직이나 공동체에 기반을 둔 조직과의 대화는 서양 및 다른 이슬람의 가치 체계의 수용과 관련이 있었다. 기구들은 자신들의 요구와 원칙, 목적을 가지고 왔고, 이것은 그들이 제공하려고 하는 지원의 성격과 도움을 줄 상황을 결정한다. 마찬가지로 그들의 목적과 가치 체계에 기반을 둔 재건 과정에 수혜자들은 이미 관여하고 있었다. 그들은 제공되는 지원을 환영하는 반면, 그 어떤 대가를 치른다 해도 기구의 가치 체계와 목적을 받아들일 준비는 되어 있지 않았다.

어떻게 여성들과 상담하고, 어떻게 여성들에게 지원 제공에서 평등한 배분까지를 보장할 것인지가 처음부터 어려운 문제였다. 무자히딘 정당 대표와의 토론보다 문화적 기준이 잘 형성되어 있고 좀 더 유연한 마을에서 공동체 기초 조직과 협상하는 것은 한결 수월했다. 무자히딘 정당들에서 여성의 격리에 대한 요구는 그들의 정치 이념의 한 요소인 까닭에, 여성이 상담을 받고, 직접 관여하고, 동등한 수혜를 받아야 한다는 기구들의 요구에 이들은 종종 아주 엄격하게 반응했다.

서양의 비정부 기구들은 활동가와 지원 수령인 모두 어떻게 여성들과 일할 것인가에 대해 상당한 주의를 기울여 왔다. 그들은 문화적 기준을 지키려고 모든 노력을 기울이면서, 가능한 주어지는 지원이 여성들에게 평등하게 배분되도록 그리고 지원 환경에 대한 상담을 보장하려고 노력하였다. 예를 들면, 난민 캠프에서 어떻게 적절하게 여성들에게 접근할 것인지, 의사 결정 과정에 어떻게 여성들이 참여할 수 있을 것인지를 촌락의 전통 조직의 남성 대표와 논의하고자 했다. 현재 아프가니스탄인이건 아니면 다른 국적을 가지고 있는 아프가니스탄인이건 간에 관계없이 여성들에게 좀 더 쉽게 접근할 수 있도록 하기 위해 여성 활동가가 활동하여야 했다.

그러나 여성들의 지원을 위한 평등한 기회의 보장은 극히 어려운 것으로 판명났다. 몇몇 원조 부문에서의 일은 그래도 쉬운 편이었다. 예를 들면 농업 기반 복구 사업에서는 여성들이 남성만큼 수혜를 받아야 한다고 주장하는 것이 논리적으로 타당하게 받아들여졌다. 또 예방 백신 프로그램이나 모자 건강 클리닉에서 여성을 주 대상으로 삼는 것도 가능했다. 그러나 구호 프로그램이나 모든 사람들에게 제공되는 의료 사업에서 여성들에게 평등한 수혜를 보장하는 것은 어려웠다. 문화적 기준과 널리 퍼져 있는 과민 반응 때문에 소녀들을 위한 교육은 소년들에 비해 턱없이 적었다.

무자히딘 정당들이 교육에 서양이 개입하는 것에 대해 매우 예민해 있었기 때문에 서양의 비정부 기구들은 교육 과정에 자신들이 어떻게 개입할 것인지에 대해 각별한 주의를 기울이고 있었다. 사회주의적 교육 체계를 강요한 아프가니스탄인민민주당 정부의 시도는 농촌 주민들에게 깊은 상처를 남겼고, 무자히딘 정당뿐 아니라 촌락 조직과 난민 캠프 조직도 서양의 기구들과의 관계에서 어떤 위험도 감수할 준비가 되어 있지 않았다. 그러나 이슬람 비정부 기구들은 그런 압박을 받은 적이 없었으며, 초등학교, 중등학교, 대학교 그리고 고아원의 교과 과정 결정에 대단히 자유로운 입장에 있었다.

서양의 비정부 기구들은, 미국국제개발처가 자금을 대고 네브래스카에 있는 오마하대학이 운영하는 사업에 파키스탄에 기반을 두고 있는 무자히딘 정당들로 구성된 아프가니스탄 임시 정부가 참가하여 공동으로 기초한 교육 과정에 따라 운영했다. 공동 교과서가 제작되어 아프가니스탄 전체 학교에 배포되었다. 비정부 기구들은 학교 건물의 수리와 건축을 지원했고, 교사들의 월급을 지급하기 위한 재정 지원과 물품 비용을 맡았다. 따라서 탈리반이 칸다하르를 점령했을 때, 인도주의 기구들은 탈리반의 정책보다 특별히 더 자유주의적이지 않은 성 정책 및 기타 정책에 이미 순응하고 있었다. 그들은 이 정책들 위에서 협상을 해왔고 이미 무자히딘 정당과 협상을 한 적이 있었던 터이기도 하여 탈리반과도 협상이 가능하다고 희망을 걸었다.

탈리반이 칸다하르를 점령한 초기에 비정부 기구는 그곳에서 활동했던 경험이 있었기 때문에 탈리반과의 대화가 가능할 것이라고 확신하였다. 보건 부문에서 일하는 기구들은 탈리반에게, 여성 취업이 금지되어 있기 때문에 여성들에게 보건 혜택을 제공할 수 없다는 우려를 표명했다. 따라서 상당 기간 동안 이에 관한 논의가 이루어졌고 그 결과 보건 부문에 여성 고용을 허가한다는 사항이 합의되었다. 이 논의는 여성은 가족 외의 남성과 접촉할 수 없다고 하는 문화적 제한을 포함하고, 이어 남성 의료진을 고용할 수 없다는 사실을 애초부터 분명히 하고 있었다. 이어 탈리반이 아프가니스탄의 다른 지역을 점령했을 때 여성들이 보건 부문에서 일할 수 있도록 허용한 것이 자동으로 이 지역에 확대 적용되었다.

초기에 약간의 반발은 있었지만, 다른 나라로 귀화한 아프가니스탄인 비정부 기구 활동가가 칸다하르 정부의 보건부에서 일일 단위로 일하는 것이 가능했다. 비정부 기구들은 사업의 공동 계획을 보장하고, 이미 보급된 계획과 정책을 수행하기 위해 정부 부처와 함께 일하는 것이 그들의 정책임을 명확히 했다. 그러나 탈리반이 헤라트를 점령했을 때, 비정부 기구의 귀화한 아프가니스탄인 여성 활동가는 정부 부처에서 자신의 상대, 즉 정부 관리를 만날 때 상당한 장벽이 있음을 깨달았다. 기구들은 헤라트에서 실시된 여성 고용과 교육에 대한 금지령이 가져온 극적인 충격 때문에 탈리반과의 협상에서, 특히 여성들을 보건 부문이 아닌 다른 부문에서 일할 수 있도록 하는 것이나 교육 기회를 제공하는 데 조그마한 양보도 얻어 낼 수 없었다. 탈리반이 칸다하르와 헤라트에서 기구들과 논의할 때 나타난 유연성의 차이는 헤라트에서는 좀 더 보수적인 지도부 때문에 나타난 결과이자 헤라트를 확고하게 장악하는 것이 칸다하르보다 그만큼 더 어려웠기 때문에 나타난 결과였다.

헤라트의 교육 부문에서 일하는 기구들은 프로그램을 대폭 축소시켰다. 예를 들면, 유엔아동기금(UNICEF)은 학교에 교육 물자를 나누어 주었는데, 대다수 학교가 소녀들을 배제하거나 여성 활동가가 없어 운영이 중단되었다. 유엔아동기금은 내부에서 이 문제를 놓고 토론을 벌였으나 유감스럽게도 지침에 따라 운영할 수 없다는 결론에 도달했다. 그리고 소녀들에 대한 교육 기회가 거부되는 아프가니스탄 모든 지역에서 자신들의 교육 프로그램을 일시 중단하기로 결정했다. 헤라트 지역에서 학교 건물의 건축과 보수 활동을 하고 있는 아동구조기금(영국)은 어린이들의 보호자로서, 여성을 상담하고 그들과 대화할 여성을 고용할 수 없다면 그 지침을 받아들일 수 없음을 알게 되었다. 헤라트의 사업을 일시 중단하는 것 외에 다른 방법이 없음을 깨달은 것이다.

두 기구만이 프로그램을 일시 중단하는 절차를 밟았지만, 여성의 교육과 고용을 제한하는 정책에 대해 어떻게 대응하는 것이 최선인지에 대해 다른 기구들 내에서도 심도 있는 논의가 있었다. 기구들은 이 문제가, 이론적으로는, 이슬람에 근거하는 신앙 체계의 맥락 안에 분명하게 표현되어 있기 때문에 협상의 여지가 있을 것으로 이해하였다. 그들은 쿠란은 여성 고용을 특별히 금지하지 않았고, 여성 교육이 의무적이라는 사실을 인식하고 있었다. 그들은 또 일부의 소녀들만이 교육 혜택을 받고 그보다 적은 수의 여성만이 일하고 있지만, 사회 내 다수가 어느 정도 여성의 교육과 고용을 바람직하고도 필요한 것이라고 받아들이고 있음을 깨닫기도 했다. 그러나 그들은 20세기 초에 이미 아프가니스탄에 널리 보급된 것과 근본적으로 다르지 않으면서도 쿠란을 특별한 시각으로 해석한 것에 근거를 두고 있는 탈리반에 도전하는 것이 가능하다고 생각하지는 않았다.

그들은 또 탈리반이 점령의 진행과 주민들의 무장 해제에 대해 모든 주의를 기울이고 있음을 알았다. 따라서 탈레반은 기구들이 자신들이 하던 일을 계속하는 것에 대해서도 만족하겠지만 그렇지 않고 떠나는 것을 선택하더라도 특별히 염려하지는 않았다. 따라서 기구들은 남기로 결정한 상황에서 탈리반에게 그들의 여성 정책을 수정해야 한다고 주장해서 얻을 수 있는 것은 결코 아무것도 없었다.

기구들은 협상의 기초로서 가능한 일에 집중하고 이슬람 고유의 자선 개념에 의존하기로 했다. 탈리반과의 대화는 계속되어야 하고 함께 일하는 당국과 기구가 지역 내의 취약 계층의 필요를 어떻게 충족시킬 수 있는지에 대한 토론에 기구들이 참여해야 한다는 합의가 기구 사이에 이루어졌다. 대립적인 접근은 비생산적이며, 이러한 토론은 아프가니스탄에 널리 퍼져 있는 문화적이고 종교적인 규범들과 주민들의 실천적이고 즉각적인 필요에 근거하는 것이 되지 못하고 서양의 자유주의 이념과 급진적 이슬람 이념 사이의 논쟁이 될 수밖에 없다는 사실에 의견 일치가 이루어졌다.

하지만 탈리반이 헤라트를 점령하였을 때 살아남은 직원이 거의 없어서 행정 당국은 상당히 무력해졌고, 따라서 인도주의 기구들이 정부

서비스의 상당 부분을 담당했던 것이 사실이다. 그러나 기구들은 정부 사업의 많은 부분을 수행했던 자신들이 머무르건 말건 간에 탈리반이 아무런 관심도 보이지 않는다는 사실을 수용하기가 상당히 힘들었다. 그러나 기구들은 특히 도시 주민들에게 중대한 인도주의적 요구가 있다는 것을 염두에 두었고, 그것이 남아 있어야 하는 그들의 책임이라고 받아들였다.

카불이 점령되자, 기구들은 여성의 교육과 고용에 대한 접근에 대해 재협상할 기회를 노렸고, 탈리반이 정부 운영이라는 복잡한 일을 하다 보면 탈리반 내부의 상대적으로 자유주의적인 분자들의 영향력이 좀 더 커지리라고 기대했다. 그래서 그들은 카불이 점령되자마자 탈리반과 신속하게 협상에 들어갔다. 헤크마티야르와 탈리반에 의한 연이은 봉쇄의 결과로 카불 주민들은 1년 동안 극심한 인플레이션, 식량과 연료의 부족으로 고통을 겪었다. 많은 이들이 세간마저 다 팔고 그 결과 이미 거의 극빈층으로 전락하였다. 대략 2만 5천 명의 과부들이 정기적인 구호 물자에 의존하고 있었고, 수십만 명이 세계식량계획(World Food Program)에서 빵을 지원받고 국제적십자사에서 물자를 지원받았다. 기구들은 여성 수혜자들에게 접근하기 위해 여성 활동가를 고용해야 했지만, 여성 고용 금지령은 기구의 운영을 심각하게 위축시켰다.

카불에서 활동 중인 유엔 기구들과 비정부 기구들이 1996년 10월 5일에 만나 선언문을 작성했다. 이 문서는 다음의 가치와 신념을 포함하고 있다.

· 국제 기구는 인도주의 원칙을 따른다. 이 원칙은 아프가니스탄 인민들의 고통, 슬픔, 가난을 없애기 위해 기획된 우리의 모든 계획과 프로

그램의 근간이다.

· 국제 기구는 지원 사업에서 중립적이다. 우리는 정치적 소속감이나 종교적 소속감에 근거한 어떤 집단도 지지하지 않는다. 이런 의미에서 우리는 무당파적이다.

· 국제 기구는 모든 인민이 타고난 평등과 존엄을 유지하고 증진할 것을 믿으며, 성, 인종, 민족 집단, 혹은 종교에 따라 차별하지 않는다.

· 국제 기구는 지역의 관습과 문화를 존중한다.

다음으로 선언문은 운영 방식에 대해 좀 더 자세하게 설명하고 있다. 그것은 계획을 구상하고 실행하고 점검하는 데 지역의 모든 주민이 참여하는 문제와 기구가 책임 있는 당국과 보조를 맞출 수 있기를 바라는 희망 등이었다. 그 다음에 이 선언문은 카불 정부 당국에 다음의 이슈들을 가능한 빨리 처리해 줄 것을 요청했다.

· 모든 기구의 여성 활동가들은 각 기구의 목적을 달성하기 위해 그리고 그들이 계획했고 진행 중인 활동을 수행하기 위해 각 기구의 업무에 복귀하는 것이 허용되어야 한다.

· 여성과 아이들이 영향을 받는 프로그램에서 여성과 아이들은 모든 프로그램 계획과 활동에 대해 참여하고 접근하는 것에 제한받지 않도록 허용되어야 한다.

· 국제 기구는 아프가니스탄의 장기적 발전을 보장하기 위해 아프가니스탄 정부 당국이 모든 단계에서 여성과 남성이 동등하게 의 교육과 훈련을 받을 수 있도록 해야 한다고 요구한다.

· 우리는 기구가 그들의 인도주의적 목표와 목적을 달성할 수 있도록 정부에 모든 기구 활동가의 개인적 안전을 보장해 줄 것을 요구한다.

· 국제 기구는 일의 적합성에 따라 모든 단계에서 활동가들을 선발하고 고용할 독점권을 갖는다.

· 국제 기구는 모든 기구의 대표자들이 성별에 관계없는 정부 당국과 동등하게 접촉할 수 있기를 요청하는데, 이로써 그들은 동등한 조건 위에서 정부 당국과 연락을 취할 수 있다.

· 우리는 국제 기구와 정부 사이에 기본 협정이 이뤄지도록 조속히 배려해 줄 것을 요구하며, 이를 통해 법적 기초와 상호 합의에 의거하여 아프가니스탄 인민에게 장기간 인도주의적 원조가 제공되어야 한다.

탈리반이 카불을 점령한 지 2주가 채 되지 않은 9월 8일에 탈리반 정부의 외무 장관 서리인 하지 마울라위 무함마드 가우스 아훈드와 기구 대표들과의 회의가 열렸다. 여성 두 명을 포함한 대표단은 여성의 고용에 대한 제한 때문에 카불에서 자신들의 거의 모든 사업이 일시 중단되고, 도시에서 대부분의 취약 계층의 사람들에게 접근할 수 없다는 우려를 표명했다. 기구들은 비극적인 결말이 초래될 것을 두려워한다는 말도 빠뜨리지 않았다.

장관은 탈리반의 최우선 과제는 아프가니스탄의 평화와 안전의 정착과 강력한 중앙 집권적인 이슬람 정부의 수립이라고 응답했다. 그는 탈리반 정권이 국제적 승인을 받게 되고 나서야 다른 문제에 대한 대답을 명확히 할 수 있다고 했다. 그는 현재 국제적인 가치 체계와 민족적인 가치 체계 두 가지가 탈리반에서 충돌하고 있으며, 유엔과 국제 기구들이 민족적 가치와 상반되는 전통에 대해 너무 많은 것을 주장하지 말아 달라고 요청했다. 그는 아프가니스탄 전체 여성의 오직 2퍼센트만이 사무실에서 일하고 있는데, 왜 이 2퍼센트에 그렇게 주목하느냐고 물었다. 기구들은 취약한 상태에 처해 있는 상당수의 여성들에게 접근하기 위해서는 이 2퍼센트의 여성을 고용하는 것이 필요하다고 대답했다. 장관은 제기된 이 문제에 대해 고려하는 것과 기구들과의 자리를 다시 갖는 것에 동의했다.

회의가 열린 이후 상황이 매우 혼란스러워졌다. 몇몇 기구들은 여성을 몇 가지 형태의 프로그램에 고용할 수 있는 권한을 구두로 혹은 문서를 통해 가지게 되었다. 그러다가 이것에 정면으로 배치되는, 즉 외국 기구들이 아프가니스탄 여성을 고용하는 것을 전면 금지하는 내용의 법령이 발표되었다. 이에 기구들은 협상을 재개했고, 약간의 융통성이 생겼다. 그런데 허용할 수 있는 융통성의 정도에 대해 선행증진악행방지부와 법무부가 탈리반의 다른 부처보다 더 강경한 노선을 분명하게 택했기 때문에 다시 문제가 발생하였다. 아프가니스탄 내의 서로 다른 곳에서 활동하고 있는 여러 기구들은 각각의 탈리반 정부 대표가 여성의 교육과 고용에 관한 태도와 접근에 대해 서로 다른 내용을 발표하는 혼란스러운 상황에 부딪히게 된 것이다. 대표들이 바뀜에 따라 지역 정책도 자연히 바뀌었다.

그러면 이와 같은 상황에서 기구들이 취할 수 있는 선택은 무엇인가? 극단적인 한편으로는 정치적이고 인권적인 상황을 무시하는 것을 선택할 수 있다. 이는 인도적으로 그들에게 필요한 수준이 너무나 커서 현재 어떠한 장애물이 그들 앞에 놓여 있든지 그것을 극복하고, 할 수 있는 데까지 해야 하는 것이 그들의 의무라는 것이다. 그러나 자신들의 지침 때문에 그러한 입장을 취할 수 없거나 상황이 주민들의 경제적 생존에 미치는 영향이 너무 심각해서 목소리를 내야 한다고 여길 수도 있다. 두 가지 상황 모두가 아프가니스탄에 일어났다. 유엔아동기금은 상황이 자신들의 지침과 맞지 않기 때문에 더 이상 교육 프로그램을 지속할 수 없었다. 유엔과 다른 기구들은 탈리반이 가한 제약 때문에 카불의 각 기구들이 경제적으로 생존할 수 없다는 명백한 사실에 대응하여 정부 당국에 그들의 우려를 표명했다.

만약 기구들이 탈리반이 자행하고 있는 인권 유린을 무시할 수 없다고 결정한다면 그들에게는 택할 수 있는 여러 가지 선택이 있다. 그들은 자신들의 프로그램을 완전히 중단할 수 있다. 헤라트에서 아동구조기금(영국)이 했던 것처럼 프로그램을 일시 중단할 수 있다. 또는 유엔 난민고등판무관실의 활동가 몇 사람이 체포되었을 때 고등 판무관이 했던 것처럼 프로그램을 유보할 수 있다. 이 경우에는 인권 상황의 개선도 유보된다. 반면에 그들은 주민들을 위해 그리고 원활한 프로그램의 시행을 위해 탈리반이 자행한 인권 유린에 대해 정부에 우려를 표명하면서도 운영은 지속시켜 나갈 수도 있다. 그러나 후자의 선택은 상당한 위험을 수반할 수 있다. 그것은 인권 상황을 개선시키기 위해 정부에 대한 압력을 행사하고자 하는 기구의 입지를 총체적으로 약화시킬지도 모른다. 경우에 따라서 활동가의 안전이 위험에 빠질 수도 있다. 다른 한편으로 기구들이 실제로 시행되고 있는 프로그램을 기반으로 협상을 하게 되면 어떤 상황에서는 인권 지표를 향상시키기 위해 기구들이 프로그램을 중단해서 할 수 있는 것보다 더 많은 영향력을 당국에 행사할 수 있다. 프로그램을 중단하는 기구들은 당국이 군사적인 문제에 열중하여 기구가 남아 있건 말건 상관하지 않게 될 것이고 따라서 원칙에 대한 토론을 귀찮아 한다는 것을 알게 될지도 모른다. 하지만 실용적 관심사에 기초한 논의는 충분히 우선순위로 다뤄질 수 있다는 사실 또한 알게 될 것이다.

기구들 사이에 공동 입장을 견지하는 데서 그들이 직면한 어려움들 가운데 하나는 탈리반이 다른 점령지에서보다 유독 카불에서 매우 가혹하게 행동하고 있다는 사실이다. 예를 들면, 잘랄라바드에서 활동 중인 기구들은 여성 고용에 대한 문제를 타협하는 일에 카불에 비해서 자발적으로 나선다는 사실을 일찍부터 발견했다. 아프가니스탄의 서로 다른 지역에서 활동 중인 기구들끼리 토론을 하면 논의의 근거로 삼고 있는 인식들이 서로 달라서 일정한 공동의 입장을 취하기가 어렵게 된 것은 바로 이러한 연유에서이다.

　공동의 입장을 유지하는 데 또 하나의 주요한 어려움은 상황이 유동적이라는 것이다. 탈리반은 성에 대한 정책의 유연성을 보여 주는 성명서를 여러 차례 발표했거나 기구들이 성에 대해 해 왔던 행위들을 변화할 수 있도록 허용하였다. 그러나 이러한 변화는 진행 중에 무시되거나 반박되면서 상황이 다시 역전될 수 있음을 알려주었다. 이에 대해 기구들은, 일부의 경우이긴 하지만, 시간이 지나면 좀 더 긍정적인 방향으로 바뀌게 될 것인지 아니면 바뀌는 사항이 전혀 없을 것인지에 대해 어떻게 결론을 내려야 할지 갈피를 잡을 수 없었다. 1997년 5월 탈리반이 마자르 점령에 실패한 이래 높아진 긴장 상황은 성 정책에 관해 향후에 점진적 개선이 있을 것이라는 기구들의 평가를 훨씬 어렵게 만들어 버렸다.

　기구들은 지역의 환경에서 그들이 활동가인 한에서만 자신들의 의견을 개진할 자격을 가지고 있다. 그래서 고용 기회를 통해 여성들이 그들의 삶에서 개인적으로 뭔가를 성취할 수 있는 권리를 가져야 한다고 주장하기가 어려웠다. 그러나 그들은 일리 있게도 기구들이 책임지는 일에 맞는 특정한 기술이나 교육 수준을 가지고 있는, 일정 조건을 충족시키는 여성을 고용해야 한다고 강력하게 주장할 수 있다. 이와 마찬가지로 그들은 빈곤과 건강에 관해 문제를 제기하는 노력을 기울이는 가운데 고용이나 보건에 관해 여성에게 주어진 한계들이 여성들에게 매우 불리하게 작용하고 있다고 주장할 수 있다.

국제적 후원자들도 같은 문제로 고민해야 했다. 그들은 자신들이 어떠한 조건 아래에서 그들에 대해 후원을 할 것인가를 결정해야 했다. 점차적으로 후원자들은 자신들이 택할 수 있는 선택에 대해 논의하기 위해 기구들과 회의를 갖게 되었다.

이러한 딜레마는 다른 갈등 지역에서도 나타날 수밖에 없었고 기구들과 후원자들은 복잡하게 전개되는 상황에 직면하여 자신들의 지침과 원칙에 어떤 방식으로라도 타협해야 할 필요가 있었다. 이런 상황 속에서 기구들은 그들을 둘러싼 복잡함에 대해 가능한 많은 정보를 서로 제공하고 사업 계획에서 다른 기구들과 최대한 공조하는 것이 최우선이라는 교훈을 얻었다. 그렇지만 정작 더 심각한 문제는 미처 인식하지 못하는 요인들을 다루는 데에서 터져 나왔다. 최근까지 탈리반 운동은 너무 분산적이어서 기구들이 자신들의 정책을 수정하기 위해 채택해야 할 합당한 전략에 대해 합리적 평가를 내릴 수 없었다. 간단히 말하면 기구들이 근거 있는 결정을 하기에 변수가 너무 많았다.

탈리반은 1997년 봄과 여름 동안 보건과 고용 부문에서 여성의 접근을 제한하는 정책을 수없이 내놓았다. 그에 따라 비정부 기구의 보건 프로그램에서 일하고 있던 아프가니스탄 여성의 다수가 해고될 수밖에 없었고, 다수의 의료원이 문을 닫아야 했다. 긴장이 한창 고조되어 있을 때 유럽연합의 인도주의 사무 위원인 엠마 보니노가 1997년 9월에 카불을 방문하였다. 엠마 보니노가 여성 병원에 사진 기자를 동행하는 것을 탈리반 정부의 종교 경찰이 거부하였고, 그 후 엠마 보니노는 연행되어 3시간 동안 구금되었다. 긴장이 고조되는 가운데, 탈리반은 1998년 7월에 모든 비정부 기구들은 카불의 한 지역에 있는 폐기 처분된 한 직업학교 건물로 옮기라는 지침을 하달했고 이에 비정부 기구들은 안전에 대한 위협을 심각하게 느꼈다. 기구들은 그 제의에 반대 의사를 표명한 가운데 협상을 시도했다. 결국 협상은 결렬되었고 탈리반이 비정부 기구를 카불에서 추방하기로 한 시한이 다가왔을 때, 엠마 보니노는 유럽공동체인도주의사무국(European Community Humanitarian Office)에서 지원받는 카불의 모든 비정부 기구에 서신을 보내 어떤 단체든 계속해서 주재한다면 더 이상의 기금 지원은 없다는 사실을 통보했다.

1998년 7월 카불에서 비정부 기구들이 대거 철수함으로써 수도 카불에서 필요한 상당량의 지원을 담당하는 인도주의 공동체들의 지원 능력이 극적으로 줄어들었다. 다음 해 기구들이 조금씩 카불로 다시 돌아갔지만 프로그램은 그들이 철수하기 전인 1998년 7월 수준으로 결코 돌아가지 않았다.

그러나 농촌 지역에서는 프로그램이 이전 수준으로 돌아가서 농업 기반을 강화하려는 촌락 공동체의 노력을 지원하는 좀 더 장기적인 일을 수행하기 위한 사업을 공고히 시작할 수 있었다. 그래서 2000년에 심각한 가뭄이 닥쳤을 때, 이미 기초 사업이 진행 중인 많은 지역에서는 가뭄의 영향을 상당히 줄일 수 있었다. 그러나 기구들이 모든 촌락에 영향을 미칠 수 있는 수준은 아니었으니, 수십만의 주민들이 도시에서는 식량 지원이 가능할 것이라는 막연한 기대를 가지고 도심으로 이주하였다.

이전의 1999년 10월에 행했던 제재에 비해 훨씬 강도 높은 2000년

12월 유엔의 제재는 정치 환경을 과격하게 만드는 효력을 발휘했으며 운동 내부에서 강경론자의 입김을 크게 강화시켜 주었다. 이것의 효과 가운데 하나는 서양의 인도주의 기구들에 대해 좀 더 강한 혐오감이 생겼다는 것이다. 그리고 이어 기구들의 활동에 대한 통제가 확실히 나타 났으며, 탈리반이 특별히 불편해 하는 몇몇 기구들은 2001년 8월까지 철수하라는 요구를 받았다.

2001년 9월 11일 미국에 대한 테러리스트들의 공격 때문에 인도주의 기구들은 국외 추방된 활동가들을 철수시켰는데 이는 전적으로 그들의 안전에 대한 두려움 때문이었다. 하지만 규모가 축소된 채 이 나라에서 이미 활동하고 있던 지역 활동가를 통해 프로그램은 지속될 수 있다.

10장 탈리반과 국제 사회

…… '문화'란 결코 전통과 관습의 본질적이고 동질적인 어떤 것이 아니다. 다만, 문화는 보통 내부의 모순들로 가득 차 있는 풍부한 자원이며, 특정한 권력 관계와 정치적 담론 내부에 있는 여러 가지의 민족적, 문화적 그리고 종교적 기획들에서 항상 선택적으로 사용되는 자원이다(Nira Yuval-Davis, 1997: 38).

1980년대 아프가니스탄 산악 지역을 떠돌던 무자히딘 전사들은 샬와르 카미즈에 머리에 두건을 쓰고 당나귀를 타고 온 서양의 언론인들과 종종 동행하였다. 언론인들은 영광스런 자유 투사들의 영웅적인 업적에 대해 보도하면서 압도적으로 불리한 가운데 발휘된 그들의 무용담을 극단적으로 단순화시켜 전하였다.

그러나 소련군의 아프가니스탄 철수가 이루어지던 날 그들의 어조는 바뀌었다. 무자히딘의 이미지는 자기들끼리 싸움질이나 하고 정부를 구성할 능력이 없는 반동적 집단 가운데 하나가 되었다. 상황이 갑자기 복잡해졌다. 누가 누구와 무엇을 위해서 싸웠는지를 이해하기 어렵게 되었다. 언론은 흥미를 잃었고 이제 아프가니스탄이라는 멀리 떨어져 있는 구석에서 무슨 일이 일어나고 있는지에 대해 나머지 세계가 더 이상 관심을 갖고 있지 않는 것처럼 보였다.

그러다가 1994년 10월, 탈리반의 출현은 언론의 관심을 끌었다. 아주 짧은 시기에 많은 지역을 차지하게 된 그들의 괄목할 만한 성공, 교육과 고용에서 여성의 접근을 엄금하는 것, 그리고 초강경 보수주의적 복장 규정 등이 뉴스거리가 되었기 때문이다. 그 후 몇 년 동안, 탈리반의 영향력을 평가한 몇몇 다큐멘터리를 포함하더라도, 언론은 이들에 대해 지속적으로 낮은 수준으로 다루었다. 카불 점령 그리고 나지불라와 그의 형제의 즉각적인 처형은 언론이 놓칠 수 없는 강력하고 극적인 이미지를 제공했다. 언론은 대개 부정적인 보도를 했다. 하지만 몇몇 언론인들은 남부 몇몇 주에서의 탈리반의 인기를 보도하고, 카불 주민들에 대한 초기 구호 사업에 대해 보도하면서 이제 드디어 전쟁은 끝날 것이라고 보도하기도 했다.

이런 집중적인 언론 보도에서 여성 교육과 취업에 대한 즉각적인 금지가 강조되고 인도주의 기구들이 접하는 어려움들이 보도된 결과, 유엔은 이 사태에 대해 성명서 발표가 필요하다는 것을 느꼈다. 유럽 의회와 마찬가지로 유엔은 유엔 인권 조약을 논의했고, 탈리반의 성 정책을 인권 유린 행위로 비난하였다.

1996년 10월 3일, 유럽연합의 인도주의 사무 위원인 엠마 보니노는 한 인터뷰에서 카불에 새로 등장한 탈리반 정부가 국제적 승인을 얻기 위해서는 여성의 권리가 먼저 존중되어야 한다고 말했다. 다음날 유엔 인권 위원 호세-아얄라 라소는 미리 준비된 성명서를 통해 카불 주재 유엔 대표단이 '아프가니스탄의 인권 상황에 대한 심각한 우려'를 탈리반에게 즉각 전달하도록 하였다고 발표하였다. 그는 탈리반이 여성의 권리를 보호하는 여러 협약에 서명했다는 사실을 환기시키면서 탈리반에게 '여성들의 노동권과 교육권을 보장'하라고 요구하였다.

10월 8일, 유엔 사무 총장은 유엔의 원조를 받기 위해서는 남성과 여성에 대한 동등한 권리를 말하고 있는 유엔 헌장을 준수하여야 한다는 성명을 발표하였다. 같은 날, 미국은 탈리반이 여성의 권리를 존중하지 않는다면 탈리반 행정부에 대한 어떠한 국제적 승인이나 원조를 보장할 수 없다고 경고하였다.

10월 9일, 유엔아동기금 이사인 캐롤 벨러미는 유엔아동기금은 카불에서 교육 프로그램을 위한 유엔아동기금의 원조를 중지한다고 발표하였고, 탈리반이 소녀들이 학교에 갈 권리를 받아들일 때에만 그러한 프로그램은 재개될 수 있다고 덧붙였다. 이 원조 중지는 1995년 9월에 탈리반이 헤라트를 점령한 뒤 여성 교육을 금지하는 조치를 취한 것에 대한 반응으로 나온 중지 조치가 연장된 것이었다.

10월 17일, 유엔안전보장이사회는 결의문을 발표했는데, 여기서 이사회는 자신들이 극단적인 여성 차별이라고 묘사한 것에 대한 우려를 표명하고, 국제인권법의 규약을 엄격히 고수하라고 촉구했다. 이것은 또한 아프가니스탄에서 즉각적으로 휴전을 하고 모든 아프가니스탄의 정당들은 유엔과 협력하여 대화를 시작하라고 요구했다. 이것은 더 나아가 아프가니스탄에 외부의 개입을 종식하고, 새로운 무기들을 아프가니스탄으로 들이는 것을 막도록 모든 국가들에게 호소하였다.

10월 24일, 유럽 의회는 탈리반 정부가 아프가니스탄 여성들을 체계적으로 차별하고, 수없이 많은 인권 침해와 아프가니스탄 인민들에 대한 강제적 의식화를 자행했기 때문에 카불의 탈리반 정부에 반대할 것을 모든 국가들에게 요구하는 결의안을 채택하였다. 이 결의안은 여성에 대한 억압이 1979년의 '여성에 대한 모든 형태의 차별 철폐에 대한 국제 조약'과 1966년의 '사회 경제적 권리에 관한 협약'에 반하는 것임을 밝혔다. 또한 어떠한 회원국도 탈리반 정부와 외교 관계를 맺어서는 안 된다는 것을 천명하였고, 탈리반이 나지불라 대통령을 처형한 데 대한 혐오감도 분명하게 표명하였다. 유럽 의회는 아프가니스탄에 어떠한 무기도 공급되지 못하도록 무역 금지 조치를 취했고 긴급 구호를 제외한 어떠한 새로운 원조도 보류할 것을 제안하였다.

그렇지만 탈리반이 만약 유엔 인권 조약과 그것이 가지는 국제적인 행동 모델로서의 중요성을 미리 알았다 하더라도, 쿠란이나 샤리아에 대한 자신들의 해석과 마찬가지로 이것이 중요하다는 인상을 주지는 않았을 것이다. 무엇보다도 그들은 자신들의 정책에 대한 서양의 비난을 국제적으로 통용되는 표현이라기보다 서양의 자유주의 이념에 기초한 공격으로 이해하고 있었다. 그런 의미에서 그들은 유엔과 국제 사회를 서양과 동의어로 보았다.

탈리반은 그들이 국제적 가치 체계와 국내적 가치 체계라고 이름붙인 것 사이를 구별해 왔다. 이를 통해 이해할 수 있는 어떤 것에 대해 첫 번째 결론을 도출해 낼 수는 있다. 하지만 그 가능한 차이들을 규명하기 위한 어떤 시도도 엄청난 일반화의 오류를 피할 수 없다. 어쨌든 거부될 위험을 무릅쓰고서라도, 대단히 복합적인 대화를 쉽게 이끌어 낼 수만 있다면, 차이가 있는 부분을 잠정적으로 인정하는 것은 가치가 있다.

서양의 가치 체계는 민주주의와 개인의 자유에 아주 높은 가치를 부여하고 있다. 개인의 자유는 스스로의 목표를 달성하고 자신의 견해나 관점을 결정하는 것에 대한 자유, 간단하게 말하면 자신만의 독특함을 표현할 자유로 이해된다. 이는 국가가 특정한 사상을 강요하고 개인이 어떻게 살 것인가를 통제하는 전체주의 체제와는 대조되는 것이다.

이슬람 가치 체계에서는 개인의 자유에 똑같은 강조점을 두지 않는다. 개인은 사회 속에서 흡수되고 종속되는 존재로 여겨진다. 남성이든 여성이든 개인은 가족, 부족, 민족 집단, 종교 집단, 정당 안에서 자신의 정체성을 파악할 것이고, 일반적으로 개인의 성취보다는 집단이 가지고 있는 규범에 따라 평가될 것이다. 에너지를 개인적인 진로를 추구하기 위한 개인의 노력보다는 사회를 발전시키기 위한 집단의 노력에 더 쏟는 것 같다. 물론 예외도 있지만, 일반적으로 이슬람 내에서는 서양에서보다 사회가 강조된다.

따라서 서양 사람들이 여성이 일을 할 수 없다는 사실에 우려를 표할 때, 탈리반은 자신들의 시각에는 별 의미 없는 상대적으로 소수의 직장 여성에게 엄청난 관심을 갖는 데 크게 놀라워했다. 다른 한편으로는 아프가니스탄에 평화와 법과 질서를 가져오고 아편 생산 금지령을 내린 것과 같이 자신들이 성취한 것에는 서양이 아무런 관심도 갖지 않는 것에 대해 탈리반은 화가 났다. 마찬가지로, 서양은 탈리반이 국민들에게 부과한 특정 신조와 소름끼치는 전체주의 체제 강요를 부정적으로 보고 있는 데 반해, 탈리반은 정당한 도덕 규범을 강제함으로써 사회를 개선하고 있다는 신념을 가지고 있다.

그렇지만 이는 양쪽 당사자가 동등한 위치에서 서로를 이해하려 노력하는 경우에 해당하지 않는다. 서양이 더 커다란 경제적·정치적 힘을 가지고 있다 할 때 서양과 이슬람의 관계는 불평등하다. 그로 인해 서양은 상당한 정도의 문화적 오만과 매우 비판적인 관점을 가지고 이슬람 세계를 본다. 그러한 관점은 이슬람에 대해 심한 부정적인 시각을 만들어 낸 십자군 시대까지 거슬러 올라가는, 이슬람 피해망상증 같은 것과 결합되어 있다.

이슬람 세계는 서양이 발휘할 수 있는 힘에 대해서 분노하고 있고, 나아가 전방위에 걸친 서양 문화의 영향력과 서양 문화에 의한 고유 문화의 침식과 부식에 대해 특히 편집증적 증세를 보이고 있다. 이란과 같은 나라들은 자국 시청자들에게 미국의 텔레비전 프로그램을 볼 수 없도록 위성 안테나를 금지하는 것과 같은 헛된 노력을 하기도 했다. 탈리반은 이보다 더 나아가 인간 형상을 시각적으로 재현하는 것은 이슬람이 금하는 것이라고 정당화하면서 텔레비전까지 금지하였다.

유엔이 국제적으로 수용되는 인권 조약들에 기초하여 성명서를 냈을 때, 탈리반과 같은 운동은 이에 대해 회의적인 태도를 취했다. 그들은 유엔을 미국의 영향력에 종속되어 있는 것으로 간주하고, 이로부터 유엔의 조약들은 절대적으로 서양의 가치관에 근거하고 있다는 결론을 내린다. 이와 같은 것을 탈리반만이 취하는 입장이라고 생각해서는 안 된다. 아프가니스탄 국민들은 서양의 가치에 의한 것이든 사회주의 가치에 의한 것이든 아프가니스탄 문화에 대한 심각한 위협을 느낀다. 그리고 대부분의 아프가니스탄 사람들은 자신들의 문화를 유지하는 것을 삶의 최우선 순위에 둘 것이다.

갈등에 의해 만들어진 격변 속에서 고유의 문화가 아프가니스탄에서 오롯이 살아남아 있다는 것은 놀라운 일이다. 그렇지만 다른 외부의 영향이 부지불식간에 스며든 것 또한 사실이다. 이는 파키스탄과 이란으로 갔던 난민들 속에서 특히 그러하였다. 탈리반 운동이 성공을 거둔 것은 종교적 부흥 운동 현상 때문이라고 주장하는 사람들이 있다. 종교적 부흥 운동은 사회적 충격과 갈등 상황에서 나타나는데 이것이 아프가니스탄의 문화 변화에서 고려해야 할 하나의 요인이다. 탈리반 이전에 있었던 다른 많은 운동들 — 예컨대 무자히딘 — 은 지배적인 문화와 종교를 새롭게 해석하였고 거기에 분쟁으로 야기된 문화적 혼동과 불확실성을 첨가하였을 것이다. 그리고 사람들이 하나의 절대적인 형태 안에서 확실성을 제공하는 새로운 운동을 따르도록 더 유도하였을 것이다. 이런 점에서 젊은 사람들이 탈리반 운동에 관심을 많이 가진 사실은 특히 흥미롭다.

더 큰 일반화의 오류를 무릅쓴다면, 아프가니스탄 주민들이 가진 좀 더 분명한 가치들을 고려하는 것은 탈리반과 국제 사회 간의 대화에 유용할 것이다.

농촌 이외의 지역에서, 교육은 목을 조르는 가난에서 도망칠 수 있는 수단으로 매우 중요하게 여겨진다. 확실히 도시와 난민 공동체 안에서 모든 가족은 교육을 최우선 순위에 놓을 것이다. 가난한 가정이라 하더라도 자녀들을 교육할 비용을 대기 위해 애쓸 것이다. 만약 가정의 밑천이 부족하다면, 딸보다는 아들을 교육시키기 위해 더 노력할 것이다. 그러나 딸의 교육도 여전히 중요한 것으로 여겨진다. 이미 언급한 것과 같이, 파키스탄과 이란에 있는 많은 난민 가정에서 탈리반의 여성 교육 금지는 그들이 아프가니스탄으로 귀환할 것인지 말 것인지에 대한 상황 판단에서 중요한 요인이 된다. 이는 도시 출신 가족들의 경우 더욱더 심각하게 고려되는 부분이다.

아프가니스탄 사람들이 우선시하는 다른 인권은 평화와 안정을 위한 권리, 적절한 생활 수준을 유지할 권리, 건강에 대한 권리, 개인의 안전에 대한 권리 등을 포함한다. 개인의 안전에 대한 권리에는 강도를 당하지 않을 권리, 성적으로 착취당하지 않을 권리, 신체적으로 해를 입지 않을 권리가 있다. 탈리반의 정책과 현실을 고찰할 때 가장 어려운 점은 이 특수한 권리와의 관계 속에 있다. 긍정적인 면에서, 법과 질서가 악화된 예가 있긴 하지만, 그들은 사람들이 집 안에서나 여행 중에 도둑을 맞지 않도록 하기 위해 법과 질서를 향상시켜 왔다. 더욱이 탈리반 군은 전투에서 강간이나 성적 학대 혹은 약탈 같은 범죄를 저지르지 않았다. 이런 점에서 보면 아프가니스탄에서 다른 세력들에 비해 탈리반의 성적은 훨씬 좋은 편이다. 그러나 그들은 너무 엄격한 복장 규정을 제정하고 때로 그 법규를 따르지 않았다고 남녀 불문하고 주민들에게 체벌을 가함으로써 카불과 헤라트에서 공포 분위기를 조성하였다. 그러한 분위기는 탈리반 군이 자의적으로, 특히 반군과 연계되어 있는 것으로 의심되는 소수 민족 집단에 대해 행한 행동에 의해 최고조에 달했다. 이는 결국 과거의 무정부 상태에서 야기된 폭력이 종교에 의해 승인된 폭력으로 대체된 것이었다.

여기에서 유엔 인권 조약의 주요 조항을 살펴보고 탈리반이 어느 정도까지 조약을 위반했는지 고찰하는 것이 또한 유용할 것이다. 1976년 1월 3일에 발표된 경제적, 사회적, 문화적 권리에 대한 국제 조약의 제6조는 다음과 같이 기술하고 있다.

조약 당사국들은 노동권을 인정하는데, 이는 모든 사람이 노동으로 자신의 생계를 꾸릴 기회를 얻는 권리, 직업을 자유롭게 선택 혹은 수용할 권리, 그리고 이 권리를 보장할 적절한 절차를 밟을 권리를 포함한다.

그리고 제3조는 남성뿐 아니라 여성에게도 이 조약이 적용됨을 명백히 하고 있다.

> 조약 당사국들은 이 조약에서 말하고 있는 모든 경제적, 사회적, 문화적 권리를 향유할, 남성과 여성의 동등한 권리를 보장할 책임이 있다.

그 조약과 관련하여 보자면 여성들은 아무런 방해도 받지 않고 농업 부문에서 일을 할 권리를 여전히 가지고 있다고 할 수 있다. 그러나 여성들은 가족 외의 남성들과 접촉할 수밖에 없는 도시 환경에서는 취업을 할 권리가 없었다. 문화 상대주의에 근거하여 여성과 남성이 따로 떨어져 일을 하는 것을 국제 사회가 수용할 수 있는 견해로 택할 수 있을 것이다. 그리고 탈리반의 입장에서도 여성이 따로 떨어져 일한다는 조건 아래서라면 여성의 취업을 고려할 만한 유연성을 찾아볼 수도 있을 것이다. 지금도 보건 분야나 다른 긴급한 필요에 부응하는 일과 같이 우선적 성격을 가진 일의 경우에는 약간의 융통성이 있다. 그렇지만 여성은 아내이자 어머니로서 그리고 차세대 무슬림에 대한 교육자로서의 역할에만 집중하는 것이 우선적이다. 하지만 여성과 남성의 분리를 받아들일 것인가 말 것인가에 대해서는 국제 사회의 의견이 나뉘어져 있다. 어떤 사람들은 이를 또 다른 형태의 아파르트헤이트라고 간주하기도 한다.

제11조는 빈곤 문제와 관련되어 있다.

> 조약 당사국들은 모든 사람이 자신과 가족들을 위해 적절한 의식주를 포함한 적절한 생활 수준을 누릴 권리를 인정한다.

여성이 개인적인 곤란으로 인해 일을 해야 할 경우에는 몇 가지 어려움이 있다. 탈리반은 확대 가족이 여성들을 보살피거나 자선 체제인 자카트 체계가 운용되기 때문에 여성이 결코 일할 필요가 없다고 주장한다. 그러나 참담한 가난으로 인해 많은 핵가족들은 확대 가족의 구성원이나 이웃의 도움은 고사하고 다만 하나의 단위로 겨우 존재할 뿐이다. 카불에서 제시된 증거에 의하면, 확대 가족이 항상 유지되는 것도 아니고 자선 원조가 항상 주어지는 것도 아니기 때문에, 인도주의 기구들은 그러한 처지에 놓인, 여성들이 경제적 역할을 찾는 것을 정당화해 주는 타당한 논거를 제시해야 한다.

카불의 가난한 가정들이 다른 지역에 있는 친지들에게 도움을 청할 수도 없다. 이란의 경제 상황 악화와 파키스탄의 식량 배급 철회 그리고 이와 더불어 난민들의 삶에 필수적으로 소요되는 보건, 교육, 식수, 전기 비용 때문에 난민들은 아프가니스탄에 있는 친지들을 원조할 수 있는 능력을 실질적으로 상실해 버렸다. 2000~2001년의 심각한 가뭄은 전국의 모든 사람을 다른 사람을 쉽게 도울 수 없는 생계의 한계 수준으로 내몰았다. 지난 몇 년 동안 많은 수의 난민들이 이란 당국의 강한 압력으로 인해 이란에서 귀환하였고 이는 아프가니스탄 주민들의 생존 능력 감소로 직결되었다.

제13조는 교육권에 관한 것이다.

조약 당사국들은 누구나 교육받을 권리를 인정한다. 조약 당사국은 교육이 인격과 인간의 존엄성의 완전한 개발을 지향하고 인권 존중과 기본적 자유를 강화시킬 것이라는 점에 동의한다…….

조약은 이어 다음과 같이 밝히고 있다. "기초 교육은 의무적이어야 하고 모두에게 적용돼야 한다. …… 각급 학교 체계의 발전이 적극적으로 추진되어야 한다."

조약의 이 두 부분은 탈리반에게서 다른 반응을 유발할 수 있었다. 예를 들어, 그들은 종교 교육은 가정에서 제공되어야 함을 그리고 이것이야 말로, 그들의 관점에서는, 인격과 인간 존엄성을 완전히 보장해야 할 필요가 있는 모든 것이라고 주장할 수 있다. 마찬가지로 그들은 이슬람이야말로 인권 존중과 기본 자유를 강화시키는 것이라고 주장할 것이다. 그러나 그들은 학교가 여성 교육에 본질적으로 필요한 부분이라는 것에 분명히 동의하지 않는다. 그들의 관점에 따르면, 단지 13조의 첫 항목에서 학교는 조성된 목적에 부합하는 교육을 제공할 때만 정당한 것이다. 탈리반에게는 교육의 성격이 교육의 접근성보다 더 문제가 되고 있는 부분이다. 그러나 인도주의 기구들은 하다못해 여성들이 다른 여성들에게 서비스를 제공할 수 있는 직장에서라도 일할 수 있도록 하기 위해 제공되는 교육은 무리 없이 옹호할 수 있다.

1981년 9월 3일에 발표한 '여성에 대한 모든 형태의 차별 철폐에 대한 조약'은 다음과 같이 천명하고 있다.

'여성에 대한 차별'이라는 용어는 성(sex)을 기초로 하여 만들어진 차별, 배제 혹은 제한을 의미하는 것으로, 여성과 남성의 평등이라는 기초 위에서, 결혼 여부에 관계없이, 여성이 정치적, 경제적, 사회적, 문화적, 시민적 등등의 영역에서 인권과 기본적인 자유를 인정받고, 향유하고, 행사하는 것을 침해하거나 무효화하는 효과를 가지거나 그런 의도를 가진 것이다.

보건과 교육 서비스에서 불평한 기회를 가진다는 점에서 볼 때 여성들이 실제로 차별받고 있다는 점은 의심의 여지가 없다. 1997년 여름 내내, 탈리반과 국제 기구는 여성이 하나의 지정 병원에서만 의료 혜택을 받아야 하는지를 놓고 토론을 벌였다. 그런데 이 토론은 탈리반이 수용하고 있던 원칙, 즉 여성이 의료 혜택을 받을 수 있다는 원칙과는 관계가 없고 여성의 의료 혜택에 더 적은 규모의 자원만이 제공될 가능성과 관련이 있었다.

전체 주민을 다루는 데 탈리반과 다른 조직들 사이에 분명한 차이가 존재한다고는 말할 수 있겠지만 재소자들에 대한 탈리반의 국가 폭력과 소련 점령기나 무자히딘 정권 시절의 국가 폭력을 비교하는 것은 어려운 일이다. 탈리반은 그들이 반동분자, 다른 말로 이슬람 국가에 해를 끼치는 존재 혹은 타락한 자이기 때문에 구금한 것이라고 합리화한다.

위에서 지적한 바와 같이 탈리반과의 관련 속에서 인권을 생각해 볼 때 또 하나의 어려운 질문은 그들이 비록 인종이 아닌 성에 기초하였다지만 격리 제도의 도입을 합법적으로 재가하는 데 다른 이슬람 정부에 비해 앞장서 나갔는지의 여부이다. 수단, 이란, 사우디아라비아, 파키스탄 정부들은 여성과 남성은 격리되어야 한다는 법령을 반포했었다. 하지만 각 정부마다 이러한 요구 사항을 집행하는 정도가 달랐고, 그것을 완화한 정도도 달랐다. 앞의 세 가지와 관련해서 사우디아라비아만이 아직도 강도 높은 격리 정책을 실시하고 있을 뿐이다. 파키스탄과 이란 그리고 수단은 규제를 크게 완화시켰다.

핵심적인 문제는 국제 사회가 어느 정도까지 유엔 조약에 의존해야 하는지, 또 역으로, 탈리반과의 대화를 모색하기 위해 아프가니스탄 주민들이 가지고 있는 하나 또는 다른 요소의 관점이나 가치를 가져야 하는지, 그리고 이로 인해 채택한 입장이 어떻게 변화할지이다. 따라서 우리는 현재의 아프가니스탄의 상황에서 유엔 인권 조약의 특정한 측면들이 그러한 관점이나 가치와 조화를 이룰 수 있다고 기대하는 것이 과연 합리적인지 아닌지를 고려해 봐야 할 것이다. 예를 들어 초강대국에 의해 정신적 외상을 경험한 사회가 오래되었지만 확실한 어떤 것에 대한 재해석을 통해 스스로 회복할 수 있도록 자유를 허용해야 하며, 그리고 나면 그 사회가 국제적으로 수용되는 기준을 향해 나아갈 것이라는 견해를 가질 수 있다. 그러나 이것은 많은 서양인들에게는 국제적으로 합의된 기준에 대해 너무 많이 양보하는 것으로 보일 수 있다. 현재 카불 여성들이 탈리반이 부과한 규제에 영향을 받고 있다는 점을 볼 때 특히 그러하다.

이것은 매우 난감한 문제이고 국제 사회가 스스로 물을 수도 없고 묻지 않을 수도 없다. 탈리반을 아프가니스탄의 정통성을 가진 정부로 인정하느냐를 먼저 심각하게 고민한 곳은 미국과 유럽이다. 이들 정부가 왜 자신들의 가치 체계 위에서 탈리반의 정책과 행동을 용인할 수 없고 국제적으로도 정당하지 못하다고 규정했는지를 아는 것은 아주 쉬운 일이다. 탈리반 외의 다른 많은 정권들이 인권을 실천하는 데 많은 문제가 있었음에도 인정을 받았을 때, 왜 탈리반은 의심의 대상이 되었는지를 이해하는 것은 그보다는 쉽지 않은 문제이다.

1997년 5월 8일 라디오 방송, '샤리아에 대한 탈리반의 목소리'는 이 점에 대해 다음과 같은 논평했다.

세상에는 서양 사람들이 설정해 놓은 인권의 진정한 표준에 부합하지 않는 국가가 수십 아니 수백 개가 있다. 사형, 구속, 인권 침해 등 많은 사건들이 이 국가들에서 발생하고 있다. 그러나 그 국가들에 대한 진지한 반대가 없었음은 물론이고, 소위 인권을 지원하는 국가들이 이런 국가들을 다양한 방식으로 지원하고 있다.

미국과 같은 나라들이 자신들이 인정한 정부들의 인권 상황을 애써 외면하는 것은 단지 그 정부들이 본질적으로 미국의 이해에 따라 움직이는 나라들이기 때문이라고 주장할 수 있다. 인도네시아 정부가 가장 좋은 예이다. 이에 대해 혹자는 미국이 아프가니스탄을 관통하는 가스 수송관과 석유 개발에서 그리고 아편 생산과 테러리스트의 훈련을 줄이는 것에서 잠재적인 이익을 취할 수 있기 때문이라고 주장할 수도 있다. 하지만 중앙아시아 산 석유는 상대적으로 그 비용이 비싼 것으로 판명되었고, 아프가니스탄에서의 아편의 생산 감소는 세계의 다른 곳으로 팽창되는 것으로 효과가 상쇄될 수 있을 것이며, 미국은 아프가니스탄에서 테러리스트의 훈련을 저지하는 또 다른 방법들을 찾을 수 있을 것이다. 그러므로 이 이익이 만약 미국이 여성의 권리를 그렇게 분명하고 단호하게 억압하는 정권을 인정할 때 잃을 수 있는 표보다는 크지 않을 것이고 여성계의 로비를 감당해야 할 만큼 심각한 것은 아닐 것이다.

이와 동일한 주장이 유럽연합에도 적용된다. 그러므로 국제적 승인이라는 문제를 결정할 때 주요한 쟁점은 아마도 파렴치한 인권 유린 — 많은 나라에 만연해 있는, 수감자에 대한 고문처럼 은폐된 인권 유린과는 달리 — 인 것이다. 탈리반이 이러한 인권 침해를 서로 다른 도덕 규범이라는 이유를 들어 정당화하는 것, 그리고 이 규범과 서양의 가치 체계 사이에 존재하는 명백하게 깨뜨릴 수 없는 간극으로 인해, 미국과 유럽연합은 자신들의 입장을 양보할 수 없으며 반드시 고수해야 한다고 믿는다. 반면 탈리반은 서양이 자신들의 가치를 강요하고 더 나아가 대립적 관계를 만든다고 비난한다. 양측의 사람들이 타협을 해야 하는지, 만약 타협을 한다면 어떻게 해야 하는지 혹은 가능한 범위 안에서 그 이상의 조건을 붙여야 하는지 등을 고민할 때, 유럽 도시들 — 특히 프랑스 — 에서 확대되고 있는 급진적 이슬람주의 운동과 주민 사이의 점증하는 긴장을 포함해서 이슬람 세계와 서양의 왜곡된 관계사가 영향을 미친다. 인도주의 기구들의 존재, 그리고 그들이 수행하는 탈리반과의 고통스러운 협상은 그림을 더욱 복잡하게 만들고 있는데, 그것은 각 지역에 기반을 둔 지역 세력들이 각자의 이익에 기초하여 이 일에 개입하기 위해 안간힘을 쓰기 때문이다.

11장 탈리반과 파키스탄

우리는 앞의 장들에서 가치 체계와 그것이 탈리반, 아프가니스탄 국민, 그리고 인도주의 기구들의 행동에 미치는 영향에 대해 고찰해 보았다. 그렇지만 행동이라는 것이 가치 체계에 따라서만 이루어지는 것이라고 주장하는 것은 매우 순진한 생각이다. 그것은 마치 가치 체계가 역사 발전에 기여하는 것을 배제하는 것이 현명치 못한 것과 같다. 아프가니스탄을 구성하는 무대 위의 많은 주인공들 각각의 이익 또한 주요한 요인이기 때문이다.

제2장에서 설명한 것처럼 아프가니스탄이 국가로서 존재한 것은 겨우 100년밖에 안 되었다. 수세기 동안 현재의 국경 내에 포함된 도시, 읍, 촌락들은 무역, 문화, 종교, 민족, 군사 정복 등을 통해 이란 고원, 중앙아시아, 인도아대륙과 필연적으로 연결되어 왔다. 아프가니스탄의 산악 계곡이 아프가니스탄을 심하게 고립시켜 결과적으로 분명한 독립을 유지시켰지만, 아프가니스탄 역사의 유동성은 좀 더 넓은 지역의 발전이 아프가니스탄 내에서 정치, 경제, 문화, 종교 부문에 실로 중요한

영향을 미쳤으며 지역 세력의 지도자들이 그 지역에서 여러 사건들을 결정하는 데 관심을 갖게 되었음을 의미한다.

1989년 2월 소련군이 아프가니스탄에서 철수했을 때, 파키스탄은 여러 무자히딘 당의 급진주의자와 전통주의자 모두를 하나의 우산 아래 모으기 위해 적극적인 역할을 하였다. 또한 파키스탄은 1992년에는 모든 정당들을 한데 불러 모아 그 후 그들이 효과적으로 국정을 운영할 수 있도록 어느 정도 타협하게 만들었다. 1992년 4월 페샤와르에서 파키스탄 총리와 이란, 사우디아라비아, 유엔 등에서 파견한 대표단은 시브가툴라 무자디디를 위원장으로 하는 50인 위원회가 카불을 통제하여 라바니 대통령이 이끄는 임시 정부의 구성을 준비하도록 한다는 데 일차 합의하였다. 그리고 라바니는 향후 2년의 임기를 맡을 대통령을 선출할 의회를 구성할 때까지 4개월 동안 그 직을 맡는다는 것이었다. 그는 1992년 12월에 자신이 지명한 사람들을 불러 모아 자신의 재선을 꾸미는 공작을 하였다. 이에 다른 정당들이 반대를 하였고 결국 카불에서 심각한 다툼이 벌어졌다. 이 다툼은 파키스탄 정보부(Inter-Services Intelligences)의 전대표였던 하미드 굴의 조정으로 일단락되었다. 하미드 굴은 소련 점령기에 일곱 무자히딘 정당을 지원하는 데 주요한 역할을 한 인물이다. 이후 파키스탄은 1993년 3월 7일에 이슬라마바드에서 있었던 정당들의 모임을 후원하였고, 그 모임은 라바니를 이후 18개월 동안 아프가니스탄 대통령으로 재직할 수 있도록 한다는 이슬라마바드 협약을 도출해 냈다.

이러한 상황이 전개되고 있는 동안 도스탐은 북부에서 자신의 위상을 강화하고 있었고, 새로 형성된 중앙아시아의 여러 공화국들과 무역 및 그 외의 관계를 증진시키고 있었다. 그리고 이즈음 헤라트에 근거를 두고 준(準)독립 국가를 수립한 이스마일 칸은 이란과 상호 이익을 위한 결코 쉽지 않은 동맹을 맺는 데 성공하였다. 이란은 이스마일 칸이 서부 아프가니스탄 지역을 안정시킨 것을 크게 환영하였고, 이로 인해 이란에 있는 3백만에 달하는 아프가니스탄 난민들의 귀환이 용이하게 된 것을 환영했다. 이스마일 칸은 이란이 지원해 주는 물자 및 그 외 다른 원조로 큰 이익을 보았고, 이로 인해 그동안 의심의 눈길을 두었던 라바니와 마수드의 자미아트 세력에 대한 의존도를 줄일 수 있었다. 그렇지만 그가 서부 아프가니스탄에서 과도하게 증가하는 이란의 영향력에 대해 경계하고 있었던 것도 사실이다.

소련의 붕괴는 아프가니스탄 지원을 계속하는 미국의 정당성을 없애 버렸다. 무자히딘에 대한 병력 지원은 1991년 12월 31일자로 공식적으로 종결되었고 미국국제개발처의 인도적인 지원 프로그램은 1993년 초에 끝났다. 이제 원조는 파키스탄이 자신들의 이익을 추구하기 위한 일로만 남겨졌다.

1992년 4월 무자히딘 정부의 권력 장악에 뒤이은 몇 개월의 무정부 상태 이후 카불에 질서라고 할 만한 것이 서서히 등장하고 이슬라마바드 협약을 통해 지도부의 문제가 해결되면서, 파키스탄은 카불에서 자국의 이익을 증진시킬 강력한 정부를 만들어 내기 위한 지속적인 노력의 일환으로 무자히딘 정당들과 대화를 지속하였다.

그렇지만 라바니는 파키스탄과 점차 거리를 두었다. 파키스탄은 헤크마티야르를 자신들의 이익이 일치하는 잠재력 있는 지도자로 생각하고 그에게 많은 기대를 걸고 있었다. 그런데 파키스탄 측은 헤크마티야르가 라바니와 마수드에 효과적으로 대항할 만한 능력을 갖추고 있지 못해 크게 낙담하였다.

파키스탄은 이란과 터키가 중앙아시아와 강력한 상업 관계를 발전시키는 것을 염려하고 있었고 특히 이란이 반다라바스를 통해 인도양으로 나가는 중앙아시아 무역을 위한 중요한 출구를 만드는 것을 우려했다. 반다라바스가 카라치와 경쟁하는 것을 우려했던 것이다. 파키스탄의 내무 장관인 나시룰라 바바르는 이러한 흐름에 맞서기로 하고 과감하게 공적 관계를 주도함으로써 파키스탄이 중앙아시아 교역에 잠재적 출구라는 사실을 보여 주고자 했다. 최대한 공개적으로, 나시룰라 바바르는 칸다하르와 헤라트를 경유하는 아프가니스탄 횡단 여행을 단행하였고, 1994년 10월에는 같은 루트를 담당하는 무역 호위대를 조직하였다. 탈리반이 이 호위대를 보호하였고 이로써 파키스탄이 탈리반을 지지한다는 추측을 불러일으키기도 했다.

파키스탄이 중앙아시아 국가들과 무역을 강화하는 데 관심을 더 쏟게 된 것은, 1991년 소련의 붕괴하고 그 뒤에 중앙아시아에 독립 국가들이 출현하면서부터였다. 이 루트를 개방하는 일(예를 들어 주요 고속도로를 보수하는 작업이나 석유 회사들과 협상을 벌이는 일 등)에 파키스탄이 직접 참여하였는데 이것이 곧 향후 탈리반에 대한 관심을 갖게 하는 증거인 셈이었다.

파키스탄은 탈리반을 후원하고 있다는 것을 일관되게 부정했다. 그러나 미국을 비롯한 다른 나라의 정부들, 그리고 인권감시위원회는 강력한 정황 증거를 가지고 파키스탄이 정부 차원 및 비정부 기구 차원으로 그들을 지원했다는 주장을 하였다. 예를 들어, 인권감시위원회는 세심한 계획과 병참 지원을 통해 탈리반이 수행한 주요 공격이 득을 보았으며, 이는 그렇지 않았을 때 탈리반이 수행했던 군사적 충돌과 뚜렷하게 비교된다고 지적했다. 탈리반을 지지하는 자는 파키스탄 전정보부장인 하미드 굴 같이 주로 퇴역 장교나 정보부 요원이다. 인권감시위원회는 중국 측으로부터 탈리반이 파키스탄 전직 장교들이 운영하는 사설 회사를 통해 군수품을 구입하였고, 자미아트-알-울레마 알-이슬라미(Jamiat-al-Ulema al-Islami: 이슬람 학자회라는 뜻 ― 옮긴이)와 같은 파키스탄의 급진적인 이슬람 당과의 강력한 연계를 통해 많은 이익을 얻었다고 주장한다. 이 당은 자체적으로 운영하는 마드라사의 학생들 속에서 적극적으로 신참 당원을 충원하였다.

탈리반이 처음 출현하였을 때, 탈리반이 아프가니스탄을 완전히 정복할 수 있도록 그들을 지원하기 위해 미국이 파키스탄과 사우디아라비아와 공동으로 암암리에 작업하였다는 것은 알 만한 사람에게는 다 알려진 소문이었다. 그렇다면 미국이 그렇게 한 이유는 무엇일까? 그 당시에 제기된 가설에 따르면, 미국은 탈리반이 이슬람을 초석으로 삼아 아프가니스탄을 단일 통치권으로 묶고 전국에 안정을 가져올 수 있는 잠재력을 가진 세력이라고 보았고, 이것은 아프가니스탄을 관통하는 석유와 가스 수송관의 건설을 용이하게 하리라는 것이다. 그렇지 않으면 중앙아시아 산 석유와 가스를 유럽과 아시아의 다른 지역에 공급하기 위해 이란을 통과하는 수송관을 건설해야 하는데, 만약 이란과 관계가 악화되는 상황이 온다면 유럽이 석유와 가스를 공급받기 어려울 것이라는 우려가 제기되었던 것이다.

1996년 9월 탈리반이 잘랄라바드에 입성하고 이어 카불로 진격했을 때 대부분의 관찰자들은 놀라지 않을 수 없었다. 이전의 모든 지표들은 탈리반 운동이 이제 동력을 다 소진하였음을 보여 주었는데, 탈리반이 카불을 18개월 동안 포위 공격했음에도 별다른 성과를 올리지 못한 것이 그 예였다. 그러나 탈리반이 다시 카불을 점령함으로써 상황이 극적으로 반전되었고 이는 좀 더 강력한 지원 세력이 조직적인 지원과 군수품을 제공하고 있다는 추측을 불러일으켰다. 파키스탄 내의 난민 캠프, 아프가니스탄 주민 마을, 종교 단체들에서 온 자발적인 신참자들의 흐름은 더욱 뚜렷해졌다. 이들은 기꺼이 자신들을 희생할 각오가 되어 있었다.

1996년 9월 26일 카불 점령에 대한 국제적인 반응은 매우 흥미로운 생각거리를 준다. 10월 3일 파키스탄의 총리인 베나지르 부토는 만약에 탈리반이 아프가니스탄을 하나로 통일할 수 있다면 그것은 환영할 만한 발전이라고 하였다. 부토는 탈리반이 성(gender) 정책을 완화시키기를 기대한다고 하면서도 아프가니스탄 인민들이 어떠한 정부를 선택할 것인지에 대해 자신이 뭐라고 말할 위치에 있지 않다고 했다. 부토 총리는 파키스탄이 탈리반을 배후에서 지원한다는 것을 다시 한 번 부정했다.

1996년 10월 4일 '라디오 파키스탄'은 다음과 같이 논평하였다. '그들(탈리반)은 그동안 전쟁에 지친 많은 사람들에게서 전폭적인 지지를 받고 있는데, 사람들은 탈리반을 통해 아프가니스탄에 이제 평화가 깃들기를 전망하고 있다.' 이 논평은 이어 탈리반 정부가 평등, 인내, 정의, 그리고 사회 모든 영역에 대한 존중에 관한 이슬람의 원칙을 특히 아이들과 여성들에 대해 실행할 것이라는 희망을 표명했다. 그리고 더 나아가 탈리반이 이슬람을 해치려는 사람들에게는 어떠한 기회도 주지 않아야 한다는 희망도 덧붙였다.

1996년 10월 2일 탈리반이 카불을 점령한 지 며칠 후, 파키스탄의 급진주의 이슬람 정당 가운데 하나로 마울라나 파즐-우르-라흐만이 이끄는 자미아트-알-울레마 알-이슬라미가 탈리반의 요구로 아프가니스탄 헌법의 초안을 준비하고 있다고 발표했다. 이 초안은 탈리반에게 보내지기 전에 당의 집행위원회에서 검토하기로 되어 있었다.

1996년 10월 12일에 카불 주재 사우디아라비아 대사관의 대리 대사(the chargé d'affairs)는 사우디아라비아 왕의 축하 인사를 전달했고, 아프가니스탄에서 신성한 무함마드의 법이 집행되고 탈리반이 대부분의 아프가니스탄 지역에 평화와 안정을 회복한 것을 기뻐한다고 말했다.

미국이 탈리반에 대해 호의적이었다는 소문은 부분적으로 10월 2일 미국의 석유 회사인 캘리포니아석유회사연합(UNOCAL)이 아프가니스탄에서의 새로운 탈리반 정권 수립을 '긍정적 진전'으로 간주하는 것에서 생겨났다. 캘리포니아석유회사연합은 단일 정부가 중앙아시아에서부터 아프가니스탄을 관통하는 석유와 가스의 수송관 건설을 진척시킬 수 있는 전망을 더 밝게 하고 안정을 가져다 줄 수 있을 것이라고 주장하였다. 그러한 소문은 탈리반이 카불을 점령한 직후 미국이 탈리반과의 접촉을 시도했다는 여러 가지 정황 증거들과 초기 몇 년 동안 미국이 탈리반 정부에 대해 취한 더욱 적극적인 외교 정책으로 야기되었다. 미국 정부는 또한 탈리반이 과거에 어떤 일을 했는지에 대해서는 아무런 트집 잡을 것이 없다고 말한 것으로 알려졌다. 그러나 탈리반에게 지나치게 호의적으로 접근하는 것은 탈리반의 성 정책에 대한 국제적인 분노의 물결과 아주 심한 갈등을 일으킬 것이라는 우려의 목소리가 나왔다. 이에 국무부는 탈리반 정부에 대한 승인은 여성의 권리를 존중하는 것과 연동되어 있다는 것을 탈리반 정권에게 경고하는 성명서를 10월 8일에 발표하였다. 그렇지만 국무부 대변인은 미국이 탈리반과 접촉을 모색할 것이라고 말했다.

석유와 가스 수송관에 얽힌 이야기는 흥미진진했다. 탈리반이 카불을 점령하기 전, 아르헨티나 회사인 브리다스는 투르크메니스탄 유전의 가스 채굴권을 차지하였다. 그런데 투르크메니스탄 정부는 미국의 석유 회사인 캘리포니아석유회사연합이 좀 더 나은 조건을 제시하자 브리다스와의 계약을 취소해 버렸다. 이에 브리다스는 투르크메니스탄 정부를 고소하였고, 아프가니스탄 내에서의 수송관 건설권 확보를 위한 탈리반과의 계약을 확보하기 위해 캘리포니아석유회사연합과 경쟁하였다. 이에 탈리반은 아르헨티나의 브리다스와 구속력은 없지만 그들에게 유리하게 작용할 수 있는 합의서에 서명하였다. 이는 캘리포니아석유회사연합과 계약을 한다면 잠재적인 미국의 영향력이 너무 커질 것이라고 우려했기 때문이다. 석유 회사들은 매우 혼란스러운 의사를 발표하였다. 캘리포니아석유회사연합은 탈리반이 카불을 점령했을 때, 탈리반의 점령과 그로 인한 안정을 환영한다는 성명서를 발표한 바 있다. 그러나 이후의 성명서들은 좀 더 신중하였다. 이 성명서에서 캘리포니아석유회사연합은 수송관이 건설될 수 있을 만큼 안정성이 확보된 것이 아니며 이를 위해서는 시간이 몇 년 더 걸릴지도 모른다는 생각을 드러냈다. 그러나 1997년 7월에 캘리포니아석유회사연합, 사우디아라비아의 델타 오일, 파키스탄 정부, 투르크메니스탄 정부 사이에 아프가니스탄을 통과하여 투르크메니스탄에서 파키스탄으로 연결되는 가스 수송관 건설을 1998년 말에 시작한다는 내용의 합의가 이루어졌다. 하지만 캘리포니아석유회사연합이 돌연 국제적으로 승인된 아프가니스탄 전체에 대한 통제권을 가진 정부가 들어서기 전에는 공사를 시작하지 않겠다는 수수께끼 같은 말을 했다. 그리고 탈리반은 이 합의서가 있었음에도 8월 28일에 자신들은 아르헨티나 회사인 브리다스가 제공한 계약 조건이 만족스럽다는 점과 그 협상은 서명만 남긴 채 계약의 마지막 단계에 있다고 발표하였다. 브리다스는 상황이 계속 불안정한 가운데 공사를 감행하리라는 것을 암시하였다. 그러는 동안 1997년 5월에 투르크메니스탄의 가스와 석유의 공급을 이란과 터키의 네트워크로 연결하고 나아가 유럽까지 연결되는 수송관 건설에 동의한다는 합의가 이란과 투르크메니스탄 사이에 이루어졌다. 하지만 이 합의가 이루어지기 전인 1996년 5월에 이미 카자흐스탄이 이란을 통해 석유 수출을 개시한다는 것과 이란의 페르시아 만 항구들에서 석유 수출의 권리를 얻는 대가로 카스피 해에 있는 이란의 정유 공장에 원유를 인도하는 것에 합의했다. 하지만 아프가니스탄을 관통할 수 있는 수송관 건설에 대한 추가 합의는 1997년 5월 이후 아프가니스탄 북부 지역의 치안 불안이 날로 증가하면서 보류되었다. 그리고 1998년 8월, 미국의 공습과 미국 회사와 탈리반 사이에 어떠한 계약 합의에도 반대한다는 미국 내 '페미니스트가 다수다'(Feminist Majority)라는 조직의 강력한 로비로 인해 캘리포니아석유회사연합은 델타 오일 및 다른 회사들과의 컨소시움에서 탈퇴하기로 결정하였다. 미국이 이란을 통해서 석유를 수송한다는 1997년 5월의 합의에 처음부터 반대한 것은 아니다. 지난 몇 년 동안 미국은 중앙아시아 산 석유와 가스를 유럽으로 수송하기 위해 카스피 해를 경유하는 대안적인 루트 쪽으로 기우는 경향을 보였다.

파키스탄은 자신들이 탈리반과 연계되어 있을 것이라는 의심을 없애기 위해 노력을 기울이고 있었다. 그런데도 탈리반이 카불을 마수드와 도스탐의 손에서 탈환하고 수도 북부 지역에서 초기 전세 역전이 이루어진 이후, 탈리반과 도스탐 사이에서 중재를 모색하는 데 내무 장관인 나시룰라 바바르가 아주 중요한 역할을 하였다. 파키스탄 정부가 중재자로서 외무 장관이 아닌 내무 장관을 선택한 것은 바바르 장관이 이미 탈리반과 좋은 관계를 형성하고 있었음을 암시한다. 나아가 탈리반이 등장하던 바로 그때 바바르가 파키스탄을 통해 무역 호위대를 파견하고 있었다는 것이 단순한 우연만은 아니었다는 것을 보여 주고 있다.

흩어져 있는 퍼즐 조각들을 맞춰 보면 다음과 같은 시나리오가 가능하다. 탈리반은 칸다하르에서 소규모의 자연 발생적 운동으로서 등장했고, 법과 질서 그리고 확실성에 목마른 주민들의 심금을 울렸다. 그들의 분명한 인기는 금세 탈리반이 아프가니스탄에 가져올 안정 속에서 잠재적 이득을 본 아프가니스탄 외부 사람들의 주의를 끌었다. 그들은 또한 파키스탄 최고의 마드라사 출신이었기 때문에 파키스탄 군부와 정보부 안에 있는 급진주의 이슬람 세력에 호감을 줄 수 있었을 것이다. 마찬가지로 그들의 파슈툰적인 성격은 파키스탄의 권력 구조에 있는 동료 파슈툰 족의 관심을 끌 수 있었을 것이다.

파키스탄은 또한 탈리반이 농촌 지역을 전통적인 방식으로 유지하는 방식으로 사회를 재구축하면서 아프가니스탄 남부 지역의 파슈툰 족에게서 지원을 신속하게 받았을 것이라고 추정했을지도 모른다. 탈리반은 이슬람주의 정당들보다 더 대중적인 호소력을 얻을 수 있었다. 왜냐하면 그들은 이미 존재하고 있는 의사 결정 구조를 폐기하고 그것들을 정당에 어울리는 새로운 구조로 대체하려 하지 않았기 때문이다. 그들은 또한 외부에서 들어온 낯선 이념을 심기 위해 노력하지 않았다. 대신 그들의 신념은 모든 것이 심하게 바뀌어 버린 1950년대의 자유주의 이전 상황으로 돌아가자는 것이었다. 탈리반 운동은 또한 몇몇 측면에서 청년들에게 깊은 호소력을 남겼으니 언제든 순교할 준비가 되어 있는 신참자를 충원하는 데 아무런 문제가 없었다. 그러므로 파키스탄은 탈리반이 파슈툰 지역을 차지할 좋은 기회를 가졌다고 생각했을 것이다.

만약에 그들이 지원한다면, 압두르-라흐만이 19세기 말에 영국의 지원을 받아 이루었던 것처럼 아프가니스탄의 나머지 지역도 얻게 될지 모른다는 기대를 가졌을 것이다. 그리고 나면 탈리반이 가져온 안정성은 파키스탄에게 중앙아시아와의 무역 접근성을 높이고 인도에 대한 전략적 위치를 강화하는 일거양득의 이익을 줄 것이다.

이상에서 본 바와 같이 탈리반은 파키스탄 국경에서 특정한 이슬람 운동을 이끌어 낼 수 있었고 그 결과 아프가니스탄 난민 캠프를 비롯해 전국에 있는 마드라사를 통해 청년들을 충원하였다. 아프가니스탄 난민 캠프에 많은 급진적인 이슬람 혹은 이슬람주의 운동이 이슬람 교육을 위한 센터 같은 것을 건설하였다. 그 가운데 많은 곳이 사우디아라비아에서 자금을 지원받았다. 청년들을 전장에 보내자는 호소가 아프가니스탄의 파슈툰 지역의 부족 지도자들과 난민 캠프에 있는 사람들에게 전해지면서 이러한 신참 충원 과정은 확대되었다. 아들이 많은 가족들이 부족에게서 재정적인 후원과 그들의 지위를 향상시켜 주는 대가로 지하드를 위해 아들들을 보내달라는 요구를 함으로써 이러한 호소들은 긍정적인 반응을 얻을 수 있었다. 그러므로 탈리반 운동은 나라 외부에서 흘러나오는 지원뿐 아니라 내부의 지원에도 기댈 수 있었다.

탈리반은 또한 파키스탄 내의 파슈툰 주민에게도 영향력을 가질 수 있었고 파키스탄의 국경 내에서 급진적인 이슬람 정당 혹은 이슬람주의 정당의 권력 기반을 증가시킬 수 있었다. 탈리반이 카불을 점령한 두 주 후인 1996년 10월 13일, 비비시(BBC)의 이슬라마바드 특파원은 많은 파키스탄 사람들이 만연한 부정부패와 경기 침체로 인해 이슬람 학교의 학생들이 탈리반에게 영감을 받아 정치 영역에서 좀 더 적극적인 역할을 할지도 모른다고 우려하고 있다고 보도하였다. 그는 이어, 탈리반이 나지불라를 처형하고 안정된 전국 정부를 창출하기 위해 시도한 도스탐과의 합의에 실패함으로써, 탈리반이 카불에 긍정적인 발전을 가져올 것이라고 기대했던 사람들이 크게 우려하고 있다고 보도했다. 이러한 상황의 어려움은 우선적으로 파키스탄이 카불에 대사관을 재개하는 것을 망설이게 하였고 외교적으로 승인하는 작업에 조심스럽게 접근하도록 한 것이 분명하였다.

위에서 지적한 바처럼 1998년 8월의 미국의 공습은 아프가니스탄과 파키스탄 양국의 정치적 환경을 급진적으로 만드는 효과를 가져왔다. 탈리반과 자미아트-알-울레마 알-이슬라미와 같은 파키스탄의 급진적 정당과의 연계는 좀 더 확실하게 이루어졌고, 탈리반 병력을 충원하는 근거지로 이 정당들을 이용하는 것은 좀 더 공적인 영역의 일이 되었다. 1999년 10월 페르베즈 무샤라프가 일으킨 군사 쿠데타에 앞서, 나와즈 샤리프 대통령 쪽에서 아프가니스탄을 테러리스트 훈련 기지로 이용하는 것을 상당 수준으로 통제하려는 노력이 있었다. 파키스탄 정부는 아프가니스탄에서 당파 갈등에 의한 살해와 기타 테러 활동에 파키스탄인이 관련되어 있다는 터무니없는 주장에 대해서 특히 우려하였다.

1999년 10월 유엔의 제재는 탈리반에게 미국 정부가 부당하게 탈리반을 표적으로 삼고 있고 자신들의 외교 정책 수단으로 유엔안전보장이사회를 이용하고 있다는 주장의 근거를 제공했다. 뒤이은 2000년 12월의 제재 결과 파키스탄에서 많은 탈리반 지도자들을 배출한 아코라 카탁(Akora Khattack)의 이슬람 신학교의 대표인 사미 알-하크가 소집한 40개의 급진적 조직들이 연대 의사를 즉각적으로 발표하였다.

이어 몇 개월 동안 급진적 정당들은 점차 그들의 정치적 위력을 나타내었고, 파키스탄 내에서 탈리반화(Talibanisation) 과정이 확산되는 것에 대한 논란이 있었다. 이 논란 속에서 많은 전문직 종사자들이 미국이나 서양의 여러 나라들로 이주해야 하는 것 아닌가를 고려하기도 했다. 종파 갈등으로 인해 발생한 시아파에 대한 끊임없는 살해에는 고위 전문직도 포함되었는데 이것이 가장 우려스러운 상황이었다. 무샤라프는 급진주의자들의 가두 권력과 그들을 재갈 물리고 아프가니스탄 내에 있는 테러리스트 훈련 캠프에 대해 문제를 제기하는 것을 도우려는 미국의 증가하는 압력 사이에서 정치적 줄타기를 하고 있었다. 군대 내의 여러 세력들과 급진적 정당들 사이의 강한 연계에 의해 그리고 전정보부장 하미드 굴이 급진주의자들을 지원할 때 보인 고자세로 인해 무샤라프는 곤경에 빠졌다.

2001년 9월 11일 세계 무역 센터와 국방부 건물에 대한 테러리스트의 공격은, 미국이 탈리반과 오사마 빈 라덴에 대해 취하고자 하는 가능한 군사 행동과 관련하여 무샤라프에게 원조를 요청할 때 무샤라프가 이에 응할 것인지 아니면 그것에 반대하는 급진적 정당들을 앞세워 미국에 대항할 것인지에 대해 양단간의 결정을 내리도록 압박했다. 이에 대해 무샤라프는 상대적으로 급진적인 정당들을 통제하는 데 실패할지 모른다는 우려 때문에 미국 정부에게 영공 사용권과 기밀 정보를 제공하는 등을 통해 협력 의지를 표명하는 만만찮은 모험을 감행하였다. 이러한 결정은 급진적 정당들을 자극하여 아프가니스탄에서의 미군의 군사 작전에 대한 어떠한 지지도 반대한다는 시위가 벌어졌고, 10월 7일부터 감행된 아프가니스탄에 대한 미국의 폭탄 공습은 이러한 시위의 규모를 극적으로 키웠다. 이러한 시위가 있었는데도 파키스탄 정부는 파키스탄 내의 기지에서 미국의 정찰기가 군사 작전을 펴는 것을 허락하였다. 파키스탄 땅에서의 전투기 이륙 허용에는 미치지 못하지만, 이 결정은 무샤라프 대통령이 급진주의자들과 정면으로 맞서려는 입장을 취하고 있음을 입증한 것이 되었다. 그는 이와 동시에 파키스탄의 여러 도시의 거리에 경찰 병력을 증가시켰고 급진적 정당의 지도자들을 체포하는 방법을 함께 취했다. 이는 결국 그가 파키스탄 내에서 한창 힘을 얻고 있는 급진화 혹은 탈리반화를 잠재울 수 있는 절호의 기회를 얻었다는 것을 분명하게 보여 준다.

무샤라프 정책의 성공은 미국이 취한 군사 행동으로 인해 파키스탄 내 급진적 정당들의 새로운 지지자들이 어느 정도로 확산될 것인지, 그리고 예견된 바와 같이, 무샤라프가 그 새로운 지지자들을 어느 정도로 저지할 수 있을 것인지 등에 달려 있다. 무샤라프는 급진주의자들에 호의적인 태도를 취하는 장교들을 제거하였지만 또한 군부 내에서 상당한 어려움에 처해 있기에 자신에 대한 암살을 포함한 내부 쿠데타에 쉽게 노출되어 있었음에 틀림없다. 파키스탄이 핵을 보유하고 있기 때문에 최고 지도부에 급진주의자가 출현한다는 것은 인도에 대한 커다란 안보 위협이 될 수밖에 없고 이는 나아가 이 지역에서 핵전쟁을 야기할 수 있을 것이다.

미국의 군사 행동으로 일어날 수 있는 또 다른 가능한 시나리오는 북부동맹이 아프가니스탄의 비파슈툰 지역, 즉 아프가니스탄의 북부와 중부를 상대적으로 쉽게 다시 점령할 환경이 조성될 수 있다는 사실이다. 그렇지만 파슈툰 지역을 점령하는 것은 훨씬 어려워질 것이고 파키스탄 내의, 특히 국경 주변에 있는 부족 지역의 파슈툰 족이 그 사실을 미국의 침략이라고 규정하고 그에 대해 저항을 후원할지도 모른다. 그렇게 되면 이번에는 국경 주변에 포진해 있는 강력한 파슈툰 지역은 그

곳과 접해 있는 북서변경주에 대한 분리를 요구할 가능성이 있다. 이러한 움직임은 펀자브 지방이 행사하고 있는 지배적인 입장에 의해 증폭되고 악화되어 파키스탄 내에 이미 존재하고 있는 분리 독립 경향을 낳을 수 있을 것이다. 1980년대에 미국이 무자히딘을 위해 양도한 엄청난 양의 무기가 주민들의 손에 들어가 파키스탄이 무기로 넘친다는 사실은 이 나라의 여러 부분 사이에서 내전이 일어날 위험을 증가시킬 것이다. 이미 오래전부터 카라치 내의 공동체 사이의 긴장은 매우 심각한 수준의 폭력을 낳았다.

이러한 사건들은 미국 정부가 관여하여 결정적으로 만들어 낸 이 상황을 지금 당장 어떻게든 처리해야 하는 것은 아닌지에 대해 문제를 제기한다. 앞서 지적했던 바와 같이, 미국은 소련의 힘을 약화시킬 전략적 맥락 속에서 파키스탄으로 망명한 급진적 이슬람 정당들에 대해 막대한 지원을 하였고 이로써 탈리반의 출현을 위한 씨앗을 뿌린 셈이었다. 그 정당들은 파키스탄 난민 캠프 안에서 권력 기반을 다질 수 있었고, 고아원, 마드라사, 이슬람 신학교 등을 통해 새로운 세대의 추종자를 교육하고 훈련시킬 수 있었다. 이러한 교육 기관들은 탈리반을 위해 자원해서 싸울 많은 이들을 모집하는 근거지였다.

게다가 미국은 무자히딘의 은신처에 대한 초기의 군사적 지원을 지속적으로 유지하는 것을 통해 파키스탄이 군수품의 공급 통로 역할을 하고 그 분배에 영향력을 행사하도록 허용하였다. 그러므로 카불의 정권을 잡은 자가 누구더라도 그를 통제하려 하고 또한 끊임없이 독립하려고 하는 전통주의 지도자들을 자신들의 통제 아래 두려는 자체 전략적 이익을 추구하는 미국에 의해 파키스탄은 강화되어 왔다.

또한 미국은 이 지역의 안정을 창출하는 데에도 관심을 가지고 있다. 구소련이 상대적으로 분열되기 쉬운 정치·경제 상태에 있었기에 미국은 어떠한 통제도 없고 마약의 생산과 밀수, 테러리즘, 무기 밀매 등에 제한이 거의 없을 독립국가연합(Commonwealth of Independent States)의 남쪽 국경에 어떤 나라가 만들어지지 않도록 하는 데 관심을 가질 수밖에 없었다. 이미 독립국가연합은 아프가니스탄의 헤로인이 유럽으로 건너가는 주요 경로이다. 또한 아프가니스탄의 분쟁이 아무다리야 강 너머에서 확산된다거나 역으로 중앙아시아에 있는 반대 세력들이 그 남쪽 경계선 너머에서 상당한 지원을 받는다거나 하는 일이 벌어진다면 아프가니스탄은 그 자체가 중앙아시아의 정세를 불안하게 하는 존재가 된다. 중앙아시아가 석유와 가스 저장고이기 때문에 그것이 세계 시장으로 나가는 출구를 통제할 필요가 있는 것이다.

그렇다면 미국은 현 상황에 대해 어느 정도까지 책임을 져야 하는가? 만약 미국이 파키스탄이 선택한 일곱 무자히딘 정당에 무기를 제공하지 않았다면 전쟁의 결과가 달라지지 않았을까? 아프가니스탄 국민들은 미국의 도움 없이도 소련군을 몰아냈을 것이다. 아마도 미국이 했던 것보다는 덜 효과적이긴 했겠지만, 그들은 외부의 지원이 도착하기 전에 아프가니스탄인민민주당 정권을 상당히 무너뜨릴 만한 능력을 이미 보여 주었다. 나아가 우리는 미국이 공급한 무기 가운데 일부만이 아프가니스탄 내의 저항군 손에 들어갔을 것이라는 생각도 할 필요가 있다. 위에서 언급했듯이, 무기의 대부분은 파키스탄 내에서 여러 방향으로 새어 나갔다고 전해지는데 파키스탄에서 이전에는 존재하지 않던 총기 문화가 발생하게 된 것은 이로 인해서이다(Arney, 1990). 군 철수라는 최종적 결정을 이끈 소련의 내부 요인은 저항군의 강력한 군사력이 아니었을 것이다. 차라리 소련의 제대 군인들의 사기가 급격하게 저하되었고 그로 인해 소련 사회가 눈에 띄게 불안에 빠져 들었기 때문이다. 어쨌든 미국의 지원으로 인해 전쟁의 결과에 차이가 생겼든지 아니든지 간에 분명한 것은 그 지원이 아프가니스탄 내의 세력 균형에 확실한 영향을 미쳤고, 칠당동맹을 기반으로 하는 대안 정부를 만들어 냈으며, 탈리반이라는 형태의 대체 정부의 창출에 관계했다는 것이다. 선거 절차를 통해 정부가 출현할 가능성은 어느 경우에도 없다. 그리고 유엔을 비롯한 다른 세력들이 자유주의자들과 전문 관료들을 함께 모아 정부를 구성한다거나 아니면 전왕인 자히르 샤의 복귀를 보장한다거나 하는 등의 노력들은 모두 실패로 돌아갔다. 우리는 또한 아프가니스탄인민민주당 정권이나 무자히딘 정권 혹은 탈리반 정권을 통해 나타난 바와 같이 급진주의가 아프가니스탄이 나아가야 할 정치 과정에서 피할 수 없는 한 부분이 아닌가 하는 질문을 던져 봐야 한다. 그리고 그러한 급진주의가 아프가니스탄 외의 다른 나라에서 특정한 이익을 추구하는 수단으로 강화될 수 있을지, 그리고 만약 그렇지 않는 경우라면 시들어 버릴 수밖에 없는 상황에서 그 급진주의가 강력한 지지를 받는 것은 아닌지에 대해서도 마찬가지로 의문을 던져 보아야 한다.

아프가니스탄에서 벌어진 일들에 대한 외부 세계의 반응을 고찰하고자 할 때, 각 정부보다는 각 나라의 여러 세력에 대해 이야기하는 것이 더 나을 것이다. 파키스탄의 아프가니스탄 정책은 군대와 정보부가 주도하는 경향이 대세다. 반면에 정계는 실권을 가지고 있지 못하다. 이와 마찬가지로 급진적 이슬람주의 정당, 특히 자마아트-이-이슬라미 그리고 더 최근의 자미아트-알-울레마 알-이슬라미가 각각 무지히딘과 탈리반을 지지하는 데 중요한 역할을 했다. 정부를 포함하여 파키스탄에 아프가니스탄 전쟁이 가져다 준 총기 문화, 특히 그것이 가장 큰 영향을 미치고 있는 카라치 상황에 대하여 깊이 우려하고 있는 사람들이 많다. 그들은 파키스탄은 이제 더 이상 아프가니스탄에서 일어나고 있는 일련의 일들에 대해 영향력을 행사하려고 해서는 안 되고, 무엇보다도 정세 안정에 역점을 두어야 한다고 주장하고 있다. 더 나아가 중앙아시아와의 무역 증가와 수송관 건설을 옹호하는 것은 평화를 정착시키는 기회가 될 수 있다. 그러나 마약과 밀수를 통해 이익을 취하는 자들은 다른 의사 일정을 내놓을 것이며 불안 상태를 선호할지도 모른다. 서로 다른 입장을 가진 여러 당사자들 사이의 관계를 분석하고 서술하는 것은 이 책의 범위를 벗어나는 일이다. 하지만 분명하게 말할 수 있는 것은, 그러한 관계들의 복잡성이 아프가니스탄의 갈등에 대한 평화로운 해결을 이루어 내야 하는 임무를 가진 자, 즉 유엔 특사와 같은 사람들이 가는 길에 극복하기 어려운 장애물로 놓여 있다는 사실이다.

미국의 군사 개입은 상황을 아주 복잡하게 만들었고, 결과를 예측하기 어렵게 만들었다. 만약 미국이 우려하는 경우가 생긴다면, 미국은 주저하지 않고 탈리반을 지지하는 세력에게 그들이 계속 탈리반을 지지한다면 그들에 대한 원조를 중단할 것이고 새로운 정치 구도를 짤 것이며 그 책임은 전적으로 그 전제 조건을 받아들이는가에 달려 있다는 내용으로 은근히 협박할 것이다. 마찬가지의 상황으로, 탈리반에 대한 침공이 있기 전에는 탈리반에 대한 지지에 미온적이던 세력들이 이제 탈리반 뒤에 확실히 줄을 설 가능성 또한 있다. 또 탈리반이 이전에는 탈리반을 위해 싸울 것을 전혀 고려한 적이 없던 사람들을 찾아 나서서 수천 명의 자원병을 모을 가능성도 매우 높다. 탈리반은 오사마 빈 라덴과 밀접하게 연계되어 있다. 미국이 오사마 빈 라덴을 악마로 만든 결과 그는 더욱더 영웅적인 임무를 띠게 되었고 그로 인해 탈리반은 미국의 공습으로 죽은 수많은 군인들을 대체할 수 있는 능력이 훨씬 커졌다. 따라서 이제는 아프가니스탄에서 정치 상황이 어떻게 전개될 것인가에 대해 고려하면서 그 내부의 다양한 주민들 사이의 힘의 상대적 균형을 찾는 것은 더 이상 문제가 아니다. 미국의 침공이 불러일으킨 아프가니스탄, 파키스탄 그리고 주변 지역의 분노는 이전에 존재했던 것과는 전혀 다른 차원의 새로운 권력 관계의 조합을 창출했다. 그러하기에 미래는 더욱 불확실하게 보인다.

12장 탈리반과 주변 지역

아프가니스탄 이웃의 많은 나라들은 탈리반의 출현을 우려하며 지켜보았고, 그 가운데 몇몇은 몰락을 확신하는 가운데 그에 개입하려 하였다. 이란은 즉각 탈리반을 맹렬히 비난하였다. 아야톨라 알리 하마네이는 1996년 10월 7일 금요일 설교에서, "이란의 이웃에서 어떤 것이 이슬람의 이름으로 일어나고 있고, 이슬람에 대해 어떠한 지식을 가지고 있는지 알 수 없는 집단이 현재 이슬람과 관계없는 활동에 착수했다"고 말했다. 그는 계속해서, 아프가니스탄에서 일어난 행위들은 인권을 무시하는 반동적이고 광신적인 움직임의 명확한 예라고 논평했다. 아야톨라는 또한 탈리반이 미국의 지원을 받는 것을 비난하였다. "세계는 미국이 그 집단을 얼마나 높게 평가했는지를 목격했다. 워싱턴은 탈리반을 비난하지 않았을 뿐만 아니라 오히려 탈리반이 그 경쟁자들을 억압할 때 탈리반을 지원해 왔다."

탈리반이 카불을 접수한 다음, 이란의 외무 장관인 알리 아크바르 벨라야티는 중앙아시아와 인도를 순회하며 휴전의 필요성과 넓은 기반을 둔 정부 수립의 필요성을 강조하였다. 10월 15일 이란 통신이 보도한 성명서에서, 벨라야티는 '미국과 사우디아라비아, 파키스탄이 탈리반을 지원해 왔다고 한 파키스탄 관리가 최근 인정했'다는 것을 언급했고, '특정 종교나 민족 집단의 지지자들은 자신들의 뜻을 다른 집단에 강제할 수 없다'고 말했다. 벨라야티 장관은 카자흐스탄 외무 장관과 회담한 뒤 발표한 성명을 통해 양국의 외무 장관은 대립 중인 아프가니스탄의 파벌들 사이에서 벌어지고 있는 지속적인 군사 행동이 '지역의 상황을 불안하게 할 수 있다'는 견해를 표명하였다.

이란과 마찬가지로 러시아도 탈리반이 카불을 정복한 것을 심각하게 우려하며 바라보았다. 1996년 10월 2일 보리스 옐친 대통령은 독립국가연합의 정상 회담을 요구하였다. 옐친의 국가 안보 고문은 탈리반의 승리가 중앙아시아의 여러 공화국들에 심각한 위협이 된다고 말하였는데, 그것은 탈리반이 그 지역의 일부를 통합하고자 하기 때문이라는 것이다. 카자흐스탄, 우즈베키스탄, 키르기스스탄, 타지키스탄의 대통령들과 러시아 총리가 카자흐스탄의 수도인 알마티에서 회동할 것이라는 내용이 발표되었다.

투르크메니스탄의 대통령은 참여하지 않은 유일한 중앙아시아 지도자였다. 그것은 투르크메니스탄이 독립국가연합 나라들의 집단 안보 조약의 당사자가 아니기 때문이다. 그러나 10월 14일, 축출된 라바니 정부의 대표와 러시아 총리 빅토르 체르노미르딘, 투르크메니스탄 대통령 니야조프가 회담을 가졌다. 회담 후, 니야조프 대통령은 투르크메니스탄이 모스크바와 함께 아프가니스탄의 위기에 관한 활동에 함께할 작정이라고 말했다. 그는, "우리는 알마티 정상 회담의 결과를 전적으로 공유하지는 않았다. 우리는 아프가니스탄의 충돌이 아프가니스탄의 국내 문제라고 생각한다"고 덧붙였다. 한편 그는 누구든 독립국가연합 내에서 서로 다른 관점에 대해 인내심을 가져야 한다고도 하였다. 그는 투르크메니스탄은 탈리반을 포함한 전체 아프가니스탄 국민들과 좋은 이웃 관계를 맺어 왔다고 말하고, 아프가니스탄 문제에 간섭해서는 안 된다고 말했다.

10월 16일, 유엔안전보장이사회에서 러시아와 중앙아시아의 대표들은 자국의 이해와 지역 전체의 안전에 영향을 주는 전쟁의 위협에 대해 발언했다. 안전보장이사회는 러시아가 제출한 결의안을 채택했다.

10월 19일, 우즈베키스탄의 대통령 카리모프는 타슈켄트에서 파키스탄의 대통령 파루크 레가리를 접견했다. 두 지도자는 즉각적인 휴전과 평화 회담 그리고 무기 금수를 요구하는 내용의 공동 성명서를 발표하였는데, 이는 카리모프가 같은 달 초에 아프가니스탄의 우즈베크 공동체 지도자인 라시드 도스탐에게 제공할 지원을 요구했던 입장과 전혀 다른 것이었다. 레가리 대통령의 수행원 중에는 파키스탄 석유천연자원부 장관이 있었다. 그래서 중앙아시아의 석유가 아프가니스탄을 거쳐 파키스탄의 항구로 수송되는 문제가 논의되었던 것 같다. 파키스탄 대통령은 탈리반이 아프가니스탄 국경을 넘는 영토의 야망은 없다는 것을 우즈베키스탄에게 확신시킨 것으로 알려졌다. 10월 28일 이와 유사한 회담이 카자흐스탄 대통령 누르술탄 나자르바이에르와 열렸지만, 카자흐스탄의 대통령은 아프가니스탄의 갈등이 그 국경 너머로 확산되어서는 안 된다고 경고하였다.

인도 또한 예상했던 대로 탈리반에 반대 입장을 취했다. 1996년 10월 15일, 인도 외무 장관은 카불의 탈리반 정부를 승인할 생각이 없다고 밝히고 라바니 대통령이 이끄는 정부를 계속 지지할 것이라고 했다.

그는 덧붙이기를, 아프가니스탄에서 외국의 간섭이 계속되는 상태에서 탈리반 운동을 공식적으로 승인하는 것은 외국의 간섭에 대한 찬성을 의미하는 것이라고 했다.

탈리반이 부각됨에 따라, 특히 이란, 러시아, 인도 세 나라가 우려를 나타냈다. 이란이 반대하는 이유는 단지 석유와 천연가스 수송관에 대한 경쟁 때문만은 아니었다. 이란은 급진적 수니파의 운동이 시아파의 이란, 특히 매년 수백만의 순례자를 끌어 모으는 이맘 레자의 사당이 있는 마슈하드에서 문제를 일으킬 수 있음을 또한 두려워한 것이다. 실제로 1994년 6월의 한 축일에 그 사당이 인산인해가 되었을 때 대규모의 폭탄 폭발이 일어났고 엄청난 사상자가 발생하였다. 마슈하드의 거대한 아프가니스탄 난민촌은 테러리스트들에게 잠재적인 은신처가 되었다. 당시는 탈리반 집단이 아프가니스탄의 서부에서 권력을 잡고 있었지만 본국으로 돌아오는 것에는 걸림돌이 여럿 있어서 많은 난민들이 그곳에 머무르고 있었다. 이란에서 돌아온 아프가니스탄 난민들은 소련에 대항하여 성전을 벌이는 동안 전투에 참여하지 않고 이후 이란에서 또다시 난민 지위를 얻으려 했다는 탈리반의 비판을 받았다. 탈리반이 아프가니스탄 국경 너머로 자신들의 신조를 전파하기를 전혀 원하지 않는다고 확언을 하였는데도 테러리즘에 대한 두려움은 계속되었다. 테러리즘에 대한 이러한 공포는 사우디아라비아에서 사우디 정부나 이슬람 조직들이 아프가니스탄과 중앙아시아에 와하브주의를 활성화해 이란을 약화시키려는 일을 수년 동안 꾸며 왔다는 것과 큰 관련이 있다.

아프가니스탄 내전 초기인 1979년에 아야톨라 호메이니가 권력을 잡으면서 이란은 미국에 대해 강경한 입장을 취했다. 그리고 아프가니스탄 전쟁이 진행됨에 따라 미국과 사우디아라비아가 아프가니스탄에 점차 개입하는 것에 이란은 크게 놀랐다. 이란은 아프가니스탄 내의 소수 시아파를 강화시키려 하고, 아프가니스탄 시아파 공동체 내의 저항 세력을 지원하였으며, 그 대부분의 세력들이 히스브-이-와다트 아래 하나로 단결하도록 하였다. 그렇지만 히스브-이-와다트가 이티하드-이-이슬라미와 마수드 세력에게 카불을 다시 빼앗기면서 이란은 라바니 정권과 좋은 관계를 유지하기 위해 노력하였다. 이란의 라바니 정권에 대한 지지는 탈리반이 카불을 접수하기 전까지의 수년 동안 점차 강화되었다. 이란은 탈리반을 포함한 다양한 파벌 사이에서 그들을 중재하는 데 매우 적극적인 역할을 하였다. 외무 차관인 알라우딘 보루제르디가 이 임무를 담당하는 것으로 임명되었다.

탈리반이 카불을 접수한 뒤, 이란은 아프가니스탄의 상황을 논의하기 위해 1996년 10월 29일부터 30일까지 지역 회의를 테헤란에서 주최하였다. 러시아, 인도, 파키스탄, 중국, 사우디아라비아, 중앙아시아의 여러 공화국, 유럽연합, 유엔, 이슬람회의기구(Organisation of the Islamic Conference)의 대표들이 초청받았다. 파키스탄, 사우디아라비아, 우즈베키스탄은 참석하지 않았다.

이란은 또 아프가니스탄 중부 하자라자트 지역을 탈리반이 차지한다면 소련 침공 이후 그 지역에서 높은 수준의 독립을 유지하며 살아 온 시아파 주민들의 장래가 불안해질 것도 우려하게 되었다. 아프가니스탄 인민민주당의 쿠데타와 소련의 침공으로 실질적인 지역 자치권을 획득할 기회를 얻기 전까지 이곳 주민들은 1880년대부터 파슈툰 족의 통제 아래 정치적, 경제적으로 주변적인 지위만을 가지고 있었기 때문에 탈리반의 진군에 단호히 저항하였다. 그러므로 아프가니스탄 인민의 모든 구성원들의 권리를 존중한다는 탈리반의 확언에 대해 거들떠보지도 않았다. 그러나 하자라 족에 대한 탈리반의 태도는 처음에는 상대적으로 중립적이었으나, 1997년 5월 마자르에서 탈리반이 처참한 패배를 당한 이후 크게 바뀌었다. 그때 탈리반은 분명하게 이것을 이란의 탓으로 돌리며 비난했다. 이후로 반대 세력에 대한 시아파의 지원을 막기 위해 헤라트와 카불에 사는 많은 시아파들이 경찰에게 체포되고 수감되었다는 소문이 파다하게 퍼졌다.

1998년 8월 탈리반은 마자르에 성공리에 입성하고 하자라 족과 이란에 대한 보복을 시작하였다. 앞에서 기술하였듯이, 국제사면위원회는 탈리반이 마자르를 탈환한 뒤 초기 사흘 동안 수천 명의 하자라 족을 조직적으로 살해하였다고 보고하였다. 이란인 외교관 여덟 명과 언론인 한 명도 숨진 채로 발견되었다. 이란은 국경에 대부대를 배치하는 것으로 맞섰다. 그러나 공격해야 한다는 강력한 요구가 있었지만 결국 신중해야 한다는 주장이 승리를 거두었다. 이것은 당시 아프가니스탄의 유엔 특사인 라흐다르 브라히미가 수일 동안 테헤란과 칸다하르 사이를 왕복하며 외교를 벌인 중재의 결실이었다.

이란은 마자르 학살을 조사하라고 요구하였으나 그에 대해 만족스러운 응답을 받아내지는 못했다. 하지만 양국 사이의 긴장은 다시 조성되지 않았다. 그렇지만 이란은 아프가니스탄 중부와 북동부에 포진해 있던 반대 세력에 대한 군사적 지원을 하였고, 헤라트의 무자히딘 전지사인 이스마일 칸과 같은 반대 세력 지도자에게 피난처를 제공하였다.

탈리반에 대한 러시아의 입장은 이란보다는 명백하지 않다. 중앙아시아를 휩쓰는 급진적 이슬람의 망령은 아프가니스탄인민민주당에 대한 무자히딘 저항 운동이 시작된 이래로 소련 외교 정책의 성격을 상당히 규정지었다. 그리고 이것는 탈리반이 카불을 접수한 이후 독립국가연합의 지도자들이 서둘러 만났을 때도 중요한 고려 사항으로 또다시 언급되었다. 그러나 상황은 이보다 훨씬 더 복잡하며, 그 복잡성은 크레믈린 내에서 그리고 지도자들 사이에 벌어진 토론에서 협의의 요점이었다.

투르크메니스탄은 자국의 취약한 경제 때문에 수송관 건설에 필사적이다. 수송관을 통해 외부 시장에 가스와 석유를 수출하는 것을 확대시킬 수 있다는 것이다. 그리고 이로 인해 탈리반의 정권 접수에 대해서도 매우 신중한 반응을 나타냈다. 다른 독립국가연합 국가들의 경우, 탈리반에 대해 공개적으로는 비판적이었으나 그들이 도스탐과 북부동맹의 다른 구성원들에게 군사 지원을 제공해야 하는지에 대해서는 입장이 확연히 갈렸다. 러시아의 안보 보좌관 알렉산드르 레베트는 러시아가 라바니 세력에게 군사 지원을 해야 한다고 주장하였다. 하지만 러시아의 국방 위원장은 10월 8일 보고를 통해 아프가니스탄 상황을 다루는 데에 신중해야 하며, 러시아와 독립국가연합이 도스탐을 지원해서는 안 된다고 하였다. 결국 그들은 북쪽 국경에 대한 자체 방어를 강화하는 것으로 스스로를 제한하였다. 물론 그 안에는 러시아가 주축을 이루는 독립국가연합의 병력 확장도 포함되어 있다.

당시 전문가들은 러시아가 어떤 경우에도 아프가니스탄에 또다시 군사적으로 개입하는 일은 없을 것이라고 논평하였다. 군대의 장비는 빈약하고 사기는 저하되어 있는 상태인데다가 새로이 형성된 중앙아시아 여러 공화국들의 군대도 전투를 수행하기에는 똑같이 준비가 덜 되어 있다는 점이 지적되었다. 게다가 설령 도스탐에게 군사 지원을 한다 할지라도, 그 지원으로 탈리반의 진전을 초금이라도 막을 수 있다는 확신을 하지 못했다. 몇몇 중앙아시아 국가들은 무역 확대를 위해 자신들이 아프가니스탄 서부를 통해 접근하는 것이 필요할 때 도스탐에 대한 지원과 그로 인한 탈리반과의 충돌이 자국의 이익이 될지에 대해서 불분명한 태도를 취했다.

그러나 탈리반이 전국을 장악하거나 또는 탈리반 내의 일부 분자들이 중앙아시아의 이슬람 운동을 고무하거나 지원할 경우, 아프가니스탄 국경 너머에 대해서는 개입하지 않는다면 탈리반의 기존 정책이 바뀔지 모른다는 우려를 러시아가 하고 있다는 보도가 있었다. 타지키스탄의 이슬람주의 반대 운동의 지도자가 장기간 지속되어 온 타지크 반란에 대한 아프가니스탄의 지원과 관련하여 탈리반과의 협정도 배제하지 않는다는 성명서를 발표했는데, 이것도 러시아에 어떤 확신도 주지 못할 것이다.

다른 요인들은 아프가니스탄에 탈리반이 존재한다는 사실에 대한 러시아의 우려를 촉발했다. 러시아는 공식 성명을 통해 탈리반이 중앙아시아 내에서 급진적 이슬람의 확산을 촉진시킬 것이고, 많은 러시아 민족이 중앙아시아의 공화국들에서 러시아로 탈출하는 것을 촉진할 것이라는 두려움을 표했다. 그것은 러시아가 피난 온 러시아 민족에 충분한 것을 제공할 수 없는 위치에 있었기 때문이다.

아프가니스탄 전쟁이 러시아에 깊은 상처를 남기고, 많은 사람이 보기에, 소련의 몰락을 재촉하는 역할을 하였는데도, 러시아는 여러 가지 전략적 이유를 들어 아프가니스탄 국경 북쪽에 대한 지배를 유지하기 위해 노심초사하였다. 또 중앙아시아에서 휘두르던 권력을 포기하지 않으려고 발버둥쳤고, 탈리반이라는 위협은 몇몇 공화국, 특히 타지키스탄에서 정치적, 경제적으로 영향력을 행사하고 군대를 주둔하는 빌미를 제공해 주었다. 게다가 탈리반의 진출로 초래된 불안은 중앙아시아의 가스와 석유를 러시아가 아닌 다른 시장으로 공급하기 위해 아프가니스탄을 가로질러 수송관이 건설되는 날짜를 뒤로 미루게 만들었고 이로 인해 러시아는 세계 시장 가격보다 낮은 가격으로 그 석유와 가스에 접근할 수 있게 하는 특혜 협정을 누리게 되었다.

급진적 이슬람에 대한 러시아의 공포가 어느 정도로 정당한지에 대해선 판단하기 어렵다. 공산주의가 붕괴된 후 그리고 수백만 명의 건강에 영향을 미친 대규모 환경 재앙의 결과로 초래된 사회적 위기가 종교 근본주의의 성장에 비옥한 토양을 제공했다는 것은 분명하다. 사우디아라비아는 수년에 걸쳐 이를 이용하려고 노력해 왔는데, 특히 키르기스스탄, 우즈베키스탄, 타지키스탄 사이에 펼쳐진 비옥한 페르가나 유역에서 그러하였다. 이 지역은 수십 년 동안 급진적 운동이 일어났던 곳으로 기독교 복음주의자들까지도 세력을 형성하고 있는 곳이다. 그렇지만 이 지역을 조사한 몇몇 전문가들은 가족, 부족 그리고 민족의 유대가 강력한 이슬람 운동의 확산을 저지할 것이라고 생각한다.

타지키스탄과 아프가니스탄 동쪽 산악 지역을 차지한 이슬람 반군 사이에서 조인된 1997년 5월의 평화 협정은 이러한 좋은 예를 보여 준다. 1993년 1월, 격렬한 내전으로 타지키스탄에서 많은 난민이 발생하였고 그 난민들이 아프가니스탄으로 피난하였다. 그 가운데 일부는 마자르 인근의 사막 지구에 수용되었고, 다른 사람들은 이슬람 급진주의자들의 중심지로 발전한 쿤두즈로 갔다. 여러 해 동안 반군들은 자미아트-이-이슬라미의 후원으로 아프가니스탄 영토에서 타지키스탄과 아프가니스탄 북동부 사이 국경에 배치된 독립국가연합의 군대를 공격했다. 탈리반이 카불을 점령하고, 자미아트를 수도에서 축출하자, 마수드는 타지키스탄의 지원을 기대했다. 이란과 러시아 모두 그러한 지원에 대해 찬성 의사를 표하였고 이어 러시아의 경우엔 정부가, 이란의 경우 엔 이슬람 야당이 동의해 줄 수 있도록 설득하였다. 평화가 확고히 자리 잡기 전까지 갈 길은 멀지만, 전략적 중요성이 드러날 때 반군은 기꺼이 러시아의 후원을 받는 정부와 타협할 것이라는 점은 흥미롭다.

탈리반이 중앙아시아로 급진적 이슬람을 확산시킬 것이라는 두려움은 탈리반이 그러한 야망을 가지고 있다는 것을 전제하고 있는데, 탈리반은 이에 대해 시종일관 부인해 왔다. 그들의 부인을 받아들인다 하더라도, 이것이 우즈베키스탄 이슬람 운동과 같은 운동에 지도부의 피난처를 제공하고 있는 현재의 지원이 국제적인 급진주의 네트워크와 연계된 소수 집단이나 사람을 통해 중앙아시아의 급진주의 운동에 대한 좀 더 적극적인 지원으로 바뀔 가능성까지 배제하는 것은 아니다. 그렇지만 탈리반의 신조는 중앙아시아 사회에 쉽게 이식될 만한 것은 아니다. 그것이 아프가니스탄의 경험의 반영물이라는 것을 감안하면, 그것은 스탈린의 강제 인구 이주로 여러 민족들이 섞여 이루어진 각각의 공화국들로 구성된 중앙아시아의 이산적(離散的) 사회에 어울리지 않는다. 또한 중앙아시아는 오랫동안 세속주의와 상대적인 남녀평등을 경험하면서 살았다. 탈리반이 권력을 잡았을 때, 아프가니스탄에서 농촌 공동체는 수년 동안 난민 캠프에서 외부와의 접촉이 단절되어 전통을 그대로 유지해 왔기 때문에 극도로 보수적인 전통으로 되돌아가는 것은 쉬운 일이었다. 그렇지만 중앙아시아에서 사람들은 너무나 많은 변화를 겪어 왔기에 자신들의 전통의 원형이 무엇인지를 분명하게 할 수 없을 정도이다. 사람들은 인종주의에 대한 응답으로 도시화된 급진주의가 유럽의 도시에서 세력을 형성한 것과 같이 중앙아시아의 상대적인 도시 환경에서도 세력을 형성할 수 있다고 주장할 수 있지만, 조건이 똑같지 않다. 유럽계 러시아인들은 중앙아시아에서 더 이상 주도적인 지위에 있지도 않고, 유럽에서 존재했던 것과 같은 종류의 인종주의를 확실하게 보여 줄 능력도 없다. 2001년 10월 아프가니스탄에 대한 미국의 군사 행동이 이 지역 내에서 급진적 이슬람이 성장하는 촉매로 작용할 것인지의 여부를 지켜보는 것은 매우 흥미로울 것이다.

아프가니스탄의 바로 이웃 국가인, 특히 이란과 독립국가연합은 아프가니스탄에서 생산된 아편과 헤로인이 자신들의 영토를 가로질러 운반된다는 사실에 큰 영향을 받았다. 아편과 헤로인은 탈리반이 정권을 잡기 이전부터 생산되었으나, 아편의 생산은 최소한 탈리반 정권 초반에 극적으로 증가하여 1999년에는 생산량이 4600톤에 달했다. 이것은 전 세계 공급량의 75퍼센트를 차지했다. 생산된 물량의 절반가량이 아프가니스탄 남부의 헬만드 주에서 재배되고, 동부의 난가르하르 주에서도 25퍼센트 이상이 재배되었다. 2000년 총생산량은 줄어들었으나, 이는 그해 계속된 가뭄 때문이었다. 2000년 7월 탈리반 지도자 물라 오마르는 아편 경작 금지령을 내렸고, 이는 2001년이 되어 효과가 나타났다. 유엔마약통제프로그램(UNDCP)과 서양의 정부들은 그해 아편이 재배되지 않았음을 확인하였으나 앞으로 상당 기간 동안 유럽의 수요를 충족시키기에 충분한 비축물이 남아 있음을 우려하였다. 오랫동안 이란이 마약 운송의 주요 통로였으나 국경 수비에 많이 치중함으로써 이제는 독립국가연합, 특히 타지키스탄, 키르기스스탄, 카자흐스탄과 러시아가 더 선호하는 통로가 되어 버렸다.

인도는 부르한누딘 라바니를 아프가니스탄의 합법적인 대통령으로 계속하여 인정한다는 입장을 명확하게 취했다. 인도는 파키스탄이 파키스탄에서 아프가니스탄을 거쳐 중앙아시아에 이르는 이슬람 방어 블록을 뻗으려는 야망을 꺾는다는 전략적 이해를 가지고 있었다. 그렇지만 인도는 국내에서 무슬림과 힌두 사이에서 급진주의가 성장함으로써 이미 상당한 위협을 받고 있으며, 탈리반이라는 예가 인도에서 힌두와 무슬림 사이의 미묘한 관계를 전복시킬 수 있을지 모른다고 똑같이 두려워하고 있음에 틀림없다.

사우디아라비아가 했을 역할 또한 흥미롭다. 사우디아라비아 정부는 아프가니스탄에서 있었던 어떤 외교적 노력에도 거의 참여하지 않았다. 외교 활동보다 새로운 사원, 학교, 이슬람 연구와 종교 운동을 위한 연구소 설립과 같은 형태로 문화 발전을 이루는 데 우선 집중하고 있다고 말하고는 있지만, 그들의 영향력의 흔적은 탈리반의 신조와 운영 방식에서 분명히 나타난다. 사우디아라비아는 소련이 아프가니스탄을 점령하자 자신들의 영향력을 확장하기 위한 기회를 노렸고 무자히딘에 대해 중요한 지원을 하였다. 사우디아라비아는 아프가니스탄에서 이란이 가지고 있을지도 모를 영향력에 맞대응하고자 한 것이었다. 1991년 걸프전 이후, 사우디아라비아는 일부 무자히딘 세력들이 이라크를 지원한 사실에 불만을 토로하였고 이에 파키스탄의 급진적 이슬람 정당에 대해 재정 지원을 하는 것으로 전환하였다고 알려져 있다. 이 가운데 주목할 만한 것이 자미아트-알-울레마 알-이슬라미이며 이들은 탈리반에 많은 신참자를 제공하였다.

일부의 관측에 의하면 1997년 5월 탈리반이 마자르 정복을 처음 시도한 이래 사우디 정부는 파키스탄, 아랍에미레이트연합과 함께 탈리반을 외교적으로 승인하였지만 탈리반에 대해 많은 재정 지원을 하지는 않은 듯하다. 그렇지만 와하브주의를 촉진하기 위해 비정부 기구에서 기금을 거두고 사우디아라비아 내의 이슬람 사원들이나 부자들에게서

220

기부금 모집을 독려하였을 것이다. 그리고 그 기금은 단일 혹은 다수의 경로를 통해서 아프가니스탄에 도착했을 것이다.

　1998년 8월의 아프가니스탄에 대한 미군의 공습은 아프가니스탄에 기지를 둔 사우디아라비아 출신의 투사인 무장 세력과 오사마 빈 라덴을 탈리반과 더욱 가까운 관계로 만들어 버렸다. 오사마 빈 라덴이 무슨 수를 써서라도 사우디아라비아에서 미군을 철수시키는 데 전념하는 한, 사우디아라비아 정부는 탈리반과 완전한 외교 관계를 더 이상 유지할 수 없다고 느꼈다. 그래서 대표부의 급을 대리 대사로 낮추는 방법을 택했다. 이후로 양국 관계는 냉각되었고, 사우디아라비아는 2001년 9월 11일 사건 이후 아프가니스탄과의 외교 관계를 단절하라는 미국의 요구를 별다른 저항 없이 수용하였다.

13장 오사마 빈 라덴

오사마 빈 라덴은 국제 무대에서 별로 알려지지 않은 인물이었으나, 미국이 그를 1998년 8월에 발생한 나이로비와 다르에스살람의 미 대사관 저 폭탄 테러 용의자로 지목함에 따라 세계적으로 주목받는 인물이 되었다. 그는 사우디아라비아와 걸프 지역에서 주요 호텔과 사무용 빌딩 건설과 같은 사업에서 주도적 위치를 누리던 한 사우디 가문의 일원으로 아프가니스탄의 소련 점령에 대항하여 싸우는 무자히딘과 함께 자원해서 싸웠다. 이를 통해 그는 아프가니스탄에서의 성전을 명분 있는 싸움으로 여기는 이슬람 세계의 많은 사람 중 하나가 되었다. 그는 심지어 아랍 지원자들을 모집하는 역할도 하였으며, 저항 운동의 지원에 상당한 자기 재산을 사용했다고 한다. 1990년 그는 사우디아라비아에 돌아왔고, 그 다음 해 이라크가 쿠웨이트를 침공하자 사우디 정부가 미군의 사우디아라비아 주둔을 승인해 준 것에 분개하였다. 1992년 그는 수단의 지도자인 하산 투라비가 주도한 이슬람 혁명을 지원하기 위해 수단으로 갔다. 그러나 그가 미군 주둔을 반대한 것 때문에 미국과 사우디아라비아 정부는 수단 정부에 그를 축출하라는 압력을 넣었고 이에 그는 많은 추종자들과 함께 아프가니스탄으로 돌아갔다. 그 후, 그는 사우디아라비아와 걸프 지역에서 미국을 축출하기 위한 활동을 계속했다. 미국은 그를 1996년 미군 19명의 목숨을 앗아간, 다흐란 미군 주거 시설을 공격한 테러의 주모자로 지목했다. 여기에다 1998년 8월 7일에 나이로비와 다르에스살람의 미 대사관 테러 사건에도 주요 용의자로 지목되었다. 미국은 그의 송환을 정당화할 수 있는 어떠한 물증도 확보하지 못한 채 탈리반 정부에게 오사마 빈 라덴을 즉각 인도하라고 요구했다. 탈리반 정부는 자신들은 오사마 빈 라덴을 미국에 넘겨줄 생각이 없다고 반박하면서 그가 폭탄 테러 행위에 아무런 책임이 없다고 답했다. 테러 공격이 있은 지 2주도 채 지나지 않아 미국은 합법적 절차보다는 무력을 이용하는 방법을 선택했다. 그리하여 미국은 8월 20일 동부 아프가니스탄의 테러리스트 훈련소라는 억측이 구구한 시설물과 그들이 오사마 빈 라덴의 화학 무기 생산 장소로 단언한 수단의 한 제약 공장에 대해 공습을 시작하였다. 그렇지만 수단에 있는 그 공장에서 약품 이외의 것들이 생산되고 있다는 증거는 전혀 나오지 않았고 그와 관련된 어떠한 물증도 없었다. 아프가니스탄의 테러리스트 훈련소로 추정된 시설에 대한 공격은 대부분 목표 달성에 실패하였으며 오사마 빈 라덴을 죽이는 것도 확실히 실패하였다. 대신 파키스탄의 급진적 정당의 많은 당원들이 사살되었다. 그 공격이 있은 후 탈리반 정부는 오사마 빈 라덴의 신변은 철저히 당국에 달려 있고, 그가 앞으로도 계속 당국의 환대를 받을 것이며, 종교 지도자들은 그가 미국의 두 대사관저 폭탄 테러의 배후 인물임을 입증하는 믿을 만한 증거가 있다면 그를 아프가니스탄 이슬람 법정에 회부할 것이라는 점을 분명히 했다.

미국의 이 공습은 오사마 빈 라덴을 사살하려는 군사적 목적을 달성하지 못했고 오히려 클린턴 대통령 측이 모니카 르윈스키와의 스캔들에서 대중의 관심을 돌리기 위한 술수라는 냉소적인 평가를 받았다. 모니카 르윈스키가 대통령과의 관계에 대해 증거를 제출했던 중요한 청문회가 같은 날 열렸다.

반면 이 공격은 오사마 빈 라덴과 탈리반을 이슬람 세계, 특히 파키스탄과 걸프 지역의 급진파들 사이에서 영웅의 지위로 올려놓는 데 즉각적인 효과를 발휘했다. 게다가 지금까지 이슬람 세계에서 고립되어 있던 탈리반 정부는 갑자기 아프가니스탄 땅에 대한 군사 공격에 대응하여 태도를 취해야 했다. 그러나 그들은 이에 대한 반응을 결정할 정책의 틀을 마련하지 못했다. 미국의 외교 군사 정책에 대한 오사마 빈 라덴의 명쾌한 견해는 탈리반 지도부에게 즉각적인 해결책을 주었다. 이후로는 미국의 역할에 대한 탈리반의 입장은 오사마 빈 라덴의 입장과 동일하였다. 오사마 빈 라덴과 탈리반 지도부가 미국의 정책과 행위에 반대하는 분명한 입장을 유지하고 있는 상황인데도 미국은 오사마 빈 라덴이 1998년 8월에 있은 미 대사관 폭탄 테러 사건에 책임이 있다는 명백한 증거를 밝혀내는 데 실패하였다. 탈리반 정부는 미 정부 대표자들과 얼굴을 맞댄 협상에서 만약 미국이 충분한 증거를 제시하기만 한다면 오사마 빈 라덴을 이슬람의 중립국으로 인도하거나 아프가니스탄의 현재 사법 절차에 따라 처리할 것이라고 줄기차게 주장하였다. 미국은 이에 대해 분명히 반대하면서 그를 인도해 줄 것을 요구했다. 미국은 그를 인도받기 위하여 유엔안전보장이사회가 1999년 10월에 탈리반이 가진 해외 은행의 자산을 동결하고 아리아나아프간항공의 전 노선을 봉쇄하는 등의 제재를 가하도록 했다. 이러한 제재는 탈리반의 정책에 아무런 영향을 주지 못했고 탈리반은 이전의 입장을 고수했다. 이런 반응에, 미국은 더 강력한 압박을 가하기로 결정했고 유엔안전보장이사회에 그 이상의 제재를 취해 줄 것을 다시 요구했다. 미국은 탈리반 반대 세력에 대한 무기 공급은 허가하면서 탈리반 정부에는 허가하지 않는 일방적인 무기 금지령을 아프가니스탄에 내렸다. 이는 파키스탄을 목표로 삼은 것이었고, 미국 정부는 파키스탄이 탈리반에 군사 지원을 하고 있다고 하는 사실을 믿을 만하게 하는 합당한 근거가 있는 성명서를 개진한다. 또한 항공기가 아프가니스탄에 이착륙하는 것을 금지하여 탈리반 통치 아래의 아프가니스탄과 외부 사이의 항공 연결에 더 큰 제한을 두었다.

이 두 제재를 통해 우리는 유엔이 입장을 분명히 해야 하는 몇 가지 사안에서 그 역할을 수행하는 데 상당한 어려움에 직면하고 있다는 사실을 알 수 있다. 유엔은 아프가니스탄 주민들에 대한 인도주의적 활동을 지원할 책임이 있다. 이와 더불어 아프가니스탄에 유엔 사무 총장의 특사를 파견하여 분쟁을 중재하는 역할을 수행함으로써 평화적인 해결책을 모색하고, 유엔 인권 감시관을 통해 인권 유린에 대한 감시와 보고를 하며, 유엔안전보장이사회를 통해 국제 사회의 관심을 표명하는 전달자 역할도 해야 했다. 유엔 사무 총장은 탈리반이 저지른 것으로 추정되는 인권 유린에 대해 성명서를 발표하는 등 주요 관심사에 대한 매개체로서 활동했다.

2000년 12월에 행해졌던 제재는 아프가니스탄의 정치 환경이 더 과격해지는 데 상당한 영향을 미친 것으로 드러났다. 미국의 공습과 이전의 제재들로 인해 이미 서양으로 망명하길 원하는 아프가니스탄인이 크게 증가하였고, 오사마 빈 라덴과 탈리반에 대한 지지가 구축되어 온건파와 지식인들에게 공포와 위협이 갈수록 커졌다. 2000년 2월 런던행 아리아나아프간항공의 공중 납치는 이러한 동향을 보여 주는 하나의 징후였다. 그렇지만 2000년 12월의 제재로 인해 영국 망명을 원하는 사람들이 도착하는 비율은 이전보다 거의 2배에 육박하였다. 2001년 2월 바미얀의 거대한 불상을 파괴한 사건은 탈리반 운동이 외부 세계가 그들을 어떻게 이해하고 있는지를 거의 완전히 무시하는 방향으로 가고 있다는 증거였다. 유엔 사무 총장은 2000년 12월 제재가 있기 이전에 가속화되고 있는 과격한 동향을 이미 감지하고 있었고 제재에 대하여 강력한 반대 의사를 표명했다. 그는 추후에 있을 제재가 탈리반을 더욱 궁지에 몰아넣을 것이고, 그렇게 되면 탈리반은, 자신들이 참조하는 유일한 대상인 오사마 빈 라덴을 포함한, 이슬람 세계의 여러 지역에서 그들과 동지로서 전쟁을 수행할 많은 자원병들을 확보하게 될 것이라고 주장하는 인도주의 기구들의 입장에 동조했다. 파키스탄의 급진적 정당인 자미아트-알-울레마 알-이슬라미는 탈리반 지도부에 갈수록 큰 영향력을 발휘하고 있음이 드러났다. 이제 탈리반 내부에서 온건파들은 비주류가 되었고 정책 발언권도 거의 가지지 못함이 드러났다. 2000년 12월의 제재 이후 파키스탄에 있는 40개의 급진적 정당들은 물라 오마르와 탈리반의 많은 요원들이 학생으로 있었던 아코라 카탁의 이슬람 신학교 지도자인 사미 알-하크의 주도 아래 하나로 결집되었다. 탈리반 내에서의 의사 결정은 극소수 엘리트들에 의해 이루어졌고, 오사마 빈 라덴, 사미 알-하크, 자미아트-알-울레마 알-이슬라미의 지도자인 파즐-우르-라흐만 등이 엄청난 영향력을 행사하였으며, 파키스탄의 정보부가 마찬가지로 영향력을 휘두르고 있음이 드러났다. 소련의 지원 아래 있던 시기의 파키스탄 정보부 부장이던 하미드 굴은 무자히딘 정부 기간이었던 1992년에서 1996년까지 무자히딘 정당 사이의 중재자로서 중요한 역할을 수행하였는데, 이 시기에 다시 사회의 엄청난 주목을 받게 되었다. 이런 그가 탈리반을 지지하면서 무샤라프 정부의 정책을 비난했다. 그러므로 탈리반과 파키스탄 내의 급진파와의 연결 고리는 매우 강했다.

이렇게 거대한 네트워크 안에서 반미 입장은 이데올로기적 기초로 강력하게 존재하고 있고, 이 네트워크에서 영감의 중요한 원천인 오사마 빈 라덴이, 적어도 이론적으로는, 나이로비와 다르에스살람에 있는 미 대사관 테러와 세계 무역 센터와 국방부 건물 테러와 관련하여 일정한 역할을 수행하였을 것이라고 할 수는 있다. 하지만 이와 동일한 역할을 수행할 수 있는 사람이 이슬람 세계에는 얼마든지 있다. 따라서 다른 법률적 소송 절차와 같이 미국은 그를 기소하는 데 필요한 증거를 반드시 제공하여야 한다.

9.11 테러 이전에는 미국이 클린턴 행정부 때보다 훨씬 더 건설적으로 탈리반과 관계를 맺고 있었다는 사실은 흥미롭다. 부시 행정부는 특히 2000년 7월 탈리반 정부의 아편 생산 금지령을 국제 사회가 무시했다는 탈리반의 불만에 대해 호응해 주었다. 미국 정부는 콜린 파월 국무 장관이 발표한 성명서를 통해 탈리반이 그 금지령을 이행하고 있음을 2001년 5월에 입증함으로써 그 금지령에 대한 환영 의사를 표명했다. 또한 미국은 아프가니스탄에 대한 정책을 재검토하고 있고 그 일환으로 탈리반과의 정기적 만남을 하고 있다고 밝혔다. 이런 여러 가지 성명에서 미국 정부가 파키스탄과 아프가니스탄에서 급진주의가 성장하는 것을 극도로 우려하고 있다는 사실이 분명해졌다. 그 결과로 미국은 파키스탄의 부채 탕감을 지원하고자 세계은행(World Bank)에 대한 자

금 공급을 지원함으로써 무샤라프 정권에 대한 지지를 분명히 보여 주고 있었다. 이와 동시에 미국은 테러가 일어나기 전에 이미 국경 통제, 테러 방지, 돈 세탁 등의 분야의 전문가들을 파키스탄으로 보낼 계획을 세우고 있었다. 이는 분명히 파키스탄 정부가 급진주의자들의 입지를 위축시키는 능력을 더 강화해 주기 위한 것이었다. 이는 2000년 12월의 유엔 제재에 의거하여 2001년 7월에 발효된 유엔안전보장이사회의 결의안에 따라 이루어졌는데, 이 결의안은 유엔의 제재가 효과적으로 실행될 수 있는 방법을 조언하기 위해 위임된 전문 위원들의 권고안에 동의하여 만들어졌다. 이에 대해 사미 알-하크의 조종을 받고 있는 급진적 정당들은 국경 통제를 감시하기 위해 파견된 자들을 저지하는 데 온 힘을 다할 것이라고 즉각적으로 발표했다.

9.11 테러가 발생하지 않았다면 미국이 계획한 정책 재검토의 결과가 어떻게 나왔을지 추측하기란 매우 어렵다. 미국은 급진주의를 약화시키고 운동 내의 온건한 요소들을 강화시키기 위해 탈리반과의 건설적인 관계를 유지하는 정책을 지속적으로 추구했을까? 동시에 자히르 샤 전왕이 시작한 노력에 협력하고 위기 시에 전통 회의체인 로야 지르가를 소집하여 분쟁의 평화로운 해결에 동의하도록 탈리반을 설득하였을까? 미국은 탈리반이 사용할 수 있는 인적, 재정적 자원을 감축하는 노력을 통해 탈리반을 약화시킴으로써 탈리반이 자신들에게 협조하도록 압력을 증가시키겠다는 속내를 가졌을 것이다.

그렇지만 미국은 탈리반을 전복시키고 그 자리에 자히르 샤가 소집한 로야 지르가를 통해 등장한 대체 정부를 앉힐 기회를 찾고 있었을 가능성도 있다. 그 와중에 9.11 사태가 그 빌미를 제공했을 것이다. 만약 그러한 가정이 옳다면, 그들은 아프가니스탄에 대한 군사 개입으로 인하여 발생할 수 있는 파키스탄에서의 정치적 결과들을 자신들이 모두 감당할 수 있다고 판단했거나 또는 이미 정권의 안정을 심각하게 위협하는 급진주의의 진행을 저지하기 위해 그들이 염려하고 있던 잠재적 부산물은 그냥 무시했을지 모른다. 미국의 군사 개입에 대한 영국 언론의 주장은 충분히 설득력이 있다. 군사 개입은 미국 또는 다른 서양을 타깃으로 하는 공격을 통해 순교를 찾는 또 다른 세대를 만들어 낼 것이다. 그로 인해 파키스탄의 무샤라프 정권이 전복되고 핵무기를 가진 급진적 이슬람 정권이 나타날 수 있다. 미군은 마지막 한 사람이 남을 때까지 싸울 준비가 되어 있는 탈리반 군의 적수가 될 수는 없을 것이다. 군사 행동은 정치 상황을 좀 더 과격하게 만들어 군사 행동으로 죽음을 당한 이들을 대체할 수천 명의 지원자를 양산해 낼 것이다. 군사 행동을 취하겠다는 위협으로 인해 이미 지원 프로그램은 중지되었고 2년 동안의 가뭄으로 기아 상태에 빠진 수백만의 아프가니스탄 사람들을 위한 식량 공급도 중지되었다. 미군은 심각한 가뭄 때문에 물을 포함한 모든 공급을 자력으로 조달해야 할 것이다. 아프가니스탄에서 전쟁을 경험한 바 있는 러시아 군은 어떠한 군사 개입에도 극도로 높은 위험성이 존재한다고 경고했다. 이것은 수많은 사상자만 낼 뿐 아무런 긍정적인 결과도 내지 못한 또 다른 베트남이 될 수도 있다. 미군은 게릴라전과 자살 공격에 노출되어 있다. 결국 미 행정부는 더 큰 정치·경제적 목표를 달성하기 위해 오사마 빈 라덴을 혐오 인물로 이용하는 데 혈안이 되어 있고 따라서 군사 개입에 대한 반대 주장이 제아무리 설득력이 있어도 그 말을 귀담아들으려 하지 않는다고 결론을 내릴 수밖에 없다.

14장 결론

탈리반 운동은 최근의 국제 관계에 나타난 중요한 현상이다. 그리고 그것이 갖는 의미는 아프가니스탄보다 더 넓은 범위에 미치고 있다. 탈리반 운동은 극단적인 급진주의를 통해 지배적인 위치를 차지하고 있는 미국과 대립하는 속에서 상징적 역할을 맡았다. 그들은 대안적 가치 체계를 분명하게 주장했고 그 가치 체계를 나라 전체에 부과하려는 결코 타협하지 않은 의지를 보여 주었는데, 이것은 국제 사회와 더 높은 차원의 관계를 맺었을 경우 얻을 수도 있었을 물질적 이익을 희생한 가운데 이루어진 것이었다. 이런 이유로 탈리반은 서양의 압력에 매우 취약해 졌다. 행정과 서비스의 하부 구조는 붕괴 상태에 빠져 들었고 경제는 최저 수준으로 쇠퇴함으로써 외부 세력이 군사 행동을 한다 할지라도 그것에서 특별히 잃을 것도 없는 상태를 스스로 만든 것이나 다름없었다. 이러한 상황은, 아프가니스탄과 좀 더 넓은 이슬람 세계의 주민들 사이에 있는 반미 정서를 자극할 힘과 국제 사회에 참가하지 않는 행위자이기에 미국과 싸우는 게릴라와 테러리스트들에게 피난처를 제공할 수 있는 자유가 결합하면서 탈리반 운동에 거대한 힘을 부여하였다. 그 힘은 몇몇 정부들이 취한 정책과 행동과 관련하여 이슬람 세계의 여러 지역에서 느끼는 불만을 축적할 수 있다는 사실에 근거하고 있다. 이것은 다음과 같은 몇 가지의 사실을 포함한다. 미국이 팔레스타인을 반대함으로써 이스라엘을 지원하는 편향적 태도를 취하는 것, 사우디아라비아를 비롯한 몇몇 걸프 지역의 국가들이 자신들의 영토에 미군과 영국군의 주둔을 허용한 것, 러시아가 같은 무슬림인 체첸 주민들의 정치적 요구에 강압적 방법으로 대응하고 이에 체첸 주민들이 반소 항전을 펼치고 있는 것, 권위주의적 성격을 가진 우즈베키스탄 정부가 이슬람 조직들과의 건설적인 관계 구축에는 비협조적인 것, 중국 서부의 위구르 족 무슬림 반군에 대한 중국 정부의 진압이 매우 잔혹했다는 것. 그것은 또한 파키스탄에서 건국 이래 만연한 심각한 수준의 부패와 엘리트주의에 대한 반발이 급진적 정당들이 힘을 키울 수 있는 계기가 되었다. 그래서 그 운동은, 실천적인 의미에서, 살아남기 위해 파키스탄 내 여러 세력에 많이 의존할지 모르지만 거대한 규모의 주민들이 느끼는 분노를 자극하는 촉매로서 공감하고 행동하는 위치에 있기도 하다는 것이다. 그렇지 않았다면, 탈리반 정권은 용납할 수 없는 인권에 대한 이력을 가지고 있어서 국제 사회에서 철저히 격리된 정권으로 간주되었을 것이다. 결국 탈리반은 쿠바, 미얀마, 캄보디아의 크메르 루즈 정권과 같이 국제적으로 거들떠보지 않는, 마치 국제적 불가촉천민(인도의 카스트 제도에서 모든 사람들에게서 소외당하는 최하층 계급 — 옮긴이)과 같은 정권이 되었을 것이다. 그렇지만 탈리반은 국제 무대의 주요한 행위자들, 특히 미국이 탈리반의 성 정책과 소수 민족에 대한 처우를 심각한 수준의 인권 유린이라고 비난하는 것에 맞설 수 있었다.

국제 사회는 탈리반 그리고 그와 유사한 운동들을 극단주의로 치부하여 주변화시켜 버리는 방법으로 대응할 수 있다. 그러나 세계 무역 센터와 국방부 건물에 대한 테러리스트들의 공격이 일어남으로써 서방 정부들이 테러리스트들의 네트워크에 침투하여 그들의 공격을 사전에 막아 내는 일을 효과적으로 할 수 없다는 사실이 명백해졌다. 이슬람 세계에 미국과 다른 정부에 대한 합당한 분노가 존재하는 한 그들과 싸워 기꺼이 순교자가 되려는 사람들이 부족하지 않을 것이라는 사실 또한 명백해졌다. 그들이 생색내기 이상의 방법으로 이 문제를 다루려고 할 것인지에 대해서는 장담할 수 없지만, 9.11 공격의 결과, 미국이 이스라엘과 팔레스타인 당국과 관련된 정책에서 그동안의 불균형을 시정하려는 시각을 가지고 정책을 재고하는 것이 바람직하다는 입장이 힘을 얻고 있다. 파키스탄의 무샤라프 정권이 부패 척결과 급진적 이슬람 정당들의 주요 불만 가운데 하나를 처리하기 위해 적극적인 조치를 취한 것 또한 긍정적인 결과이다. 그렇지만 특히 미국 정부는 이보다는 훨씬 더 멀리 나아가야만 한다. 즉, 그들의 정책만큼이나 그들이 전 세계를 압도하는 위치에 있음으로 인해 보여 주었던 오만과 타자에 대한 무신경이 세계 곳곳의 온건한 여론을 자극했는지에 대해 고백해야 한다. 그러나 유감스럽게도, 이러한 오만과 무신경의 예는 미국 정부가 2001년 10월 7일 아프가니스탄에 폭격을 개시한 이래 발표했던 많은 성명서들에서 너무나 명백하게 나타나고 있다. 이슬람 세계의 구석구석까지 느껴진 폭격에 대한 분노는 미국의 안보 문제 앞에서 부차적인 것으로 밀려났다. 9.11 사건의 결과 뿌리 깊은 이슬람 혐오증이 표면으로 떠올랐고, 개개의 무슬림, 무슬림 사원, 무슬림이나 아프가니스탄과 관련된 정체성을 지닌 조직들에게 혐오 메일을 보내고 그들을 공격하는 행위들이 나타났다. 그러한 사건들과 관련하여 미국과 영국 정부가 취한 행동은 환영받을 만하지만, 언론의 역할을 곰곰이 생각해 보아야 하는 것 또한 중요한데, 특히 미국 언론은 세계의 다른 지역의 상황에 대해 매우 한정된 보도로 일관해 근시안적 관점을 강화시켰다. 이는 명백하게 위험한 행위다. 이러한 행위들의 결과, 미국과 서양의 여러 정부들은 성명서를 통해서 이미 조성된 공포 분위기를 더욱 강화하고, 유럽 너머의 세계를 위협적이고 "야만적이며" 단순한 것으로 조작하게 될 것이다. 사실, 이것은 세계화를 뒷받침하기 위해 과도하게 늘어난 국방비를 정당화하기 위하여 그러한 두려움을 유지할 목적으로 그 이미지들을 활용한 미국의 이익에 부합하는 것으로 볼 수 있다.

아프가니스탄에서 1998년 8월 이후 일어난 일련의 사건들은 미국이 독자적으로, 혹은 유엔안전보장이사회의 비호 아래 저지런 행위들이 적대적인 것으로 인식되었고, 이로 인해 정치 환경을 더 급진적으로 변화시켜 버렸다는 것을 보여 주고 있다. 그러한 급진주의는 반서양, 반기독교로 간주되는 행동들과 2001년 2월의 바미얀의 불상 파괴와 같이 극단적 보수주의를 보여 주는 행동 속에서 모습을 드러냈다. 9.11 사건은 미국민 사이에서도 그와 유사한 급진주의를 만들어 낼 위험성을 분명히 가지고 있다. 그리고 그것이 미국의 정부 정책에 필연적으로 영향을 미칠 것이다. 이는 고립주의 · 이슬람 혐오증 · 인종주의의 성장, 소수자에 대한 편견과 폭력의 증가, 그리고 종교 부흥 운동의 성장 등으로 나타날지도 모른다. 다른 말로 하면, 탈리반의 정책과 실천이 미국 내부에서 매우 다른 형태이기는 하겠지만 어떤 형태로든 반향을 일으키기 시작할 수 있다는 것이다.

그러므로 미국 정부가 미국인들이 미국 밖의 세계에서 어떤 일들이 일어나고 있는지에 대해 비교적 무지하다는 것과 이슬람 세계 내부에 존재하는 온건 집단에 대해 합리적인 관심을 가져야 한다는 것을 이야기하는 것은 바로 미국 국민의 이익에 크게 부합하는 일이다. 9.11 사건 이후 미국 정부가 그러한 방향의 정책을 추구할 가능성에 대해 몇 주일 동안 지켜보았지만, 10월 7일에 개시된 군사 행동은 미국 정부가 이슬람 세계 안에 있는 어떤 증오의 대상과 전쟁을 계속하는 길을 선택했다는 것을 분명하게 했다. 이러한 접근은 전 세계인에게 잠재적 공포를 의미할 뿐이다.

참고 문헌

Arney, George, 1990, *Afghanistan*, Mandarin, London.

BAAG(British Agencies Afghanistan Group), 1997, *Return and Reconstruction*, Refugee Council, London.

Dupree, Louis, 1980, *Afghanistan*, Princeton University Press, Princeton, NJ.

Guillaume, Alfred, 1956, *Islam*, Penguin, Harmondsworth.

Halliday, Fred, 1995, *Islam and the Myth of Confrontation*, I.B. Tauris, London.

Hiro, Dilip, 1988, *Islamic Fundamentalism*, Paladin, London.

Hopkirk, Peter, 1990, *The Great Game*, John Murray, London.

Rashid, Ahmed, 1994, *The Resurgence of Central Asia: Islam or Nationalism?*, Zed Books, London.

Roy, Oliver, 1986, *Islam and Resistance in Afghanistan*, Cambridge University Press, Cambridge.

Rubin, Barnett, 1995, *The Search for Peace in Afghanistan: From Buffer State to Failed State*, Yale University Press, New Haven, CT.

Ruthven, Malise, 1984, *Islam in the World, Penguin*, Harmondsworth.

Save the Children Fund UK, 1994, *Report on Herat Programme*, SCF-UK, London.

Yuval-Davis, Nira, 1997, *Gender and Nation*, Sage, London.

아프가니스탄 사람들과 함께한 시간

정귀순__아시아평화인권연대 공동 대표

2001년 9월 11일, 미국의 쌍둥이 빌딩이 무너지는 장면을 보면서 입을 다물지 못했다. 그러나 그때만 해도 내가 아프가니스탄과 이렇게 깊은 인연을 맺으리라고는 미처 생각지 못했다. 그날 이후 세계는 새로운 전쟁에 빠져들었다. 미국은 테러 주범으로 오사마 빈 라덴과 알-카이다를 지목하고 그를 비호하는 아프가니스탄의 탈리반 정권에 보복 공격을 감행함으로써 지금까지 잘 알려지지도 않았던 황량한 땅, 아프가니스탄에 전 세계인들의 이목이 집중되었다. 아프가니스탄에 퍼부어진 미국의 첨단 무기 덕분에, 아프가니스탄 사람들은 살아남기 위해 고향을 떠나 국경을 넘어 인근 파키스탄과 이란, 우즈베키스탄에서 난민이 되었다. 그러나 이 공격에서 아프가니스탄을 관통하는 중앙아시아의 석유와 천연가스의 수송 사업에 연관된 미국 거대 기업의 계산을 읽은 사람은 과연 몇 명이나 될까? 아프가니스탄을 문명을 파괴하고 인권을 유린하는 사탄으로 만드는 것이 선거 전략의 일환임을 읽은 사람들은 과연 몇이나 될까? "모든 전쟁은 도둑질"이라는 노암 촘스키의 얘기가 떠오른다.

난민 캠프의 전경 | 2002년 3월 아프가니스탄과 파키스탄 접경지의 코타카이 캠프, 정귀순

난민 캠프로 가는 길

1996년부터 이주 노동자들의 인권 문제와 한국 적응과 관련한 일을 하면서, 미국의 오만이 부른 전쟁의 참혹한 현장에 직접 가서 작은 도움이나마 전쟁의 아픔을 극복하는 데 보태고 싶었다. 나의 바람을 이해한 동료들의 배려로 한 달 간의 휴가가 주어졌고, 출국 준비를 시작했다. 그러나 출국을 준비하던 중에, 갑자기 파키스탄 이주 노동자가 심장마비로 사경을 헤매고 있어서 그를 지켜보느라 출국이 늦춰졌다. 겨우 병석에서 일어난 그를 본국으로 보낸 며칠 뒤, 한국에서 아프가니스탄 난민 캠프를 지원하고 있는 비정부 기구에 자원 봉사 신청을 하였지만 아무런 연락도 받지 못했다. 하지만 가서 부딪쳐 보기로 하고 2002년 2월의 마지막 날 한국을 떠났다. 많은 이들이 여자 혼자서 폐쇄적인 이슬람 국가인 파키스탄에 가는 것은 대단히 어렵고 위험하다며 적잖이 염려하였

난민 캠프의 아이들 |
2002년 3월 파키스탄 페
샤와르 근처 샴샤두 캠프
의 어린이 학교. 정귀순

지만, 사람 사는 곳인데 별 문제 있을까 하는 생각에, 더구나 귀국한 파키스탄 이주 노동자 친구들의 도움을 받을 수 있으니 큰 어려움이 없을 것이라 생각하고 길을 떠났다. 그리고 그것은 모두 사실이었다. 모든 여행이 다 그렇듯, 때때로 예상치 못한 난관들을 만났지만, 어려운 일이 있을 때마다 그 일을 해결할 수 있는 좋은 친구들을 만나는 행운 또한 얻었다.

아프가니스탄의 수도인 카불에서 가장 가까운 파키스탄 접경지의 난민 캠프로 가는 길은 갈색 평원과 대리석 돌 산이 끝없이 이어졌다. 산허리를 막 돌아서자 탁 트인 산 아래 하얀 텐트들이 빼곡히 모습을 드러냈다. 유엔 마크가 찍힌 하얀 텐트가 줄지어 있고, 간이 화장실과 물 탱크 외에는 나무 한 그루, 풀 한 포기 없는 황량한 벌판에 외국인을 구경하러 몰려든 아이들만이 살아 있음을 느끼게 했다. 그들이 사는 모습을 보러 텐트를 기웃거리자, 아프가니스탄 여인이 선뜻 들어오라고 했다. 나 같으면 냄비와 밀가루와 담요가 뒤엉킨 채 있는 이런 비참한 모습을 보여 주고 싶지 않을 텐데, 그는 아이를 끌어안고는 선선히 내게 자리를 내주었다. 이슬람 사회가 다산 사회(多産社會)이기에, 그들은

어린이 학교에서 수업을 받고 있는 아이들 | 2002년 3월 샴샤두 캠프, 정귀순

아이를 많이 낳고 아무리 살기 어려워도 아이를 버리지 않는다. 부모가
어려우면 사촌들이라도 돕기 때문에 고아로 버려진 아이들이 없다.

난민 캠프에서 만난 사람들

미국의 침공 이후 발생한 난민들을 위해 세워진 이곳의 난민 캠프는 모
두 세 곳으로, 한 곳에 대략 2만여 명의 난민들이 가족 단위로 거주하고
있었다. 캠프에 도착한 난민들은 등록 절차가 끝나면, 전염병 예방 백신
을 맞고, 텐트 하나와 담요 하나, 주방 용품 세트, 물 양동이와 함께 15
일치의 식량이 주어지고, 그날 점심과 저녁 식사가 제공된다. 물품과 식
량의 상당수에 '유에스에이'(USA)라는 마크가 선명했다. 자신들을 난
민으로 만든 미국에서 보낸 식량으로 연명하고 있으니 이 얼마나 기막
힌 일인가! 캠프에는 기본 진료소(Basic Health Unit)도 세 곳 있는데,

진료실과 남녀 치료실, 응급실, 영양실조에 걸린 아이들을 위한 식품 보급실로 나뉘어 있었고, 여성들을 위한 교육 프로그램도 준비하고 있었다. 캠프 밖 공터에서는 난민들에게 그날 도착한 지원 물품을 나누어주고 있었다. 학교라고는 달랑 텐트만 친 게 전부지만, 아이들은 100명 혹은 120명씩 콩나물시루처럼 빼곡히 들어앉아 공부를 하고 있었다. 나는 아이들의 환한 미소에 순간 당황했다. 이런 절망적인 상황 속에서 저렇게 환한 미소를 지을 수 있다니……

페샤와르 시내에는 소련의 아프가니스탄 침공 직후 세워진 난민 캠프가 셋 있는데, 이 오래된 난민 캠프의 사정은 훨씬 열악했다. 1995년 파키스탄 정부에서 난민들에 대한 지원을 완전히 끊어, 남자들은 도로 공사나 파키스탄 가정에서 하인과 같은 일을 하고, 여자들은 집에서 카펫을 짜거나 구걸로 연명하고 있었다. 아프가니스탄의 칸다하르에서 불과 서너 시간이면 갈 수 있는 파키스탄의 도시 퀘타의 난민들 사정은 더 열악했다. 식량, 전기, 가스 등 아무것도 지원받지 못해, 아이들은 먹을 것을 찾아 쓰레기를 뒤지고 있었다. 난민의 생활 자체가 이미 인간의 삶이라 말하기 어렵지만 이곳의 생활은 그 가운데서도 가장 비참한 편에 속했다. 이들 대부분은 식량이 배급되고 아프가니스탄으로 돌아가기도 수월한 국경 주변의 난민 캠프로 가고 싶어 했다.

이주 노동자와 난민

오래된 난민 캠프에 있는 사람들은 개별적인 편차는 있지만 이미 이주민에 가깝다. 예컨대 카차가리 캠프의 난민들은 이미 파키스탄에 온 지 10년 이상 된 사람들이 대부분이었고, 그들의 자녀들은 파키스탄에서

난민 기술학교에서 카펫 짜는 법을 배우는 사람들 | 2002년 9월 샴사두 캠프, 정귀순

태어나 파키스탄에서 자라고 있어서 국적은 아프가니스탄이지만 파키스탄인에 가깝다. 상당수의 난민들은 아프가니스탄에는 마을도 집도 일자리도 없는데 어떻게 돌아갈 수 있느냐고 반문했다. 이들은 형편없는 수준이지만 생존을 위해서는 일자리와 주거 공간이 있는 파키스탄의 캠프에 머무를 수밖에 없었다. 외형상으로는 파키스탄에서 파키스탄인들이 기피하는 막노동을 주로 하는 난민들의 생활이 좀 더 나은 삶과 일자리를 찾아 국경을 넘는 이주 노동자들과 크게 다를 바 없다. 하지만, 전쟁에 이은 내전 속에서 살아남기 위해 국경을 넘을 수밖에 없었던 이들에게는 자유로운 선택이란 존재할 수 없으며, 미래라는 단어가 들어설 자리가 없다는 점이 이주 노동자들과는 차이가 난다.

한국에서 가져간 생필품을 전달하는 모습 | 2002년 9월 코타카이 캠프, 정귀순

다시 난민 캠프로

9.11 사건이 난 지 꼭 1년이 되는 날, 나는 다시 아프가니스탄과 파키스탄 접경지의 아프가니스탄 난민 캠프에 있었다. 각국 TV에서는 하루 종일 미국의 슬픔을 비장하게 알리고 있었지만, '보복'이라는 이름으로 가해진 미국의 테러로 고향을 떠나 구호 물자로 연명하고 있는 아프가니스탄 난민들의 고단한 삶에 대해서는 누구도 언급하지 않았다. 9.11 1주년을 맞아 유엔 사무실을 비롯한 난민 관련 모든 비정부 기구들이 휴무에 들어가 나는 안전 요원 없이 난민 캠프를 방문하게 되었다. 그러자 유엔난민고등판무관 사무실에서는 신의 가호를 빌어 주었다. '인샬라!' 진실과 거짓이 꼭 그대로 드러나지 않은 현실에서 나는 그늘에 가려져 잘 보이지 않는 진실의 편에 서 있고 싶었다.

처음 아프가니스탄 난민 캠프를 다녀온 후, 낭비되는 음식, 조금만 유행이 지나도 버려지는 옷, 흥청망청한 생활들이 죄악처럼 느껴졌다. 인간 이하의 삶을 살면서도 맑은 웃음과 눈동자를 가진 아프가니스탄의

242

어린이들이 절망하지 않도록 작은 희망을 주자는 얘기에 많은 분들이 공감해 주셨고, 또 정신적으로만이 아니라 물질적으로도 많은 도움을 주셨다. 그러나 어떤 분들은 "한국에도 가난하고 어려운 사람들이 많은데, 남의 나라 사람들까지 돌볼 필요가 있느냐"며 반문하기도 한다. 고통받는 이들에게 연민과 안타까움을 느끼는 데에서 그들의 아픔을 얼마나 가깝게 느낄 수 있느냐 하는 거리감 외에 국적과 인종에 따른 차이가 있을까? 나의 고민은 '무엇을 얼마나 할 수 있을까' 이지만, 지금은 우리에게 필요한 것은 '작은 것' 이라도 선선히 시작할 용기가 아닐까? 다가올 겨울을 걱정하면서도 먼 곳에서 찾아온 외국인 손님에게 차라도 한잔 대접하고 싶어 하는, 마음 따뜻한 난민 가족들의 찢어진 텐트가 늘 눈에 밟힌다.

아프가니스탄 어린이에게 희망을

아프가니스탄 난민 캠프를 처음 방문하고 돌아오자마자 난민 캠프에 살고 있는 아프가니스탄 어린이들에게 작은 희망이라도 주었으면 하는 바람으로 "아프가니스탄 어린이에게 희망을"이라는 캠페인을 시작했다. 아프가니스탄 어린이들에게 필요한 학용품, 생필품을 보내고 난민 캠프에 있는 학교를 지원하기 위한 기금을 모았다. 캠페인을 함께했던 가톨릭 부산 교구에서는 한국 어린이들이 단지 '돕는' 것이 아니라 "아프가니스탄 어린이와 친구 되기" 사업을 펼쳐 깊은 감동을 주었다.

세계 곳곳에서 물품들을 보내오지만 금방 바닥나 버리고 그러한 지원조차 한 번으로 끝나는 경우가 대부분이다. 아이들이 안정적으로 공부할 수 있도록 지원해 달라는 난민 캠프 책임자의 간곡한 부탁에 나는

폭격으로 무너진 건물 앞에서 | 2003년 1월 카불, 이진원(평화방송 PD)

노력해 보겠다고 대답하고는 그해부터 2004년까지 3년에 걸쳐 바르칼리 캠프 내 어린이 학교 지원 사업을 시작했다. 햇빛에 누렇게 바래고 비바람에 찢겨 덜렁대고 있는 천막 학교를 비바람에도 견딜 수 있는 튼튼한 흙벽돌로 새로 짓기로 했다. 그리고 캠프에 거주하는 4,300여 명의 어린이들을 위해 16개의 여학생 교실과 22개의 남학생의 교실 그리고 작은 도서관 하나가 지어졌다. 충분치는 않지만 학용품도 전달했다. 그들과의 약속을 그렇게 지킬 수 있었다.

이라크와 아프가니스탄

미국이 아프가니스탄을 침공한 지 불과 1년 뒤에, 미국은 전 세계의 반대에도 아랑곳하지 않고 다시 2003년 3월 다시 이라크를 침공했다. 그러나 아프가니스탄에서와는 달리 전 세계의 비정부 기구들이 미국의 침

다시 일상으로 | 2003년 1월 카불, 이인경(부산 외국인노동자 인권을 위한 모임 상담실장)

공을 온몸으로 저항하는 "인간 방패"를 조직하기도 했고 (그래도 미국의 침공을 막을 수는 없었지만), 평화를 위한 국제 연대가 그 어느 때보다 확대되고 있었다. 그리고 '이라크 후 북한'이라는 불안감이 작용하기도 했겠지만, 한국에서도 평화에 대한 관심이 부쩍 커지고 활동이 늘어났다. 이렇게 전 세계의 관심이 이라크에 쏠리면서, 아쉽게도 아프가니스탄의 전후 복구에 지원을 약속했던 정부와 많은 비정부 기구들이 그 약속을 지키지 못하면서 아프가니스탄은 다시 사람들의 시야에서 멀어지고 있었다.

많은 이들의 이라크에 관심을 갖는 동안 나는 아프가니스탄이 더 궁금해졌다. 이제 아프가니스탄 사람들은 제대로 살아가고 있을까? 난민 캠프의 사람들은 고향으로 돌아가고 있을까? 아이들은 공부를 제대로 하고 있을까? 그래서 이번에는 아프가니스탄 현지 어린이들을 위한 지원 사업을 계획하면서, 지난 6월 열흘 동안 아프가니스탄을 다녀왔다. 정적인 난민 캠프와 달리, 아프가니스탄은 활기로 가득 차 있었다. 지난 20여 년 동안의 전쟁으로 무너진 건물과 파괴된 도로들을 대대적으로 보수하는 등 건설 사업이 진행되고 있었고, 이것을 통해 사람들의 생활은 생기를 띠고 있었다. 그러나 다른 한편, 아프가니스탄은 여전히 내전 중이다. 카불을 중심으로 한 북부 지역은 치안 상태가 다소 나아 복구 사업과 비정부 기구 활동이 활발한 편이지만, 9월 예정된 총선을 어떻게 해서라도 저지하기 위해 탈리반과 군벌들이 각기 전면전을 선포한 상태이다. 특히 탈리반의 주요 거점인 칸다하르는 탈리반이 외국인과 유엔 등 국제 지원 기구들 그리고 난민 캠프 지원 사업을 하고 있는 지방 정부조차 공격 대상으로 삼고 있었다. 칸다하르의 난민 캠프를 방문하기 위해 위험을 무릅쓰고 카불에서 7시간 걸리는 칸다하르에 도착했으나 치안 상황이 나빠져 난민 캠프 방문을 포기해야 했다.

아프가니스탄 방문을 통해 아프가니스탄에 대한 국제 지원 사업이 카불 등 안전한 지역에 제한되어 있어서 정작 지원이 필요한 지역에는 지원이 제대로 이루어지지 못함을 알게 되었다. 그리고 파키스탄 정부와 유엔의 난민 기구가 접경지의 난민 캠프를 단계적으로 철수하기로 결정하여, 귀국 난민 수는 크게 늘어났지만, 이들의 정착과 재활을 위한 프로그램이 없어 귀국한 후 오히려 난민 캠프에서보다 더 열악한 삶을 살고 있다. 카불 시에만도 정확하진 않지만 약 10만 명 정도의 귀국 난민들이 무너진 건물에서 도시 빈민으로 전락한 채 살아가고 있다.

아프가니스탄을 방문하는 도중에 이라크에서 김선일 씨가 피살당하는 불행한 사건이 발생하였다. 이국 땅에서 느낀 참담함 못지않게, 본의 아니게 주위 분들께 적지 않은 염려를 끼치게 되었다. 불안정한 치안

246

상황 때문에 좀 더 충분히 살펴보고 활동하는 분들의 의견을 들을 수 없었던 점이 아쉽긴 하지만, 길이 멀고 험한 데에는 무언가 또 다른 의미와 과제가 있으리라 여기며 한국으로 돌아왔다.

아프가니스탄의 희망, 난민 캠프 아이들의 웃음 | 2002년 3월
코타카이 캠프, 정귀순

다시 일상으로

아프가니스탄 난민 캠프에서 사람이 살아가는 데 무엇이 가장 소중한 것인가를 열심히 생각하다 한국으로 돌아오면, 한국은 여전히 자신만의 삶에 몰두해 있음을 본다. 물질적 풍요는 누리고 있지만, 자신과 가족밖에 보지 못하는 좁은 시야에 갇혀 있고 삶은 여전히 각박하기만 하다. 지금도 찢어진 천막에서 만났던 아프가니스탄 난민들의 선한 미소와 하얀 모자를 쓴 듯 산꼭대기에 잔설(殘雪)이 남아 있던 아프가니스탄 국경 주변의 풍경이 눈에 선하다. 생각하면 모두 그립고 가슴이 아린다. 먹을 물도, 식량도 부족하고, '살아가는 것'이 아니라 '그냥 존재하는 것'에 불과한 아프가니스탄 난민들. 하지

만 나는 전쟁의 폐허 위에서 살아보려고 발버둥치는 아프가니스탄 사람들의 가슴에 남아 있는 작은 희망이 꺼지지 않기를 간절히 바란다.

안치환의 노래 가운데 "사람이 꽃보다 아름다워"란 노래가 있다. 나는 지금 혹독한 전쟁 속에서도 해맑은 미소를 잃지 않은 아프가니스탄의 어린이들과 마음을 나눌 "꽃보다 아름답고 향기로운 사람들"을 기다리고 있다.

찾아보기

피터 마스던 (Peter Marsden)은

근대 아랍 어로 학위를 받고, 중동 전문가로서 수년 동안 일한 뒤에 지역 발전에 관한 교육을 받았다. 영국에서 15년 동안 빈곤 퇴치와 건강 관련 활동을 하였다. 그 후로 지역 발전 활동 경험에 근거하여 해외 지원 분야로 관심을 옮기면서 이전의 주요한 관심사였던 이슬람 세계로 돌아왔다. 지난 13년 동안 피터 마스던은 '영국 아프가니스탄 지원기구모임'(British Agencies Afghanistan Group)의 공보 담당관으로 일해 왔다. 그곳에서 아프가니스탄에서 인도주의적 차원에서 필요한 물품이 무엇인지, 그리고 나아가 아프가니스탄이 어떤 정치, 경제, 문화적 맥락에 놓여 있는지를 비정부 기구, 유엔 기구, 후원자, 언론 매체, 학계 등에 알려 주는 역할을 맡고 있다. 그는 아프가니스탄에 대해 심도 있는 연구를 하고 있으며 현재는 영국 옥스퍼드의 '퀸 엘리자베스 하우스'(Queen Elizabeth House)의 연구원으로 있다.

아시아평화인권연대(Solidarity for Peace and Human Rights of Asia)는

전쟁 없는 평화로운 사회, 차별 없는 평등한 사회, 어린이들에게 희망을 주는 사회, 기아와 문맹에서 벗어나는 사회, 자연과 더불어 살아가는 사회를 지향하며 2003년 4월 1일 부산에서 창립한 비정부 기구다. 주요 활동으로는 전쟁 피해자의 인권 보호와 난민 지원, 아시아의 민주화와 인권 운동과의 연대, 청소년을 위한 평화와 인권 교육 등이 있다. 2002년부터 3년 동안 아프가니스탄과 국경을 접하고 있는 파키스탄 북서변경주의 바르칼리 난민 캠프의 어린이 학교 지원 사업을 해 왔고, 지금은 아프가니스탄 재건 지원 사업을 모색하고 있다.

부산시 진구 전포2동 193-9번지 유신 빌딩 4층__www.sopra21.org__051-818-4749

탈리반
_____

아프가니스탄의 종교와 전쟁

지은이: 피터 마스던

옮긴이: 아시아평화인권연대

초판 1쇄 발행일: 2005년 1월 30일

발행처: 박종철출판사

서울시 마포구 서교동 404-29 모노 빌딩 3층(121-840)

332-7635(영업)/ 332-7629(편집)/332-7634(팩스)

등록번호 제12-406 (1990. 7. 12.)

89-85022-41-5   03340

값 10,000원